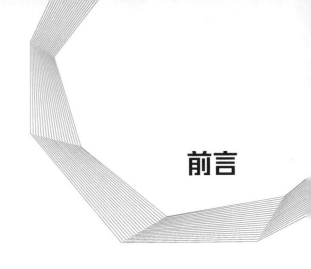

前言

近年来,地震频发造成了非常惨重的人员伤亡和财产损失,严重威胁着社会公共安全,这也引起了全社会对工程结构抗震安全性的重视。地震后交通是否畅通将直接影响抗震救灾以及灾后重建工作,公路桥梁工程作为震区交通生命线的关键节点,在地震后的使用性能直接关系到应急救援和抢险救灾的效率。桥梁结构抗震是防灾减灾工程及防护工程的核心内容,其目标是利用工程学方法解决和防治自然灾害、人为灾害、施工建筑灾害的破坏效应,提高桥梁工程的抗震防灾能力,保证人民生命财产免受损失和社会公共设施的安全。

桥梁结构抗震设计是一门综合性很强的学科,涉及桥梁结构体系、结构动力学、地球物理学、地质学、地震学、数学、计算机科学等学科。随着桥梁结构抗震理论与试验研究成果的不断丰富及国内外抗震经验教训的积累总结,桥梁结构抗震方法与措施也不断发展完善。我国相继制定了《公路桥梁抗震设计细则》(JTG/T B02-01—2008)、《城市桥梁抗震设计规范》(CJJ 166—2011)等标准。随着对抗震认识的不断深入,我国于2016年实施《中国地震动参数区划图》(GB 18306—2015),国内抗震设防参数整体提高。同时,为适应公路桥梁建设技术和抗震设计技术的发展,我国于2020年颁布了《公路桥梁抗震设计规范》(JTG/T 2231-01—2020)。该标准吸收了近年来国内外在桥梁抗震概念设计、延性抗震设计、减隔震设计以及构造措施等方面的成熟研究成果,修订和完善了相关设计规定和计算方法,增强了体系的完整性以及设计和计算方法的适用性和可操作性。

本书结合《公路桥梁抗震设计规范》(JTG/T 2231-01—2020)和以培养学生实践创新为目的,本着学以致用的原则,将规范设计的基础理论和有限元软件相结合,践行基础理论指导实践,实践结果反演基础理论,做到理论与实践的完全统一。本书加入了详细的插图,可以让读者更加直观地感受和理解各类桥梁结构震害。在不同章节,本书给出了各类桥梁抗震分析验算的MIDAS实现方法及演示,可以让读者亲自动手实操,掌握MIDAS实用技能,同时对公路桥梁抗震设计有更加深刻确切的理解。

全书共有9章。第1章简要地介绍公路桥梁抗震设计的意义、规范演变过程和《公路桥梁抗震设计规范》(JTG/T 2231-01—2020)更新的内容以及公路桥梁抗震设防标准、设计要求、设计流程;第2章详细介绍了各种桥梁结构震害;第3章介绍了桥梁结构抗震的分析方法、基础理论及MIDAS实现方法;第4章介绍了桥梁结构强度与变形验算的基本原理及

MIDAS 实现方法;第 5 章介绍了规则梁桥抗震设计的 MIDAS 验算实例;第 6 章介绍了非规则梁桥减隔震设计的 MIDAS 验算实例;第 7 章介绍了钢管混凝土拱桥抗震设计的 MIDAS 验算实例;第 8 章介绍了斜拉桥抗震设计的 MIDAS 验算实例;第 9 章介绍了悬索桥抗震设计的 MIDAS 验算实例。

全书由李顺龙、李忠龙、郭亚朋、钱江编写,研究生邴皓楠、崔洪涛、党明昊、柯栋元、李欣澄、刘浩印、刘鸿娇、莫叶、牛津、王得道、张扬怡、张旭参与了本书的编写工作,北京迈达斯技术有限公司提供了部分算例,中国地震局工程力学研究所刘金龙博士提供第二章桥梁结构病害的相关图像资料,在此一并表示诚挚的谢意!

由于学识有限,书中难免有疏漏及不当之处,敬请读者批评指正!

李顺龙
哈尔滨工业大学桥梁与隧道工程系
2022 年 9 月

目录

第 1 章 公路桥梁抗震设计概论 ··· 1
    1.1 概述 ·· 2
    1.2 公路桥梁抗震设防标准 ·· 3
    1.3 公路桥梁抗震设计要求 ·· 6
    1.4 公路桥梁抗震设计流程 ·· 9
    1.5 公路桥梁抗震设计规范更新内容 ·· 11

第 2 章 桥梁结构震害 ··· 13
    2.1 概述 ·· 14
    2.2 桥梁结构震害的场地条件 ··· 14
    2.3 梁桥的震害 ··· 18
    2.4 拱桥的震害 ··· 22

第 3 章 桥梁结构抗震分析及 MIDAS 实现 ································· 25
    3.1 引言 ·· 26
    3.2 桥梁抗震分析基础理论 ·· 28
    3.3 边界条件 ··· 35
    3.4 反应谱法 ··· 42
    3.5 时程分析法 ··· 63

第 4 章 桥梁结构强度与变形验算及 MIDAS 实现 ······················ 77
    4.1 引言 ·· 78
    4.2 材料非线性 ··· 78
    4.3 塑性铰分析 ··· 83
    4.4 能力保护构件验算 ·· 95

4.5 桥梁结构变形验算 ·· 100

第 5 章 规则梁桥抗震设计验算 ·· 111
5.1 工程概况与地震动输入 ·· 112
5.2 计算模型与动力特性 ·· 115
5.3 E1 地震作用下地震反应分析与抗震验算 ····························· 119
5.4 E2 地震作用下地震反应分析与抗震验算 ····························· 128

第 6 章 非规则梁桥减隔震设计验算 ······································ 143
6.1 工程概况与地震动输入 ·· 144
6.2 计算模型与动力特性 ·· 146
6.3 板式橡胶支座抗震分析 ·· 149
6.4 铅芯橡胶支座抗震分析 ·· 165

第 7 章 钢管混凝土拱桥抗震设计验算 ···································· 183
7.1 工程概况与地震动输入 ·· 184
7.2 计算模型与动力特性 ·· 189
7.3 E1 地震作用下反应谱分析与抗震验算 ······························· 193
7.4 E2 地震作用下反应谱分析与抗震验算 ······························· 196
7.5 非线性时程分析（E2 地震作用） ···································· 200

第 8 章 特殊桥梁——斜拉桥抗震设计验算 ································ 205
8.1 工程概况与地震动输入 ·· 206
8.2 计算模型与动力特性 ·· 213
8.3 反应谱分析与抗震验算 ·· 216
8.4 E1 地震作用下多振型反应谱与线性时程分析校核 ···················· 228
8.5 E2 地震作用下非线性时程分析 ····································· 234

第 9 章 特殊桥梁——悬索桥抗震设计验算 ································ 241
9.1 工程概况与地震动输入 ·· 242
9.2 计算模型与动力特性 ·· 251
9.3 反应谱分析与抗震验算 ·· 254
9.4 多振型反应谱与线性时程分析校核 ·································· 261
9.5 时程分析 ·· 264

参考文献 ·· 270

第 1 章 Chapter One

公路桥梁抗震设计概论

1.1 概述

地震属常见的自然灾害，全世界每年可达数百万次，绝大多数为小地震不为人所察觉，只有少数震级五级以上的地震才会造成灾害，但近百年内伤亡人数超过5万人的地震也达到近20次，造成巨大的生命、财产损失。传统的抗震结构反应分析计算从20世纪20—30年代的静力计算理论，发展到20世纪40—50年代的反应谱计算理论，并逐渐向动力时程分析方面发展。在不断研究与工程实践中，世界各国在抵抗地震灾害、保障生命安全方面取得了巨大进步。

公路桥梁在人们的生活中发挥着巨大的作用，其运行期间的安全性与耐久性受地质灾害的影响很大。我国地处环太平洋地震带和亚欧地震带之间，地震灾害多发，而且我国幅员辽阔，地质条件复杂多样，导致所发地震具有高强度的特点。在地震区中建造桥梁需要做到足够安全且易于修复，公路桥梁作为连接震区和外界的纽带，对震后物资运输与人员抢险起着非常重要的作用。所以，加强公路桥梁抗震设计具有重要的社会意义。

我国在1989年颁布了《公路工程抗震设计规范》（JTJ 004—1989），并于2008年颁布了《公路桥梁抗震设计细则》（JTG/T B02-01—2008）（以下简称《细则》），《细则》自2008年实施以来，在公路桥梁抗震设计方面发挥了重要的规范和指导作用。近年来，我国公路桥梁建设技术发展迅速，桥梁抗震设计技术也取得了重要进展，积累了大量设计经验和成熟的研究成果，《细则》已不能全面反映我国目前公路桥梁抗震设计的技术水平。为适应公路桥梁建设技术和抗震设计技术的发展，我国于2020年颁布了《公路桥梁抗震设计规范》（JTG/T 2231-01—2020）（以下简称《规范》）。

《规范》适用于单跨跨径不超过150m的圬工或混凝土拱桥、下部结构为混凝土结构的梁桥。斜拉桥、悬索桥、单跨跨径超过150m的梁桥和拱桥，除满足规范要求外，还应进行专门研究。《规范》既考虑了当前我国桥梁抗震设计的技术需求及国内外桥梁抗震设计技术的新进展，也重点考虑了与《公路桥涵通用设计规范》（JTG D60）、《公路工程抗震规范》（JTG B02）、《公路钢筋混凝土及预应力混凝土桥涵设计规范》（JTG 3362）、《中国地震动参数区划图》（GB 18306）等相关标准的衔接。《规范》的体系更为完善，适用性和可操作性更强，对进一步提升我国公路桥梁抗震设计水平具有指导作用。《规范》主要吸收了近年来国内外在桥梁抗震概念设计、延性抗震设计、减隔震设计以及构造措施等方面的成熟研究成果，修订和完善了相关设计规定和计算方法，增强了自身体系的完整性以及设计和计算方法的适用性和可操作性。要想更好地进行抗震设计，需要对地震现象本身足够的了解。下面，本书将从地震学的基本原理、地震的成因、类型以及相关的减隔震措施进行阐述，并对《规范》进行简单介绍。

1.2 公路桥梁抗震设防标准

《规范》保持两水准设防、两阶段设计,抗震设防标准(地震作用重现期)和性能目标与《细则》一致。根据《中国地震动参数区划图》(GB 18306—2015)的规定,将计算地震作用常数调整为2.5,对抗震设计提出了更高的要求。E1地震作用下,采用弹性抗震设计,要求墩、梁、基础等桥梁主体结构保持弹性状态,主要验算结构和构件的强度以及支座的抗震能力。E2地震作用下,对采用延性抗震设计的桥梁,主要验算结构变形(位移)和能力保护构件的强度以及支座的抗震能力,对采用减隔震设计的桥梁,主要验算结构强度以及减隔震装置的能力。

1.2.1 公路桥梁抗震设防类别

对抗震救灾以及在经济、国防上具有重要意义的桥梁或破坏后修复(抢修)困难的桥梁,应提高抗震设防类别,设防类别见表1-1。

桥梁抗震设防分类 表1-1

桥梁抗震设防类别	适用范围
A类	单跨跨径超过150m的特大桥
B类	单跨跨径不超过150m的高速公路、一级公路上的桥梁,单跨跨径不超过150m的二级公路上的特大桥、大桥
C类	二级公路上的中桥、小桥,单跨跨径不超过150m的三、四级公路上的特大桥、大桥
D类	三、四级公路上的中桥、小桥

为确保重点和节约投资,将公路桥梁分为A类、B类、C类和D类4个抗震设防类别,A类抗震设防要求和类别最高,B类、C类和D类抗震设防类别依次降低。A类、B类和C类桥梁应采用两水准抗震设防,D类桥梁可采用一水准抗震设防。在E1和E2地震作用下,桥梁抗震设防目标应符合表1-2的要求。

桥梁抗震设防目标 表1-2

桥梁抗震设防类别	设防目标			
	E1地震作用		E2地震作用	
	震后使用要求	损伤状态	震后使用要求	损伤状态
A类	可正常使用	结构总体反应在弹性范围,基本无损伤	不需修复或经简单修复可正常使用	可发生局部轻微损伤

续上表

桥梁抗震设防类别	设防目标			
	E1 地震作用		E2 地震作用	
	震后使用要求	损伤状态	震后使用要求	损伤状态
B类	可正常使用	结构总体反应在弹性范围,基本无损伤	经临时加固后可供维持应急交通使用	不致倒塌或产生严重结构损伤
C类	可正常使用	结构总体反应在弹性范围,基本无损伤	经临时加固后可供维持应急交通使用	不致倒塌或产生严重结构损伤
D类	可正常使用	结构总体反应在弹性范围,基本无损伤	—	—

E1 地震作用下,要求各类桥梁在弹性范围内工作,结构强度和刚度基本保持不变。E2 地震作用下,A 类桥梁局部可发生开裂,裂缝宽度也可超过容许值,但混凝土保护层应保持完好,因地震过程的持续时间比较短,地震后,在结构自重作用下,地震过程中开展的裂缝一般可以闭合,不影响使用,结构整体反应还在弹性范围。B 类、C 类桥梁在 E2 地震作用下要求不倒塌,且结构强度不能出现大幅降低,对钢筋混凝土桥梁墩柱,其抗弯承载能力降低幅度不应超过 20%。

在 E2 地震作用下,斜拉桥和悬索桥如允许桥塔进入塑性,将产生较大变形,从而使结构受力体系发生大的变化。例如,部分斜拉索或吊杆出现不受力的情况,甚至导致桥梁垮塌等严重后果。采用减隔震设计的桥梁,通过减隔震装置耗散地震能量,能够有效降低结构的地震响应,使桥梁墩柱不进入塑性状态。此外,如允许桥梁墩柱进入塑性状态形成塑性铰,将导致结构的耗能体系混乱,还可能导致过大的结构位移和计算分析上的困难。因此规定,B 类、C 类中的斜拉桥和悬索桥以及采用减隔震设计的桥梁抗震设防目标应按 A 类桥梁要求执行。

《细则》在编制过程中对桥梁抗震设防分类、设防标准和设防目标开展了专题研究,成果归纳为上述条款。汶川大地震后,在交通运输部组织下,部分高校、部门研究者对桥梁震害进行了详细调查和分析,对震害机理开展了详细研究,并进一步对桥梁抗震设防分类、设防目标和设防标准进行了深入研究。其中,桥梁抗震重要性系数 C_i,应按表 1-3 确定。

桥梁抗震重要性系数 C_i 表 1-3

桥梁类别	E1 地震作用	E2 地震作用
A类	1.0	1.7
B类	0.43(0.5)	1.3(1.7)
C类	0.34	1.0
D类	0.23	—

严格地讲,抗震重要性系数1.0对应重现期475年是准确的,其余的对应关系是近似的,具体对照见表1-4。

桥梁抗震重要性系数和重现期对照表 表1-4

抗震重要性系数	1.7	1.3	1.0	0.5	0.43	0.34	0.23
重现期(年)	2000	1000	475	100	75	50	25

《规范》采用两水准设防,两阶段设计;D类桥梁,因规模小、路线等级低,一般采用一水准设防,一阶段设计。对A类桥梁、B类和C类中的斜拉桥和悬索桥以及采用减隔震设计的桥梁,第一阶段和第二阶段抗震设计均采用弹性抗震设计,但E1地震作用下的抗震计算应采用全截面刚度,E2地震作用下的抗震计算可采用开裂截面刚度。

1.2.2 地震动输入

地震作用可以用设计加速度反应谱、设计地震动时程和设计地震动功率谱表征。一般情况下,公路桥梁可只考虑水平向地震作用,直线桥可分别考虑顺桥向X和横桥向Y的地震作用。对于A类桥梁、抗震设防烈度Ⅸ度地区的桥梁以及抗震设防烈度为Ⅷ度地区且竖向地震作用引起的地震效应很显著的桥梁,应同时考虑水平向和竖向地震作用,抗震设防烈度和基本地震动峰值加速度A的对照见表1-5。

抗震设防烈度和基本地震动峰值加速度A对照表 表1-5

抗震设防烈度	Ⅵ	Ⅶ	Ⅷ	Ⅸ
A	0.05g	0.10(0.15)g	0.20(0.30)g	0.40g

公路桥梁抗震设计的地震动输入主要分为三种:设计加速度反应谱、设计地震动时程以及设计地震动功率谱。下面对这三种地震动输入进行简要介绍。

1)设计加速度反应谱

设计加速度反应谱$S(T)$(图1-1)由式(1-1)确定:

$$S(T) = \begin{cases} S_{max}(0.6T/T_0 + 0.4) & (T \leq T_0) \\ S_{max} & (T_0 < T \leq T_g) \\ S_{max}(T_g/T) & (T_g < T \leq 10.0) \end{cases} \quad (1-1)$$

式中:T——桥梁结构的自振周期(s);

T_0——反应谱直线上升段最大周期,一般取0.1s;

T_g——特征周期;

S_{max}——设计加速度反应谱最大值。

2)设计地震动时程

已做地震安全性评价的桥梁工程场地,设计地震动时程应根据专门的工程场地地震安全性评价的结果确定;未做地震安全性评价的桥梁工程场地,可根

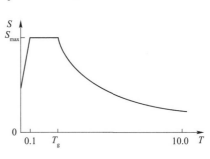

图1-1 设计加速度反应谱

据上述的设计加速度反应谱,合成与其匹配的设计加速度时程,也可选用与设定地震震级、距离大体相近的实际地震动加速度记录,通过调整使其反应谱与《规范》设计加速度反应谱匹配,每个周期值对应的反应谱幅值的相对误差应小于5%或绝对误差应小于0.01g。

另外,设计加速度时程不少于3组,且保证任意两组间同方向的相关系数绝对值小于0.1,相关系数的定义见式(1-2):

$$|\rho| = \left| \frac{\sum_j a_{1j} \cdot a_{2j}}{\sqrt{\sum_j a_{1j}^2} \cdot \sqrt{\sum_j a_{2j}^2}} \right| \tag{1-2}$$

式中:a_{1j}——时程a_1第j点的值;

a_{2j}——时程a_2第j点的值。

3)设计地震动功率谱

已做地震安全性评价的桥梁工程场地,设计地震动功率谱应根据专门的工程场地地震安全性评价的结果确定。未做地震安全性评价的桥梁工程场地,可根据设定地震的震级、距离,选用适当的衰减关系推算,也可根据设计加速度反应谱按式(1-3)估算单边功率谱$S_a(\omega)$如下:

$$S_a(\omega) = \frac{T\xi}{\pi^2} \frac{S^2(T)}{\ln\left(-\frac{T}{2T_d}\ln p\right)} \tag{1-3}$$

式中:S——反应谱值;

p——不超越概率,取0.04;

T_d——地震持续时间(s),可取20~30s;

ξ——阻尼比;

T——周期(s);

ω——圆频率(rad/s),$\omega = 2\pi/T$。

1.3 公路桥梁抗震设计要求

1.3.1 公路桥梁抗震设计方法

根据桥梁抗震设防分类及抗震设防烈度,桥梁抗震设计方法可分为以下3类:

1类:应进行E1地震作用和E2地震作用下的抗震分析和抗震验算,并应满足桥梁结构抗震体系的要求以及相关构造和抗震措施的要求。

2类:应进行E1地震作用下的抗震分析和抗震验算,并应满足相关构造和抗震措施的要求。

3类:应满足相关构造和抗震措施的要求,可不进行抗震分析和抗震验算。

桥梁抗震设计方法按表1-6选用。

桥梁抗震设计方法　　　　　　表1-6

桥梁类别	抗震设防烈度					
	Ⅵ	Ⅶ		Ⅷ		Ⅸ
	0.05g	0.1g	0.15g	0.2g	0.3g	0.4g
A类	1类	1类	1类	1类	1类	1类
B类	3类	1类	1类	1类	1类	1类
C类	3类	1类	1类	1类	1类	1类
D类	3类	2类	2类	2类	2类	2类

为确保桥梁结构的抗震安全性,同时尽可能减小计算工作量,《规范》对各抗震设防类别的桥梁、各抗震设防烈度的桥梁规定了相应的抗震设计要求和抗震设计内容。总的原则是要求抗震设防类别高的桥梁、抗震设防烈度高的桥梁做更精细的抗震设计。

1.3.2　公路桥梁抗震体系

桥梁结构抗震体系需要满足:有可靠和稳定的传力途径;有明确、可靠的位移约束,能有效地控制结构地震位移,防止落梁;有明确、合理、可靠的能量耗散部位;应具有避免因部分结构构件的破坏而导致结构倒塌的能力。

对B类和C类梁桥,可采用以下两种抗震体系:

类型Ⅰ:地震作用下,桥梁的弹塑性变形、耗能部位位于桥墩,典型单柱墩和双柱墩的耗能部位即潜在塑性铰区域,如图1-2所示。

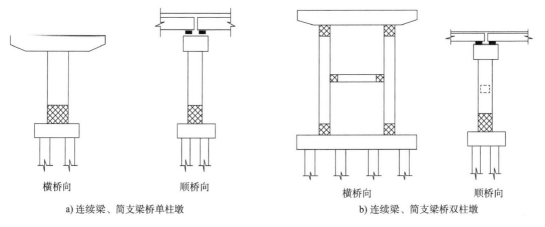

a) 连续梁、简支梁桥单柱墩　　　　　　b) 连续梁、简支梁桥双柱墩

图1-2　连续梁、简支梁桥单柱墩和双柱墩的耗能部位(潜在塑性铰区域)示意图

类型Ⅱ：地震作用下，桥梁的耗能部位位于桥梁上、下部连接构件，包括减隔震支座和耗能装置。

对钢筋混凝土桥梁，目前国内外采用的结构抗震体系主要有两类。一类是按延性抗震设计的桥梁，地震作用下利用桥梁墩柱发生塑性变形，延长结构周期，耗散地震能量。对这类结构，允许发生塑性变形的耗能部位一般应选择在易于检查和修复的构件上。图1-2给出了连续梁、简支梁桥单柱墩和双柱墩的适宜耗能部位示意图，对有系梁双柱墩，在墩柱和系梁的节点部位也可能发生塑性变形，一般宜考虑塑性变形发生在系梁上。另一类为按减隔震设计的桥梁，地震作用下，利用桥梁上、下部结构的连接构件（支座、耗能装置）发生塑性变形或增大阻尼，延长结构周期，耗散地震能量，从而减小结构地震反应。据此，《规范》将桥梁结构抗震体系分为两类。

1.3.3 公路桥梁抗震概念设计

对于抗震设计来说，桥梁应尽量采用对称的结构形式和均匀的布置方案。这样的布置方案能使桥梁结构刚度和质量对称并均衡分布，有利于桥梁结构各部分共同承担水平地震力。

另外，在场地地质条件不连续、地震时地基可能产生较大相对位移的地段，不宜修建拱桥。在液化场地或软弱土层场地，桥梁基础应穿过液化土层或软土层。

梁式桥一联内桥墩的刚度比宜满足下列要求。

1) 任意两桥墩的水平向抗推刚度比

(1) 桥面等宽：

$$\frac{k_i^e}{k_j^e} \geq 0.5 \tag{1-4}$$

(2) 桥面变宽：

$$2 \geq \frac{k_i^e}{k_j^e} \geq 0.5 \tag{1-5}$$

2) 相邻桥墩的水平向抗推刚度比

(1) 桥面等宽：

$$\frac{k_i^e}{k_j^e} \geq 0.75 \tag{1-6}$$

(2) 桥面变宽：

$$1.33 \geq \frac{k_i^e}{k_j^e} \geq 0.75 \tag{1-7}$$

式中：k_i^e、k_j^e——第i和第j桥墩考虑支座刚度后计算出的组合刚度（含顺桥向和横桥向），$k_i^e \leq k_j^e$。

刚度和质量均衡分布是桥梁抗震设计理念中最重要的一条原则。对于上部结构连续的桥梁，各桥墩高度宜尽可能相近。对于相邻桥墩高度相差较大导致刚度相差较大的情况，水平地震力在各墩间的分配一般不理想,刚度大的墩将承受较大的水平地震力,同时,刚度小的墩将会有较大的墩顶位移,从而使上部结构产生偏转并导致墩柱承受扭矩,因此,将严重影响结构的整体抗震能力。

多联梁式桥相邻联的基本周期比宜满足以下要求:

$$\frac{T_i}{T_j} \geqslant 0.7 \quad (1-8)$$

式中:T_i、T_j——第 i 联和第 j 联的基本周期(含顺桥向和横桥向),$T_i \leqslant T_j$。

为保证桥梁刚度和质量的均衡分布,设计时应优先考虑等跨径、等墩高、等桥面宽度的结构形式。如受条件限制不能均衡布置,也可通过调整墩柱截面尺寸和支座等方法来改善桥梁刚度和质量的分布。调整支座参数是最简单易行的办法,效果也很显著。采用橡胶支座时,由墩和支座构成的串联体系的水平刚度 k_t 为:

$$k_t = \frac{k_z k_p}{k_z + k_p} \quad (1-9)$$

式中:k_p——桥墩的水平刚度;

k_z——橡胶支座的剪切刚度。

1.4 公路桥梁抗震设计流程

根据桥梁结构在地震作用下动力响应的复杂程度,可将桥梁分为两类,即规则桥梁和非规则桥梁。对于规则桥梁的抗震分析、设计与校核,根据目前积累的大量震害经验及理论研究成果,采用简化计算方法和设计校核步骤就可以很好地把握其在地震作用下的动力响应特性,并使设计的结构满足规范预期的性能要求。对于非规则桥梁,由于其动力响应特性复杂,采用简化计算方法不能很好地把握其动力响应特性,因此,《规范》要求采用比较复杂的分析方法和设计校核过程来确保其在实际地震作用下的性能满足规范的设计要求。桥梁抗震分析可采用的计算方法按表 1-7 取用。

桥梁抗震分析可采用的计算方法 表 1-7

地震作用	桥梁分类					
	B 类		C 类		D 类	
	规则	非规则	规则	非规则	规则	非规则
E1	SM/MM	MM/TH	SM/MM	MM/TH	SM/MM	MM
E2	SM/MM	MM/TH	SM/MM	MM/TH		

注:TH-线性或非线性时程计算方法;SM-单振型反应谱或功率谱方法;MM-多振型反应谱或功率谱方法。

常规桥梁总体设计流程如图 1-3 所示。

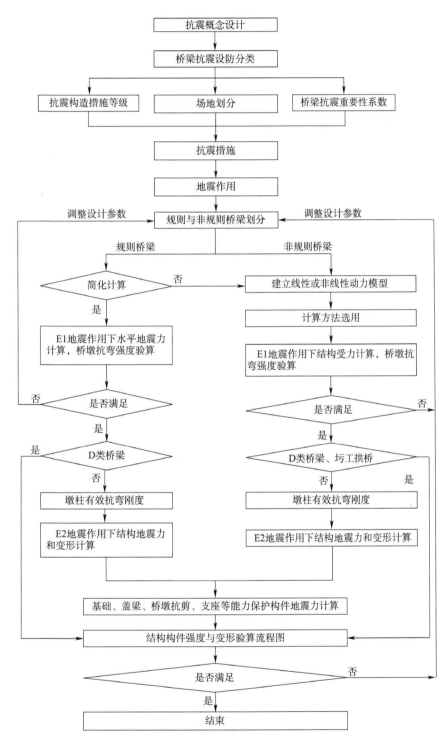

图 1-3 常规桥梁总体设计流程

常规桥梁结构构件抗震设计流程如图 1-4 所示。

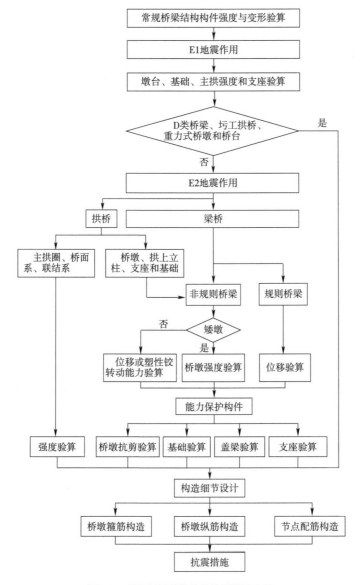

图 1-4 常规桥梁结构构件抗震设计流程

1.5 公路桥梁抗震设计规范更新内容

《规范》保持两水准设防、两阶段设计,抗震设防标准(地震作用重现期)和性能目标与《细则》一致。

《规范》主要吸收了近年来国内外在桥梁抗震概念设计、延性抗震设计、减隔震设计以及构造措施等方面的成熟研究成果,修订和完善了相关设计规定和计算方法,增强了《规范》体系的完整性以及设计和计算方法的适用性和可操作性。《规范》主要修订内容如下:

(1)在基本要求方面:增加了桥梁结构抗震体系的内容,明确了B类和C类梁桥可采用的抗震体系包括延性抗震体系和减隔震体系两类;细化了抗震概念设计的内容,增加了梁式桥一联内桥墩的刚度比要求和多联梁式桥相邻联的基本周期比要求。

(2)在场地、地基和基础部分:根据《建筑抗震设计规范》(GB 50011—2010)的规定,将Ⅰ类场地细分为I_0和I_1两个亚类。对桩基础验算和承载能力调整系数进行了修订。

(3)在地震作用部分:对设计加速度反应谱进行了修订,计算常数取值由2.25改为2.5,取消了谱比函数的概念。对动水压力部分进行了修订。

(4)在抗震分析和验算部分:对延性抗震设计计算方法做了较大幅度的修订,以达到更为合理和便于操作的目的;扩大了线弹性分析方法的适用范围,修订了规则桥梁抗震计算方法,抗震分析更为简便;修订了E2地震作用下弹性计算方法的地震位移修正系数,增补了构件延性系数计算方法;修改了墩柱塑性铰区域抗剪计算公式和能力保护构件计算方法,相关计算方法和公式更为合理。

(5)全面细化和完善了减隔震体系桥梁抗震设计的内容:《规范》从减隔震体系桥梁设计理念和方法、抗震分析方法以及减隔震装置的要求等方面给出了较全面系统的规定和说明。和《细则》只给出抗震设计原则相比,《规范》的可操作性大幅增强。

(6)新增"抗震构造措施等级"的概念。修改了墩梁搭接长度计算公式,公式的适用范围扩大到简支梁桥和连续梁桥,并考虑了墩高、跨径和联长的影响。

实际使用《规范》时,需要注意的事项如下:

(1)与相关规范配套使用。《规范》使用过程中应与有关桥梁设计规范、中国地震动参数区划图、工程场地地震安全性评价规范等配套使用。

(2)近年来,公路桥梁抗震设计技术和相关减隔振产品的发展较快。今后,应加强新技术和新产品的可靠性研究,在应用新技术和新产品时,应确保既有先进性、又有可靠性。

(3)鉴于《规范》内容专业性强、技术要求高,《规范》发布后,各地一线桥梁设计人员应正确理解应用《规范》。同时,应对各地各项目对《规范》的使用情况进行跟踪研究,进一步收集相关意见,为《规范》修订完善提供支撑。

第 2 章 / Chapter Two

桥梁结构震害

2.1 概述

桥梁是重要的交通基础设施,是维持社会经济活动正常运转的关键节点。地震对桥梁的破坏影响了交通的顺畅通行,它不仅造成了经济活动的大范围停摆,还对紧迫的震后救灾工作产生了极大影响。因此,总结桥梁结构震害形式,分析震害成因,通过设计和施工手段尽量减小地震对桥梁的破坏程度,对于维护国民的生命财产安全至关重要。

地震对桥梁结构的震害可分为直接震害和间接震害。直接震害指地震引起结构动力响应所导致的结构破坏,间接震害指地震引发的次生灾害对结构的破坏。直接震害的主要表现形式有:梁桥的主梁、开裂、移位甚至落梁,支座移位、变形、滑落;拱桥的主拱圈开裂、横向连接系受损、拱上建筑破坏等;桥墩压溃、开裂、塑性铰、剪断,桥台开裂、填土破坏,严重的直接震害甚至可能导致全桥垮塌。间接震害的主要表现形式有砂土液化致使桥梁基础失效、山体滑坡或泥石流掩埋或冲毁桥梁、落石撞击桥梁、堰塞湖淹没桥梁等。

本章将结合具体案例介绍典型的桥梁结构震害。考虑到桥梁结构的震害与场地条件、结构形式和构件类型等诸多因素密切相关,本章首先介绍场地因素的影响,再分桥型和构件介绍桥梁震害主要破坏形式和特点。

2.2 桥梁结构震害的场地条件

2.2.1 断层

地震断层的走向与桥梁结构的震害程度密切相关。一般来说,靠近断层的位置地震烈度较高,对桥梁结构的作用更加显著。

作为地震的能量释放中心,岩层断裂所释放的能量会通过断层释放出来,因此,断层附近的地表会发生显著的震动,出现较大的水平和竖向位移。在汶川大地震中,断层走向对震害程度的实际影响力十分显著。以映秀顺河桥为例,如图2-1所示,地震断裂带从桥梁下方穿过,不仅使桥梁发生剧烈的震动,还造成桥位地面向上隆起3m左右,剧烈震动与地形条件的变化给桥梁带来了毁灭性的影响(图2-2)。类似的断层穿过桥梁造成毁灭性破坏的案例在许多地震中都曾经上演,造成众多桥梁的大范围垮塌。

断层下穿桥梁造成的震害几乎是无法通过构造和加固措施避免的,只有桥位选址避开断层才能避免类似惨剧,为此,需要在相关工程线路设计之前的地质勘察工作中排查地震带断层位置,尽量避免桥位靠近断层地段。

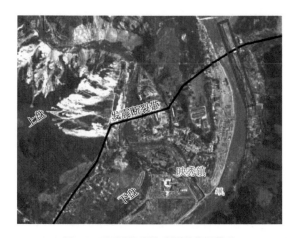

图 2-1　映秀顺河桥与断层的位置关系

图 2-2　映秀顺河桥全桥垮塌

断层走向对于地震力的方向也有明显的影响。在靠近发震断层的桥梁中,地震对桥梁的水平作用力具有一定的方向性。以汶川大地震为例,鱼子溪桥和寿江大桥都是靠近地震断裂带的桥梁。前者的桥轴走向基本与断层走向平行(图 2-3),地震力造成主梁主要发生横向桥位移(图 2-4);而后者的桥轴走向基本与断层走向垂直,主梁主要发生顺向桥位移(图 2-5)。

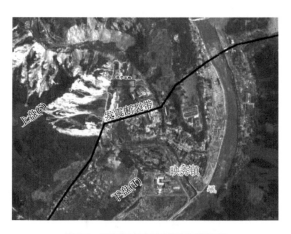

图 2-3　鱼子溪桥与断层的位置关系

图 2-4　渔子溪桥的梁体横桥向位移

图 2-5　寿江大桥的梁体顺桥向位移冲击桥台

2.2.2　斜坡地形和堰塞湖

地形地貌对桥梁震害的影响很大程度上体现在次生灾害上。其中，斜坡地形受地震影响出现的滑坡、沉陷、溜坍等问题，是引发桥梁间接震害的典型表现形式。汶川大地震中的新房子大桥因为地处斜坡，地震导致覆土层向临空面发生滑移，致使桥墩在土体挤压作用下发生倾斜（图 2-6），部分墩柱底部出现开裂。蒙子沟中桥也处于斜坡地形，其主要震害表现为各桥墩朝向临空面的纵向倾斜（图 2-7）。

图 2-6　覆土滑动致使桥墩倾斜（新房子大桥）

图2-7 边坡推挤致使桥墩倾斜(蒙子沟中桥)

地震活动导致的山体滑坡、岩石崩塌堵截山谷,造成河谷或河床贮水无法排出,形成堰塞湖。堰塞湖对桥梁的影响也是多方面的,堰塞湖贮水过多可能淹没河谷地区的桥梁(图2-8),而堰塞湖在泄洪过程中可能冲毁下游本身就因震害存在损伤的桥梁。以图2-9所示的绵竹汉旺绝缘桥为例,其在地震作用下出现桥墩墩底剪断的直接震害,而后续的堰塞湖泄洪冲毁了受损严重的四跨桥梁,直接震害与间接震害的共同作用导致了桥梁多跨的垮塌。

图2-8 受堰塞湖影响巴朗河中桥被淹没

a) 地震导致桥墩墩底剪断　　　　b) 堰塞湖泄洪冲毁受损严重的四跨桥梁

图2-9 绵竹汉旺绝缘桥多跨垮塌

2.3 梁桥的震害

本节讨论梁桥的主梁、桥墩、桥台、支座、混凝土挡块和基础的主要震害表现形式及成因。

2.3.1 主梁

通常来说,桥梁上部结构在地震作用下的响应不足以造成自身的损坏,只有一些钢结构桥梁可能发生局部屈曲破坏。地震对梁桥主梁的破坏主要表现在地震引起的梁体碰撞震害和梁体位移震害。

由于地震作用方向的不同,主梁可能发生纵移或横移。主梁的纵向位移可能导致主梁各跨之间发生碰撞或是主梁与桥台发生碰撞,横向位移则会造成主梁与混凝土挡块之间的碰撞。图 2-10 所示就是主梁碰撞导致的两端开裂和翼板混凝土脱落震害。

过大的主梁位移可能导致落梁。图 2-11 所示的南坝大桥为预应力混凝土空心板桥,采用先简支后连续的施工顺序,但在地震发生时桥梁尚处于施工状态,其下部结构和主梁架设已经完工,但绝大

图 2-10 主梁间碰撞致使梁端开裂(绵远河大桥)

多数跨并未进行铰缝的浇筑,在地震力的作用下,墩梁之间发生的相对位移导致了大面积的落梁。落梁还可能导致整体垮塌,百花大桥第五联的垮塌(图 2-12)就始于边孔的落梁,而多个桥墩在相邻跨落梁的影响下依次倒塌,导致整个梁段的垮塌。

图 2-11 南坝大桥落梁

通常来说,落梁问题主要是顺桥向的,这是因为主梁可能在伸缩缝处产生较大的顺桥向位移,而挡块限制了主梁的横桥向位移。

对于斜交桥和曲线梁桥,主梁的震害问题更为复杂。如图 2-13 所示,斜交桥在某个方向受到地震力作用时,由于其空间偶联性,在其他方向也会产生变形与位移,当梁体与桥台

或者邻跨发生碰撞时,会导致梁体的钝角位置受到约束,而锐角处发生远离支座的转动,最终锐角处失去支承而导致落梁。在汶川大地震中实际地震烈度为Ⅶ～Ⅺ度的区域范围内,统计所得的桥型破坏比例与严重程度情况表明,斜交桥发生中等及以上的破坏概率(62.2%,46/74)明显高于其他简支梁桥(11.3%,100/884)。曲线梁桥具有与斜交桥类似的不对称特点,而曲线梁桥跨内的铰在加载方向不同时会出现打开或闭合的不同现象。

图 2-12　百花大桥第五联垮塌

图 2-13　斜交桥梁体的平面转动(独秀峰桥)

2.3.2　桥墩

墩柱的工作失效通常是桥梁垮塌的主要原因。桥墩的常见震害形式包括墩柱的倾斜、开裂、塑性铰、压溃、剪断以及盖梁的损坏。

一般来说,简支梁桥的桥墩破坏情况较轻,这是因为简支梁桥结构受力比较单纯,梁体与支座在地震力作用下存在滑移,对下部结构的水平作用力较小。同为简支梁桥,斜交桥或弯桥的受力情况相对复杂,在地震力作用下存在扭转效应,对桥墩的作用也较为显著。在连续梁桥中,非固定墩的破坏相对较轻,受力情况类似于简支梁桥桥墩。由于固定墩承担了绝大部分来自上部结构的水平约束力,因而往往出现远大于非固定墩破坏的程度,这种破坏在固结墩上体现得更加明显。连续刚构桥由于墩梁固结的特点,受上部结构的地震力影响更为突出。固定墩倾斜与墩底压溃的实例如图 2-14 所示。

"短柱效应"在桥墩的震害中也是一个突出的问题。由于短柱的刚度较大,在地震作用下会承担更大的水平力,短柱更容易出现严重的震害。而图 2-15 中的桥墩不仅属于固结墩,还是刚度很大的矮墩,受到短柱效应的影响,因此地震对其造成了严重的压溃震害。

图 2-14 固定墩倾斜与墩底压溃(百花大桥,连续梁桥)

图 2-15 固结墩压溃(回澜立交桥)

2.3.3 桥台

桥台是位于桥梁两端的支承物,它将上部结构的荷载传递到基础,同时还发挥着连接路堤、承受台后填土压力的作用。桥台一般采用圬工结构,一些轻型桥台则采用钢筋混凝土结构。地震对桥台的破坏形式也是多方面的。首先是台身的开裂,桥台与其接触土体的刚度差异使得桥台在地震作用下比较容易发生损害。地震力作用下梁体对桥台产生的冲击力可能造成桥台背墙的损坏,比如寿江大桥映秀岸桥台受到梁体冲击发生挤压破坏,如图 2-16 所示。场地液化等影响也可能造成填土出现滑移与塌落等破坏,威胁桥台的安全。

桥台背墙可对主梁产生纵向水平约束力,可靠的桥台能降低地震作用下落梁的可能性,这一点在中小桥梁上体现得更加显著。

图 2-16 梁体挤压冲击桥台(寿江大桥)

2.3.4 支座

支座联系了桥梁的上部结构和下部结构,主梁受地震力影响的水平作用力也经由支座传递给下部结构。

支座几乎是桥梁抗震能力最弱的部位,墩台支座由于主梁移位可能发生变形,也可能出现不同程度的支座移位问题。具体来说,板式橡胶支座可能出现卷曲、滑移、脱空、四氟板破坏等问题,盆式橡胶支座可能出现锚栓破坏、钢盆错位及连接破坏等问题。严重的支座损坏可能改变桥梁结构的受力状况,比如造成脱空问题,受力情况的改变可能进一步加剧桥梁的震害程度。对于活动支座,支座与主梁的相对滑动减小了上部结构对桥墩的作用力,但也增大了落梁的风险。图2-17所示的板式橡胶支座发生移位,几乎从支座垫石处滑落。

严重的支座移位可能造成支座完全滑出,导致主梁与下部结构直接接触。如图2-18所示,王家营1号桥在地震动作用下,部分主梁直接支承在盖梁上,主梁虽然仍有支承,但桥梁结构的受力情况发生了改变。

图2-17 板式橡胶支座移位(苍溪河大桥)　　图2-18 板式橡胶支座滑出导致部分主梁直接支承在盖梁上(王家营1号桥)

图2-19所示是绵竹回澜立交桥匝道桥的盆式支座滑移和变形震害,由于盆式支座的滑移释放了大部分的水平地震力,大大减轻了桥墩的震害。

a) 支座错位　　　　　　　　　　　　b) 支座错位、变形

图2-19 盆式支座错位与变形(绵竹回澜立交桥匝道桥)

2.3.5 混凝土挡块

地震作用下主梁的横向位移对挡块产生了挤压(图2-20)和撞击作用,导致挡块发生开

图 2-20 主梁横移挤压挡块（苍溪河大桥）

裂或剪断。值得注意的是，挡块的破坏消耗了一部分地震能量，起到了一定的减震作用。

2.3.6 基础

桥梁基础的震害主要体现在两方面，一方面是地震导致地基失效问题，另一方面则是地震力导致的基础变形与破坏问题。地震导致的砂土液化、不均匀沉降会引起地基的失效；基础的变形与破坏主要发生于桩基础，上部结构传递下来的地震惯性力导致桩基础承受较大的剪切力，可能发生变形甚至剪断，这种破坏有时是较难察觉的。

2.4 拱桥的震害

拱桥的震害形式主要包括整体坍塌、主拱圈破坏、（上承式拱桥的）拱上建筑破坏、横向连接系破坏以及桥面附属物破坏。汶川大地震中出现了许多拱桥的整体坍塌问题，包括圬工拱桥和钢筋混凝土拱桥（图 2-21）。相比较而言，钢筋混凝土拱桥的延性较好、强度较高，而圬工结构的抗裂性较差，在地震作用下更容易出现开裂和坍塌状况。

a) 镔门坝桥（圬工拱桥）

b) 彻底关大桥（圬工拱桥）

c) 南坝拱桥（钢筋混凝土双曲拱桥）

图 2-21 拱桥整体坍塌震害

主拱圈是拱桥的最主要承重构件,严重的主拱圈破坏可能导致全桥垮塌,因此,地震作用下主拱圈的破坏程度是衡量全桥震害等级的最主要指标。主拱圈破坏最典型的表现形式包括拱圈断裂与开裂。图2-22所示为汶川大地震后的安州大桥(钢筋混凝土箱型肋拱桥),其上游侧拱肋处出现近乎贯通整个拱肋的裂缝;铜子梁桥(图2-23)为上承式空腹式拱桥,在地震发生后,5条拱肋均出现环向断裂,拱肋与拱座连接处也出现开裂。

a) 震后的安州大桥

b) 上游侧主拱裂缝　　　　c) 斜杆与主拱交界处裂缝　　　　d) K撑水平撑裂缝

图 2-22　安州大桥震害

a) 震后的铜子梁桥

图 2-23

b) 主拱拱肋环向断裂　　　　　　c) 拱座处的拱肋开裂

图 2-23　主拱拱肋开裂(铜子梁桥)

圬工拱桥的拱上建筑容易发生破坏,这是因为这些拱上建筑本身较为脆弱,且属于多次超静定体系,在地震力作用下受力情况复杂,容易出现应力集中现象,导致这些构件的开裂和破碎。实腹式拱上建筑的主要震害形式是侧墙的开裂,空腹式拱上建筑的主要震害形式是腹拱圈和拱墙的开裂,而梁式拱上建筑的立柱开裂问题更加突出。

拱桥在承担竖向荷载时向下部结构传递很大的水平推力,在建造前需要提供可靠的场地条件,使得拱桥上部结构、下部结构和填土之间的整体受力情况良好。因此,拱桥在纵桥向和竖向一般具备一定的安全储备,但横桥向抗震能力较弱。包括横撑和横梁在内的拱桥横向连接系具有较大的刚度,在地震作用下的荷载响应显著,破坏风险较高,主要表现为钢材的屈曲和钢筋混凝土的开裂。图 2-22c)、图 2-22d)所示为安州大桥的 K 撑破坏情况,桥下多个 K 撑的刚性节点附近出现严重开裂,K 撑斜撑和拱肋结合处、K 撑横撑与拱肋结合处都出现了贯通型裂纹。

第 3 章
Chapter Three

桥梁结构抗震分析及MIDAS实现

3.1 引言

桥梁抗震设计是一项综合性工作,需要合理选择能够有效抵抗地震作用的结构形式,合理地分配结构的刚度、阻尼、质量等,并正确估计地震对结构可能造成的破坏,通过结构、构造和其他抗震措施提高结构整体抗震能力,并将损失控制在限定的范围内。

进行桥梁抗震设计需要正确预测地震对桥梁结构的影响,这也是桥梁抗震设计中最难的部分。在桥梁结构的地震反应分析中,桥梁结构可视为一个系统,地震动可视为对系统的输入,而系统的输出即为地震反应。因此,地震反应分析即已知地震输入和结构系统求解地震反应的过程,属于结构抗震动力学问题。本章首先介绍结构地震反应分析的发展历程,以及桥梁结构抗震设计的动力分析方法,然后阐述结构抗震动力学的基本概念和假设,并重点讨论动力计算模型的建立方法。

地震反应分析方法的发展简单概括为从 20 世纪初的静力法到 20 世纪 50 年代后的基于反应谱理论的拟动力法。近 20 年以来,对重要结构物逐渐采用了面向过程的动力分析法,其中动态时程分析法作为公认的精细分析方法,为抗震设计提供了更准确的科学依据。本节将介绍结构抗震分析的发展过程以及桥梁结构抗震分析方法。

3.1.1 结构抗震分析的发展过程

1)静力阶段

1899 年,日本学者大森房吉首次提出用于结构抗震设计的静力法。1916 年,佐野利器提出震度法的概念,认为水平最大加速度是地震破坏的重要因素,他将地震时地面运动最大加速度与重力加速度的比值定义为"水平震度",即:

$$k = \frac{a_{\max}}{g} \tag{3-1}$$

结构所受的水平地震作用可简化为作用于结构上的等效水平静力 V_0,其数值大小等于结构重力荷载 W 的 k 倍:

$$V_0 = ma_{\max} = \frac{W}{g}a_{\max} = kW \tag{3-2}$$

式中:W——结构重力荷载;

m——结构质量;

$a_{\max}$——地震时地面运动最大加速度;

g——重力加速度。

其中,m 代表结构质量,$k \approx 0.1$。k 是一个经验值,由多次地震震害分析得出。震度法忽略了结构的动力特性,认为地震作用时结构上任一点的振动加速度均等于地面运加速度,具有很大的局限性,只有当结构可近似地视为刚性时,该方法才适用。

该阶段的特点是,新建工程大多采用经验性抗震设计,地震荷载往往采用有记录的最大地震烈度。经验性设计原则指从强震害现场总结出经验性和定性的宏观规律,引入到部分理论和理论规定中。

2)反应谱阶段

20世纪30年代,美国首次提出地震反应谱的概念,人们逐渐认识到地震动特性对确立合理的抗震设计方法的重要性。由于模拟地震反应谱的关键是必须有实测的地震波记录,因此,美国和其他国家先后开展了对强震地面运动加速度过程的观测和记录。1940年,美国取得了具有强震特性的埃尔森特罗(EL Centro)地震波记录,促进了地震工程的发展,使抗震设计理论和地震作用的计算方法取得极大进展。1943年,美国学者 M. A. Biot 提出利用地震波记录计算反应谱的概念,并给出了世界上第一条弹性反应谱曲线。20世纪50年代,N. M. New-mark 利用计算出的反应谱进行抗震设计。反应谱理论的发展为现代抗震设计奠定了基础。

反应谱阶段内的抗震设计更加规范,形成了抗震设计的动力理论,能够对砂土液化进行定性和定量分析,发展了基于概率的地震危险性分析方法,针对生命线桥梁工程,提出震害估计方法和减灾对策。反应谱理论考虑了结构动力特性与地震动特性之间的动力关系,又保持了原有静力理论的形式,得到了国际上的广泛认可,到20世纪50年代,反应谱理论已基本取代了震度法。1959年,我国抗震规范草案就采用了反应谱理论,并在以后的各次规范修订中不断完善和发展。

3)动力理论阶段

20世纪50年代末,G. W. Housner 提出地震反应的动力计算方法,并将其成功应用于墨西哥城的拉丁美洲大厦设计。在1958年里氏8级墨西哥大地震中,该建筑保存完好,促使各国学者开始重视地震反应的直接动力计算方法(又称时程分析法)。20世纪60年代初,日本学者武藤清开始了这项研究工作。我国于20世纪70年代末至80年代初在这方面开展了大量研究工作。20世纪60年代,学者开始利用随机振动理论计算地震动和结构地震反应的统计特性,以获得概率意义上的结构响应时程曲线。目前,概率性地震反应分析方法还不成熟,需要进一步研究才能用于工程实践。

从20世纪60年代开始,地震反应动力分析得到了广泛的研究和发展,从弹性时程法发展到弹塑性时程法,在实际工程设计应用和科学研究中取得了显著成就。随着计算机技术和动力实验技术的发展,以及结构数值反应分析和强震记录的积累,人们对各类型结构在地震作用下的弹性和弹塑性反应的全过程认识日益丰富,推动着结构弹性和弹塑性反应过程的动力时程分析的发展。虽然弹塑性时程法可获得结构弹塑性分析的可靠结果,但是其分析技术复杂、计算量庞大,在理论上还存在亟待解决和改善的问题;此外,该方法是对确定的地震进行确定性分析,而地震具有强随机性。因此,弹塑性时程法在实际工程中的应用尚不普及,通常限于理论研究中。

3.1.2 桥梁结构抗震分析方法

1)反应谱法

单振型反应谱法又称单振型法。该方法假设地震荷载可视为作用在单个框架上的一个等效水平静力,该等效静力以单自由度体系的自振周期和规范规定的反应谱为基础。单振型反应谱法最适用于具有良好的平衡跨和具有相等刚度分布的结构。

多振型反应谱法假设地震荷载引起构件中内力、弯矩和位移,可用单模态响应的组合估算。国内外学者提出了多种反应谱组合方法,目前应用广泛的是基于随机振动理论提出的各种组合方案,如完全平方和(CQC)方法与平方和的平方根(SRSS)方法。CQC方法是一种完全组合方法,建立在相关随机事件处理理论上,考虑了所有事件之间的关联性,不光包含各个主振型的平方项,还考虑了耦合项。该方法适用于大部分桥梁结构。SRSS方法基于随机独立事件的概率统计,即要求参与数据处理的各个事件之间是完全独立的,不存在耦合关联关系,仅包含各主振型的平方项。当结构的自振频率相差较大时,可近似认为各振型的振动是相互独立的,此时,采用SRSS方法可获得很好的结果。此法多用于模态响应明显分离的组合。

2)时程分析方法

时程分析法首先选定合适的地震输入,将结构作为弹性或弹塑性振动系统,建立振动系统的微分方程,然后对振动微分方程进行求解,计算各质点的加速度、速度、位移和结构内力的时程曲线,从而分析出结构在地震作用下弹性和非弹性阶段的内力变化以及构建逐步开裂、损坏直至倒塌的全过程。

时程分析法包括振型分解法和逐步积分法。振型分解法在计算中利用了结构体系振动的正交性,仅适用于结构弹性反应分析;而逐步积分法适用于结构弹性和非弹性地震反应分析。目前,大多数国家除对重要、复杂、大跨的桥梁抗震计算外,都建议采用时程分析法。一方面,大跨复杂桥梁的地震反应比较复杂,往往受到地基和结构的复杂相互作用,地震行波效应、不同地震时程多分量多点输入以及结构各种复杂非线性因素(如几何、材料、边界条件的非线性等)以及分块阻尼等的影响,而时程分析法可精确地考虑这些因素的影响,获得精细分析结果。另一方面,采用该方法进行地震反应分析时,能够使得工程师更清楚地认识结构地震动力破坏的机理,同时拓展研究提升桥梁抗震能力的新途径。

3.2 桥梁抗震分析基础理论

3.2.1 单自由度体系振动微分方程

当结构体系动力学模型可理想化集总质量在一个位置和一个方向运动的单质点时,该动力系统称为单自由度(Single-degree-freedom,SDOF)体系。一些结构,如由单柱支撑的水箱、单层框架结构、横向地震作用下的单柱支承的两跨桥,都可理想化为单自由度模型,如图 3-1 所示。

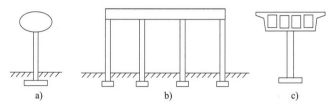

图 3-1 单自由度结构示例

以图 3-2 所示的单自由度体系为例,在地震地面加速度 $\ddot{u}_g(t)$ 作用下,使该系统发生振动。振动时有 3 种力作用在单质点上:

(1)惯性力: $f_I = m\ddot{u}_t(t) = m[\ddot{u}(t) + \ddot{u}_g(t)]$;
(2)弹性力: $f_S = ku(t)$;
(3)外阻尼力: $f_D = c\dot{u}(t)$ 。

式中: m ——动力系统的质量;
$\ddot{u}_t(t)$ ——质点绝对加速度;
$\ddot{u}(t)$ ——质点相对加速度;
k ——弹簧系数;
c ——黏滞阻尼。

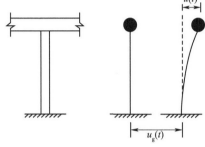

图 3-2 单自由度体系

根据达朗贝(D'Alembert)原理,这 3 种力应保持平衡,有:

$$f_I + f_S + f_D = 0 \tag{3-3}$$

从而可推导出:

$$m\ddot{u}(t) + c\dot{u}(t) + ku(t) = -m\ddot{u}_g(t) \tag{3-4}$$

式(3-4)即为单自由度体系的地震振动方程,右边项表示地震时地面加速度 $\ddot{u}_g(t)$ 引起的振动外因。

3.2.2 广义单自由度体系振动微分方程

当桥墩质量相较于上部结构不可忽略时,要将桥墩作为一个分布质量和弹性的体系,如图 3-3 所示。其中,桥墩的单位长度质量为 $m(x)$;弯曲刚度为 $EI(x)$;激励为地震地面加速度 $\ddot{u}_g(t)$;阻尼通常用结构试验数据估计的等效黏滞阻尼比表示。

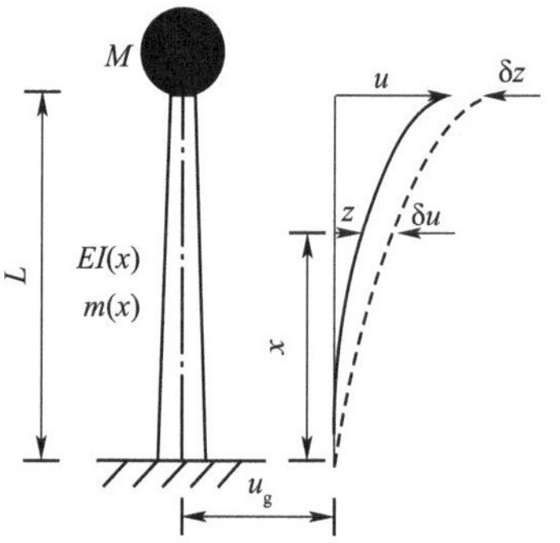

桥墩 x 高度处微元的总位移为:

$$u_t(x,t) = u(x,t) + u_g(t) \tag{3-5}$$

其中,结构变形可表示为:

$$u(x,t) = \psi(x)z(t) \tag{3-6}$$

对于桥墩结构,基底处基底变形和基底转角等于 0,即:

$$\psi(0) = 0, \psi'(0) = 0 \tag{3-7}$$

图 3-3 桥墩地震水平挠曲振动示意图

刚度为 EI 的等截面桥墩,顶点受单位侧向力所引起的挠度可表示为:

$$\begin{cases} \psi(x) = \dfrac{3Lx^2 - x^3}{12EI} \\ \psi(L) = \dfrac{L^3}{6EI} \end{cases} \tag{3-8}$$

从而可得出:

$$\psi(x) = \frac{3x^2}{2L^2} - \frac{x^3}{2L^3} \tag{3-9}$$

取桥墩高度 x 处微元进行分析,其内部抵抗弯矩作用和假想的惯性力处于平衡状态。该处微元惯性力为:

$$\begin{aligned} f_I(x,t) &= -m(x)\ddot{u}_t(x,t)\mathrm{d}x = -m(x)[\ddot{u}(x,t) + \ddot{u}_g(t)]\mathrm{d}x \\ &= -m(x)[\psi(x)\ddot{z}(t) + \ddot{u}_g(t)]\mathrm{d}x \end{aligned} \tag{3-10}$$

根据纯弯曲桥墩的小变形假设,高度 x 处弯矩为:

$$M(x,t) = EI(x)\frac{\partial^2 u(x,t)}{\partial x^2} \tag{3-11}$$

惯性力 $f_I(x,t)$ 在虚位移 $\delta u(x)$ 上所做的外力虚功 δW_E 为:

$$\delta W_E = \int_0^L f_I(x,t)\delta u(x,t)\mathrm{d}x = \int_0^L m(x)[\ddot{u}(x,t) - \ddot{u}_g(t)]\delta u(x,t)\mathrm{d}x + M[-\ddot{u}(L,t) - \ddot{u}_g(t)]\delta u(L,t) \tag{3-12}$$

抵抗弯矩 $M(x,t)$ 在虚位移 $\delta\kappa(x)$ 对应的曲率上做的内力虚功 δW_F 为:

$$M(x,t) = \int_0^L M(x,t)\delta\kappa(x)\mathrm{d}x \tag{3-13}$$

其中,$\delta\kappa$ 可由式(3-14)和式(3-15)求得:

$$\kappa = \frac{\partial^2 u(x,t)}{\partial x^2} = \frac{\partial^2 \psi(x)}{\partial x^2}z(t) \tag{3-14}$$

$$\delta\kappa = \delta\frac{\partial^2 u(x,t)}{\partial x^2} = \frac{\partial^2 \psi(x)}{\partial x^2}\delta z \tag{3-15}$$

因此,式(3-13)可写为:

$$\delta W_F = \int_0^L EI(x)\frac{\partial^2 u(x,t)}{\partial x^2}\delta\frac{\partial^2 u(x,t)}{\partial x^2}\mathrm{d}x \tag{3-16}$$

惯性力 $f_I(x,t)$ 的外力虚功 δW_E 转换为:

$$\delta W_E = -\delta z\left\{\ddot{z}\left[\int_0^L m(x)\psi^2(x)\mathrm{d}x + M\right] + \ddot{u}_g(t)\left[\int_0^L m(x)\psi(x)\mathrm{d}x + M\right]\right\} \tag{3-17}$$

弯矩 $M(x,t)$ 的内力虚功 δW_F 转换为:

$$\delta W_F = \delta z\left\{z\int_0^L EI(x)\left[\frac{\partial^2 \psi(x)}{\partial x^2}\right]^2 \mathrm{d}x\right\} \tag{3-18}$$

采用虚功原理建立广义单自由度体系的动态平衡方程,可得:

$$\ddot{z}\left[\int_0^L m(x)\psi^2(x)\mathrm{d}x + M\right] + z\left\{\int_0^L EI(x)\left[\frac{\partial^2\psi(x)}{\partial x^2}\right]^2 \mathrm{d}x\right\}$$

$$= -\ddot{u}_g(t)\left[\int_0^L m(x)\psi(x)\mathrm{d}x + M\right] \qquad (3\text{-}19)$$

桥墩体系的广义质量 m^*、广义刚度 k^*、广义激励 L^* 分别定义为：

$$m^* = \int_0^L m(x)\psi^2(x)\mathrm{d}x + M \qquad (3\text{-}20)$$

$$k^* = \int_0^L EI(x)\left[\frac{\partial^2\psi(x)}{\partial x^2}\right]^2 \mathrm{d}x \qquad (3\text{-}21)$$

$$L^* = \int_0^L m(x)\psi(x)\mathrm{d}x + M \qquad (3\text{-}22)$$

考虑等效黏滞阻尼比，振动方程两侧同时除以 m^*，则式(3-19)可简化为：

$$\ddot{z} + 2\xi\omega_n\dot{z} + \omega_n^2 z = -\frac{L^*}{m^*}\ddot{u}_g(t) \qquad (3\text{-}23)$$

桥墩体系的自振频率可由下式求得：

$$\omega_n^2 = \frac{k^*}{m^*} = \frac{\int_0^L EI(x)[\psi''(x)]^2\mathrm{d}x}{\int_0^L m(x)\psi^2(x)\mathrm{d}x + M} \qquad (3\text{-}24)$$

通过式(3-23)求解广义坐标 $z(t)$，并依据形函数 $\psi(x)$ 可求得结构位移反应 $u(x,t)$，其中，$u(x,t) = \psi(x)z(t)$。

3.2.3 单自由度体系动力特性

1）无阻尼自由振动

单自由度体系的无阻尼自由振动方程可写为：

$$\ddot{u} + \omega^2 u = 0 \qquad (3\text{-}25)$$

方程式(3-25)的解为：

$$u(t) = u_0\cos\omega t + \frac{\dot{u}_0}{\omega}\sin\omega t \qquad (3\text{-}26)$$

式中：u_0、$\dot{u}_0$——体系的初始位移和初始速度。

2）有阻尼自由振动

单自由度体系的有阻尼自由振动方程为：

$$\ddot{u} + 2\xi\omega\dot{u} + \omega^2 u = 0 \qquad (3\text{-}27)$$

式(3-27)的解为：

$$u(t) = e^{-\xi\omega t}[A\cos(\omega_D t) + B\sin(\omega_D t)] \qquad (3\text{-}28)$$

式中：A、B——任意常数；

ω_D——有阻尼结构的固有频率，$\omega_D = \omega\sqrt{1-\xi^2}$；

ξ——黏滞阻尼比。

将体系初始位移 u_0 和初始速度 $\dot{u}_0$ 代入式(3-28),可得:

$$u(t) = \mathrm{e}^{-\xi\omega t}\left[u_0\cos(\omega_\mathrm{D}t) + \frac{\dot{u}_0 + \xi\omega u_0}{\omega}\sin(\omega_\mathrm{D}t)\right] \quad (3\text{-}29)$$

3) 受迫振动

单自由度体系的强迫振动方程为:

$$\ddot{u} + 2\xi\omega\dot{u} + \omega^2 u = -\ddot{u}_\mathrm{g} \quad (3\text{-}30)$$

式(3-30)的解可采用 Duhamel 积分求得。该方法首先将荷载分解为一系列脉冲,然后求解各脉冲作用下结构的反应,最后叠加各脉冲作用下的反应得到结构的总反应,即:

$$u(t) = \int_0^t p(\tau)h(t-\tau)\mathrm{d}\tau \quad (3\text{-}31)$$

式中: $p(\tau)$ ——作用于结构的外荷载;

$h(t-\tau)$ ——单位脉冲反应函数。

将式(3-31)代入方程式(3-30),可得到无阻尼和有阻尼结构动力反应的 Duhamel 积分公式分别为:

$$u(t) = \frac{1}{m\omega}\int_0^t p(\tau)\sin[\omega(t-\tau)]\mathrm{d}\tau \quad (3\text{-}32)$$

$$u(t) = \frac{1}{m\omega_\mathrm{D}}\int_0^t p(\tau)\mathrm{e}^{-\xi\omega(t-\tau)}\sin[\omega_\mathrm{D}(t-\tau)]\mathrm{d}\tau \quad (3\text{-}33)$$

若 $t=0$,体系有初始位移 u_0 和初始速度 $\dot{u}_0$ 时,式(3-32)和式(3-33)的通解分别为:

$$u(t) = u_0\cos\omega t + \frac{\dot{u}_0}{\omega}\sin\omega t + \int_0^t p(\tau)h(t-\tau)\mathrm{d}\tau \quad (3\text{-}34)$$

$$u(t) = \mathrm{e}^{-\xi\omega(t-\tau)}\left[u_0\cos(\omega_\mathrm{D}t) + \frac{\ddot{u}_\mathrm{g}(\tau) + \xi\omega u_0}{\omega_\mathrm{D}}\sin(\omega_\mathrm{D}t)\right] -$$

$$\frac{1}{\omega_\mathrm{D}}\int_0^t \ddot{u}_\mathrm{g}(\tau)\mathrm{e}^{-\xi\omega(t-\tau)}\sin[\omega_\mathrm{D}(t-\tau)]\mathrm{d}\tau \quad (3\text{-}35)$$

由于实际工程中结构的阻尼比 ξ 一般很小,取 $\omega\approx\omega_\mathrm{D}$,则式(3-35)简化为:

$$u(t) = -\frac{1}{\omega}\int_0^t \ddot{u}_\mathrm{g}(\tau)\mathrm{e}^{-\xi\omega(t-\tau)}\sin[\omega(t-\tau)]\mathrm{d}\tau \quad (3\text{-}36)$$

计算出单自由度体系的变形反应时程 $u(t)$ 后,各时刻内力可通过结构静力分析确定,地震工程中偏好采用等效静力概念进行静力分析。

等效静力为:

$$f_\mathrm{s}(t) = ku(t) = m\omega_\mathrm{D}^2 u(t) \quad (3\text{-}37)$$

基底剪力 $V_\mathrm{b}(t)$ 和基底倾覆力矩 $M_\mathrm{b}(t)$ 分别为:

$$V_\mathrm{b}(t) = f_\mathrm{s}(t) = m\omega_\mathrm{D}^2 u(t) \quad (3\text{-}38)$$

$$M_\mathrm{b}(t) = hf_\mathrm{s}(t) = hm\omega_\mathrm{D}^2 u(t) \quad (3\text{-}39)$$

式中: h ——结构高度。

3.2.4 多自由度体系振动微分方程

对于复杂结构的地震反应分析,单自由度体系方法将可能不再适用。为计算一个复杂结构的反应,可将结构离散为多个集总质量的结构单元,研究多自由度体系的反应。

对于一致激励,结构承受相同的地面加速度。因此,多自由度体系运动方程可写为:

$$M\ddot{u} + C\dot{u} + Ku = 0 \tag{3-40}$$

式中:M、C、K——体系的质量、阻尼和刚度矩阵;

$\ddot{u}$、$\dot{u}$、u——结构相对于支承的绝对加速度向量、相对速度向量和相对位移向量。

图 3-4 为多自由度结构在地震作用下的运动状态示意图。

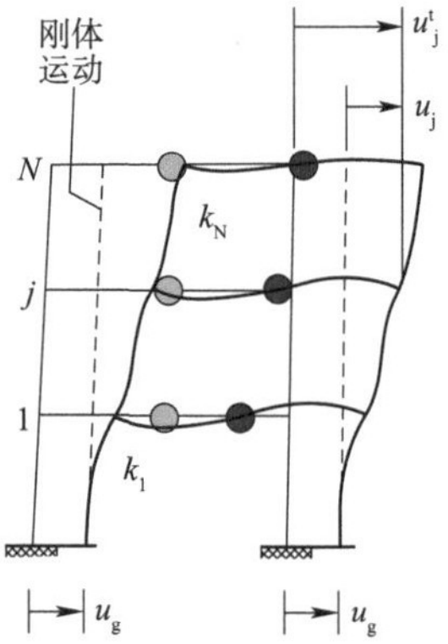

质量 m_j 的总位移为 m_j 的结构变形 $u_j(t)$ 与地面的绝对位移 $u_g(t)$ 之和:

$$u_j^t(t) = u_j(t) + u_g(t) \tag{3-41}$$

作用在质量 m_j 上的惯性力、变形弹性力和阻尼力分别为:

$$m_j \ddot{u}_j^t(t) = m_j[\ddot{u}_j(t) + \ddot{u}_g(t)] \tag{3-42}$$

$$f_{sj} = k_j[u_j(t) - u_{j-1}(t)] + k_{j+1}[u_j(t) - u_{j+1}(t)] \tag{3-43}$$

$$f_{dj} = c_j[\dot{u}_j(t) - \dot{u}_{j-1}(t)] + c_{j+1}[\dot{u}_j(t) - \dot{u}_{j+1}(t)] \tag{3-44}$$

图 3-4 多自由度体系在地震作用下的运动状态

式(3-40)也常表示为:

$$M\ddot{u} + C\dot{u} + Ku = -MI\ddot{u}_g \tag{3-45}$$

式中:$\ddot{u}_g$——地面加速度向量;

I——影响系数向量,用来定义外加地震荷载的自由度。

3.2.5 多自由度体系动力特性

1)无阻尼自由振动

令式(3-45)中的 C 和 $\ddot{u}_g$ 为零,则多自由度体系的无阻尼自由振动方程为:

$$M\ddot{u} + Ku = 0 \tag{3-46}$$

式中:M、K——$n \times n$ 的方阵。

令 $u = \varphi_n q_n(t)$,$q_n(t) = A_n\cos\omega_n t + B_n\sin\omega_n t$,则多自由度运动微分方程可转换为:

$$(K - \omega_n^2 M)\varphi_n = 0 \tag{3-47}$$

式中:φ_n——振型矩阵。

令

$$\det(K - \omega_n^2 M) = 0 \tag{3-48}$$

则可得式(3-47)的解。

式(3-48)为结构动力学问题中的广义特征值求解问题,它的核心是求解满足该公式的特征值 ω_n^2 和相应的非零解 φ_n。显然,求解的特征值 ω_n^2 和对应的特征向量 φ_n 只取决于结构体系本身的刚度阵 K 和质量阵 M,是结构体系的固有属性。由于展开一个 N 自由度体系的行列式可得一个频率参数 ω_n^2 的 N 次代数方程，因而可得 ω_n^2 的 N 个根。即体系存在 N 个频率和对应的 N 个固有振型。

N 个特征向量可以组成 $n \times n$ 的方阵 $\boldsymbol{\Phi}$，称为振型矩阵或模态矩阵。振型矩阵有一个重要性质，即振型的正交性。数学上的表示为：

$$\boldsymbol{\varphi}_m^{\mathrm{T}} \boldsymbol{M} \boldsymbol{\varphi}_n^{\mathrm{T}} = 0 \quad (m \neq n) \tag{3-49}$$

$$\boldsymbol{\varphi}_m^{\mathrm{T}} \boldsymbol{K} \boldsymbol{\varphi}_n^{\mathrm{T}} = 0 \quad (m \neq n) \tag{3-50}$$

$$\boldsymbol{K}^* = \boldsymbol{\Phi}^{\mathrm{T}} \boldsymbol{K} \boldsymbol{\Phi} \tag{3-51}$$

$$\boldsymbol{M}^* = \boldsymbol{\Phi}^{\mathrm{T}} \boldsymbol{M} \boldsymbol{\Phi} \tag{3-52}$$

式(3-51)和式(3-52)分别称为振型关于质量阵和刚度阵的带权正交性。$\boldsymbol{K}^*$ 和 $\boldsymbol{M}^*$ 为对角阵。

2）有阻尼自由振动

当多自由度体系中包含阻尼时，有阻尼体系的自由振动方程为：

$$\boldsymbol{M}\ddot{\boldsymbol{u}} + \boldsymbol{C}\dot{\boldsymbol{u}} + \boldsymbol{K}\boldsymbol{u} = 0 \tag{3-53}$$

利用振型矩阵将正则化坐标转换为空间几何坐标：

$$\boldsymbol{u} = \boldsymbol{\Phi}\boldsymbol{q} \tag{3-54}$$

则式(3-53)可转换为：

$$\boldsymbol{M}^* \ddot{\boldsymbol{q}} + \boldsymbol{C}^* \dot{\boldsymbol{q}} + \boldsymbol{K}^* \boldsymbol{q} = 0 \tag{3-55}$$

其中，$\boldsymbol{C}^* = \boldsymbol{\Phi}^{\mathrm{T}} \boldsymbol{C} \boldsymbol{\Phi}$。$\boldsymbol{C}^*$ 为对角阵或者非对角阵。当 $\boldsymbol{C}^*$ 为非对角阵时，阻尼阵称为非经典或非比例的阻尼阵；当 $\boldsymbol{C}^*$ 为对角阵时，则称其为经典或比例的阻尼阵。对于大多数桥梁而言，可将其理想化为经典的阻尼体系，即 $\boldsymbol{C}^*$ 为对角阵。因此，第 n 阶模态方程为：

$$\ddot{q}_n + 2\xi_n \omega_n \dot{q}_n + \omega_n^2 q_n = 0 \tag{3-56}$$

式(3-56)类似于单自由度体系的式(3-52)，这说明每阶模态的振动响应都可通过求解式(3-56)来确定。

3）瑞利阻尼

瑞利阻尼简单、方便，因此在结构动力分析中得到了广泛应用。它假设阻尼与结构的质量与刚度成比例，即：

$$\boldsymbol{C} = a_0 \boldsymbol{M} + a_1 \boldsymbol{K} \tag{3-57}$$

式中：a_0、a_1——比例系数，分别具有 s^{-1} 和 s 的量纲。

将式(3-57)分别左乘振型的转置 $\boldsymbol{\varphi}_n^{\mathrm{T}}$ 和右乘振型 $\boldsymbol{\varphi}_n$，得：

$$C_n = a_0 M_n + a_1 K_n \tag{3-58}$$

其中，C_n、M_n、K_n 分别是第 n 阶振型的阻尼系数、振型质量和刚度，即：

$$C_n = \boldsymbol{\varphi}_n^{\mathrm{T}} \boldsymbol{C} \boldsymbol{\varphi}_n$$

$$M_n = \boldsymbol{\varphi}_n^{\mathrm{T}} \boldsymbol{M} \boldsymbol{\varphi}_n$$

$$K_n = \boldsymbol{\varphi}_n^{\mathrm{T}} \boldsymbol{K} \boldsymbol{\varphi}_n$$

将式(3-59)，即：

$$C_n = 2\xi_n \omega_n M_n \qquad (3\text{-}59)$$

代入式(3-57),得:

$$\xi_n = \frac{a_0}{2\omega_n} + \frac{a_1 \omega_n}{2} \qquad (3\text{-}60)$$

若给定任意两个振型阻尼比 ξ_i 和 ξ_j(自振频率已知),分别代入上式即可求得系数 a_0 和 a_1。假设两个振型阻尼比已给定,可写出 a_0 和 a_1 的矩阵形式:

$$\frac{1}{2}\begin{bmatrix} \dfrac{1}{\omega_i} & \omega_i \\ \dfrac{1}{\omega_j} & \omega_j \end{bmatrix} \begin{Bmatrix} a_0 \\ a_1 \end{Bmatrix} = \begin{Bmatrix} \xi_i \\ \xi_j \end{Bmatrix} \qquad (3\text{-}61)$$

对于上式给出的二元一次方程组,可直接给出其解析表达式:

$$\begin{Bmatrix} a_0 \\ a_1 \end{Bmatrix} = \frac{2\omega_i \omega_j}{\omega_j^2 - \omega_i^2} \begin{bmatrix} \omega_j & -\omega_i \\ -\dfrac{1}{\omega_j} & \dfrac{1}{\omega_i} \end{bmatrix} \begin{Bmatrix} \xi_i \\ \xi_j \end{Bmatrix} \qquad (3\text{-}62)$$

为保证构造的阻尼阵合理、可靠,在确定瑞利阻尼的常数 a_0 和 a_1 时需要满足的原则是:选择两个用于确定 a_0 和 a_1 的频率点 ω_i 和 ω_j 要覆盖结构分析中敏感的频段。

3.3 边界条件

对于桥梁结构而言,支座类型的选用和下部结构形式直接影响着桥梁的抗震性能。在MIDAS的静力分析中,支座的模拟一般仅起到传递上部结构力的作用,桥墩边界也可直接采用刚性固结模拟。而对于地震荷载作用下的桥梁结构分析,则必须要充分考虑边界的线弹性(图3-5)。尤其是自1972年美籍华人学者 J. T. P Yao(姚志平)将结构振动控制技术的概念引入土木工程结构中以来,减隔震技术就被广泛应用于支座的开发生产中,例如铅芯橡胶支座、滑移-减隔震支座、摩擦摆隔震支座等。如果不能正确地在 MIDAS 中模拟这些支座的特性,计算得到的结构抗震能力可能会差别巨大,甚至违反客观规律。

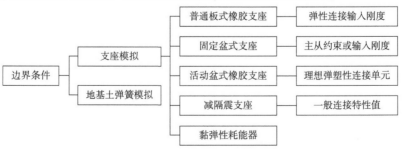

图3-5 结构抗震分析的边界条件模拟

3.3.1 基础桩土作用

桥梁的下部结构通常为桥墩支承在刚性承台上,承台下采用群桩布置。因此,地震荷载作用下桥墩边界应是弹性约束。精确对桩基边界条件进行模拟要涉及复杂的桩土相互作用问题。但分析表明,对于桥梁结构本身的受力性能分析,只要对边界作适当的模拟就能得到较满意的结果。

1)不模拟桩时

根据《规范》,考虑桩基边界条件最常用的处理方法是用承台底 6 个自由度的弹簧刚度模拟桩土相互作用(图3-6),这 6 个弹簧刚度分别是竖向刚度、顺桥向和横桥向的抗推刚度、绕竖轴的抗转动刚度和绕两个水平轴的抗转动刚度。它们的计算方法与静力计算相同,所不同的是土的抗力取值比静力的大,一般取静力计算值的 2~3 倍。在 MIDAS 中,通过"节点弹性支承"可直接在承台底部节点输入计算所得的弹簧刚度。

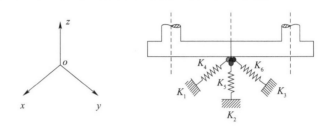

图 3-6 承台底 6 个自由度模拟桩土作用

2)模拟桩时

用三维梁单元模拟实际的桩基础,再用等代土弹簧模拟桩周围土抗力的影响(图3-7),等代土弹簧的刚度可采用表征土介质弹性值的参数来计算,即"m"法。其计算方法可参考《公路桥涵地基与基础设计规范》(JTG 3363—2019)附录 L~N。同样地,考虑到基础在动力荷载作用下的抗力比静力荷载更大,一般取 $m_{动} = (2~3)m_{静}$。在 MIDAS 中,通过"节点弹性支承"在各土层中心对应深度的桩基节点处输入所计算的土弹簧刚度。

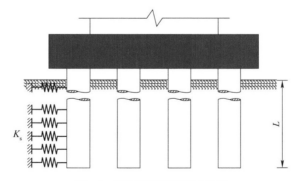

图 3-7 等代土弹簧模拟桩土作用

3.3.2 支座模拟

在桥梁结构建设中,常用的支座类型有板式橡胶支座、盆式橡胶支座、球形钢支座和使用减隔震技术的减隔震支座等。在 MIDAS 中,可以通过选用不同的边界条件或定义不同的特性值完成对上述支座的模拟。

1)板式橡胶支座

板式橡胶支座由多层天然橡胶与薄钢板镶嵌、黏合、硫化而成的一种桥梁支座产品,其构造如图 3-8 所示。其有足够的竖向刚度承担上部荷载,并有良好的弹性,可适应转动或剪切变形。

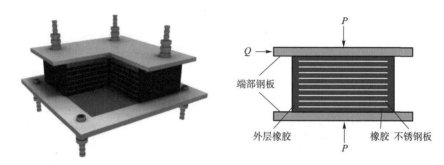

图 3-8 板式橡胶支座构造

在 MIDAS 中模拟板式橡胶支座,可以通过"弹性连接特性值"输入支座的竖向刚度和剪切刚度。根据《公路板式橡胶支座》(JT/T 4—2019),板式橡胶支座的竖向刚度可按式(3-63)计算:

$$S_{Dx} = \frac{EA_e}{L} \tag{3-63}$$

其中,E 值可按式(3-64)计算,A_e 值计算方法如图 3-9 所示,L 值为橡胶层总厚度 t_e。

$$E = \frac{E_e E_b}{E_e + E_b} \tag{3-64}$$

式中:E_e——支座抗压弹性模量,$E_e = 5.4 G_e S^2$;

G_e——支座抗剪弹性模量,一般取 $G_e = 1.0 \text{MPa}$;

S——支座形状系数,可直接从规格表中查取;

E_b——支座橡胶弹性体积模量,一般取 $E_b = 2000 \text{MPa}$。

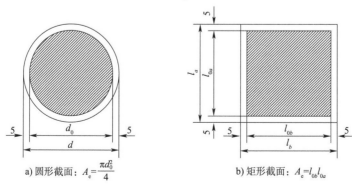

a) 圆形截面:$A_e = \frac{\pi d_0^2}{4}$ b) 矩形截面:$A_e = l_{0b} l_{0a}$

图 3-9 A_e 值计算方法(尺寸单位:mm)

板式橡胶支座的剪切刚度可按式(3-65)计算：

$$S_{D_y} = S_{D_z} = \frac{G_d A_r}{L} \tag{3-65}$$

式中：G_d——板式橡胶支座的动剪切模量，一般取 $G_d = 1200 \text{kN/m}^2$；

A_r——橡胶支座的剪切面积 $A_r = k A_e$，k 为剪切系数，圆形 $k = 0.9$，矩形 $k = 5/6$。

2）盆式橡胶支座

盆式橡胶支座是钢构件与橡胶组合而成的新型桥梁支座，由上座板、密封圈、橡胶板、底盆、地脚螺栓和防尘罩等组成，其构造如图 3-10 所示。与同类的其他型号盆式支座和铸钢辊轴支座相比，其具有承载能力大、水平位移量大、转动灵活等优点。盆式支座按约束程度可分为活动盆式支座和固定盆式支座。

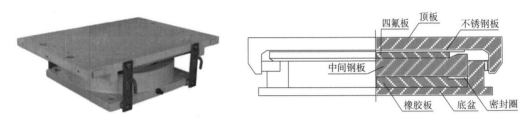

图 3-10　盆式橡胶支座构造

参考《规范》在 MIDAS 中模拟活动盆式橡胶支座。由《规范》可知，支座切向的摩擦作用效应可采用双线性理想弹塑性弹簧单元模拟，其恢复力模型如图 3-11 所示，其中初始刚度可按式(3-66)计算：

$$k = \frac{F_{\max}}{x_y} \tag{3-66}$$

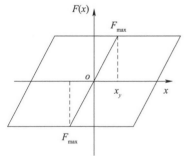

图 3-11　活动盆式支座恢复力模型

式中：$F_{\max}$——活动支座临界摩擦力，$F_{\max} = \mu_d W$；

μ_d——滑动摩擦因数，一般取 0.02；

W——支座所承担的上部结构重力(kN)；

x_y——活动盆式支座屈服位移(m)，取支座临界滑动时的位移，一般取 0.003m。

在"一般连接特性值"窗口中"特性值类型"一栏选择滞后系统，为竖向刚度输入一个较大值，剪切刚度输入计算所得 k 值，然后勾选对应方向（D_y、D_z）的非线性特性值并输入参数，如图 3-12 所示。

根据《规范》和 MIDAS 程序设定，非线性特性值窗口中弹性刚度(k)即为计算出的 k 值；屈服强度(F_y)为按式计算的活动临界摩擦力 $F_{\max}$；r 值表示屈服后刚度与弹性刚度的比值，对于《规范》推荐的恢复力模型，取较小值；S 表示弹性进入塑性的状态，按《规范》推荐此处输入较大值。

对于固定盆式支座，模拟时将其固定方向刚度取较大值即可。在盆式支座基础上进行改良的球型钢支座可采用与盆式支座相似的方式进行模拟。对于抗震盆式支座，由于其本身并不具备耗能效果，主要起到限制地震作用下主梁位移的作用，因此，其处理方法同普通的固定支座,取三个方向刚度中的较大值。

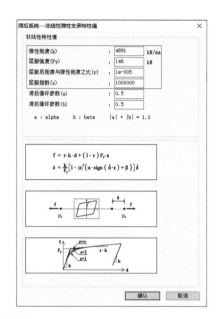

图 3-12　活动盆式支座模拟

3) 铅芯隔震橡胶支座

铅芯隔震橡胶支座是在 RB 支座的中心压入铅芯构成的,如图 3-13 所示。铅芯压入后与橡胶支座融为一体追随剪切变形,这种支座是由橡胶支座安定的复原装置和铅的能量吸收装置所构成的阻尼机构一体型的隔震装置。

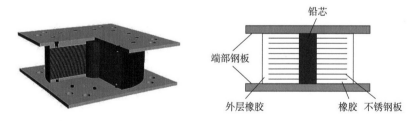

图 3-13　铅芯隔震橡胶支座构造

在 MIDAS 中模拟铅芯隔震橡胶支座,应主要参考《公路桥梁铅芯隔震橡胶支座》(JT/T 822—2011)。由《规范》知,可将支座的滞回曲线简化为等效双线性恢复力模型,如图 3-14 所示。

在"一般连接特性值"窗口中"特性值类型"一栏选择铅芯隔震橡胶支座装置,为竖向刚度输入一个较大值,剪切刚度应根据选用的支座型号按《规范》附录 A 表格取值,然后勾选对应方向(D_y、D_z)的非线性特性值并输入参数,如图 3-15 所示。

根据《规范》和 MIDAS 程序设定,非线性特性值窗口中弹性刚度(k_1)对应《规范》附录 A 表格中屈服前刚度;屈服刚度(k_2)对应表格中屈服后刚度;等效刚度(k_E)对应表格中水平等效刚度;屈服强度(Q_y)对应表格中铅芯屈服力。

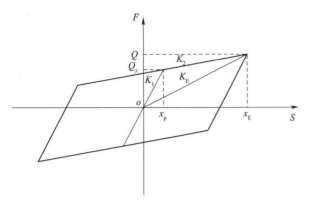

图 3-14 铅芯隔震橡胶支座滞回曲线的等效双线性恢复力模型

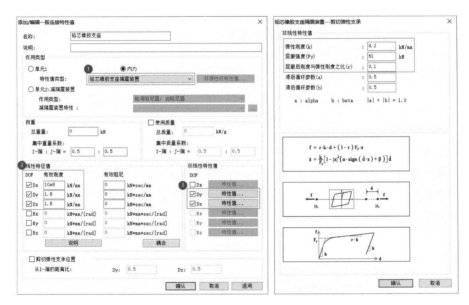

图 3-15 铅芯隔震橡胶支座模拟

4)高阻尼隔震橡胶支座

高阻尼隔震橡胶支座是用高阻尼复合橡胶材料替代天然橡胶和铅芯,通过调整填充材料的比例改变总阻尼,使之具有较强耗能能力,减震、隔震效果显著,能有效地控制隔震结构的地震反应。其整体构造和天然橡胶支座类似,如图 3-16 所示。

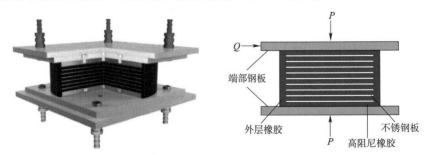

图 3-16 高阻尼隔震橡胶支座构造

在 MIDAS 中模拟高阻尼隔震橡胶支座,应主要参考《公路桥梁高阻尼隔震橡胶支座》(JT/T 842—2012)。高阻尼隔震橡胶支座的模拟与铅芯隔震橡胶支座的模拟类似,应根据《规范》中附录 B 表格来确定各项参数。不同的是输入参数发生变化,且在附录 B 表格中直接给出了高阻尼隔震橡胶支座的竖向压缩刚度。

5)摩擦摆式减隔震支座

摩擦摆式减隔震支座是利用钟摆原理实现减隔震功能的支座,主要是通过滑动界面摩擦消耗地震能量实现减震功能,通过球面摆动延长梁体运动周期实现隔振功能。其构造如图 3-17 所示。

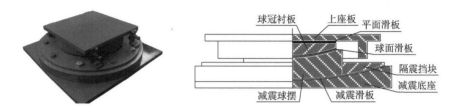

图 3-17 摩擦摆式减隔震支座构造

在 MIDAS 中模拟摩擦摆式减隔震支座,应主要参考《公路桥梁摩擦摆式减隔震支座》(JT/T 852—2013)。由《规范》知,支座的滞回曲线如图 3-18 所示,其初始刚度按式(3-67)计算。

$$K_P = \frac{\mu W}{d_y} \tag{3-67}$$

式中:μ——滑动摩擦因数,一般取 0.05;

W——支座所承担的上部结构重力(kN);

d_y——活动盆式支座屈服位移(m),取支座临界滑动时的位移,一般取 0.0025m。

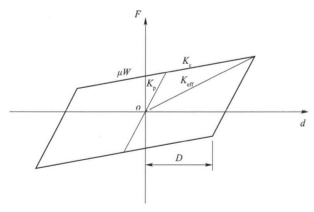

图 3-18 摩擦摆式减隔震支座的滞回曲线

在"一般连接特性值"窗口中"特性值类型"一栏选择摩擦摆隔震装置,为竖向刚度输入一个较大值,剪切刚度输入计算所得 K_P 值,然后勾选对应方向(D_y、D_z)的非线性特性值并输入参数,如图 3-19 所示。

根据《规范》和 MIDAS 程序设定,非线性特性值窗口中滑动前刚度(k)即计算所得初始刚度K_P;位移速度快(慢)时的摩擦因数(u_f与u_s)、摩擦因数变化参数(r)、摩擦曲面半径(R)根据选用的支座型号取值。程序会根据用户输入的参数自动计算摩擦因数(μ)、滞回变量(Z)和恢复力(f)。

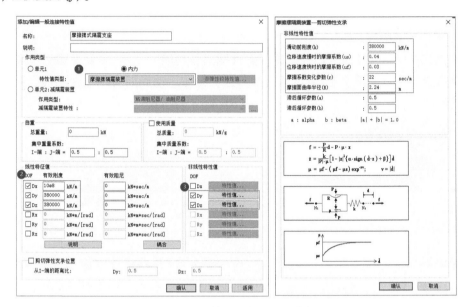

图 3-19 摩擦摆式减隔震支座模拟

3.4 反应谱法

反应谱法同时考虑了地面运动和结构的动力特性,是动力分析的一种近似方法。它给出了特定地震作用下具有相同阻尼比但自振周期不同的单自由度体系的最大反应(加速度、速度或者位移)。具有n个自由度的结构模型可转换为n个单自由度体系,因此,反应谱原理也可用于多自由度体系。对于多数普通桥梁而言,一般不需要完整的时程分析。在抗震设计中通常是以最大的地震反应为基础,故反应谱分析法是桥梁工程抗震设计中最常采用的方法。

3.4.1 反应谱的概念

在某一地震波作用下,反应谱是用于描述单自由度体系在某一确定的结构阻尼比下,结构响应的最大值与结构自振周期之间的相互关系。反应谱能够反映结构的最大反应量与结构自振周期和阻尼比之间的关系,故其也可以体现地面震动峰值和频谱成分对结构反应的影响。反应谱的结构反应量既可以是绝对加速度,也可以是速度和位移,因此对于每一条地震波,可获得对应的加速度谱、速度谱和位移谱。

1) 弹性反应谱

对单自由度弹性体系的位移公式求导两次,得到该体系的绝对加速度为:

$$\ddot{u}(t) + \ddot{u}_g(t) = \omega \int_0^t \ddot{u}_g(\tau) e^{-\xi\omega(t-\tau)} \sin[\omega(t-\tau)] d\tau \tag{3-68}$$

从而可得单自由度体系在地震作用下的最大绝对加速度反应 S_a、最大相对位移反应 S_d、最大相对速度反应 S_v,即:

$$S_A = |\ddot{u}(t) + \ddot{u}_g(t)|_{max} = \omega \left| \int_0^t \ddot{u}_g(\tau) e^{-\xi\omega(t-\tau)} \sin[\omega(t-\tau)] d\tau \right|_{max} \tag{3-69}$$

$$S_D = |u(t)|_{max} = \frac{1}{\omega} \left| \int_0^t \ddot{u}_g(\tau) e^{-\xi\omega(t-\tau)} \sin[\omega(t-\tau)] d\tau \right|_{max} \tag{3-70}$$

$$S_V = |\dot{u}(t)|_{max} = \left| \int_0^t \ddot{u}_g(\tau) e^{-\xi\omega(t-\tau)} \cos[\omega(t-\tau)] d\tau \right|_{max} \tag{3-71}$$

由式(3-69)~式(3-71)可知,当阻尼比 ξ 一定时,结构对给定地震的最大绝对加速度反应 S_A、最大相对位移反应 S_D 和最大相对速度反应 S_V 仅由结构自振频率 ω 决定,即:

$$S_A = S_A(\omega) \tag{3-72}$$

$$S_D = S_D(\omega) \tag{3-73}$$

$$S_V = S_V(\omega) \tag{3-74}$$

由式(3-69)~式(3-71)也可看出,S_A、S_D 和 S_V 之间存在如下关系:

$$S_V = \omega S_D \tag{3-75}$$

$$S_A = \omega^2 S_D \tag{3-76}$$

通过改变结构自振频率 ω 可达到不同的 S_A、S_D 和 S_V,通过连续改变 ω,最终可获得以 ω 为自变量的函数 $S_A(\omega)$、$S_D(\omega)$ 和 $S_V(\omega)$。称 $S_A(\omega)$ 为(绝对)加速度反应谱,$S_D(\omega)$ 为(相对)位移反应谱,$S_V(\omega)$ 为(相对)速度反应谱(可分别简称为加速度反应谱、位移反应谱和速度反应谱)。在相对速度和绝对加速度反应谱前面加上"拟"字,表示忽略小阻尼比的影响。

工程中一般习惯采用结构的自振周期($T=2\pi/\omega$)代替圆频率,因此,工程中使用的反应谱一般以周期为自变量,即:

$$S_A = S_A(T) \tag{3-77}$$

$$S_D = S_D(T) \tag{3-78}$$

$$S_V = S_V(T) \tag{3-79}$$

对于任意一个单自由度体系,每种反应谱提供了一个有物理意义的量:拟加速度反应谱与等效静力及基底剪力峰值直接相关;拟速度反应谱与体系中的峰值应变能有直接关系;位移反应谱表示体系的峰值位移。

对式(3-75)和式(3-76)分别取对数,并将 $T=2\pi/\omega$ 代入式中,可得下式:

$$\lg S_V = \lg T + \lg S_A - \lg(2\pi) \tag{3-80}$$

$$\lg S_V = \lg S_D - \lg T + \lg(2\pi) \tag{3-81}$$

式(3-80)、式(3-81)表明,取对数后3种反应谱函数呈线性关系。因此,可以将这3个反应谱表示在同一个对数四坐标上,通常称为三坐标反应谱。图 3-20 所示的是 EL Centro

地震的三坐标联合谱,对应的振型阻尼比为2%。图中,横坐标为自振周期的对数,纵坐标表示拟速度反应的对数$\lg S_V$,而拟加速度反应的对数$\lg S_A$和位移反应的对数$\lg S_D$分别用与横坐标轴成135°和45°方向的坐标表示。

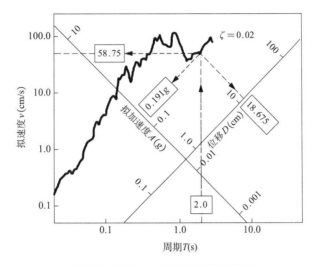

图3-20　EL Centro地震的三坐标反应谱

弹性结构体系的反应谱,可以按如下步骤获得:

(1)数值定义地面加速度$\ddot{u}_g(t)$,通常将地面运动按照时间间隔0.02s定义。

(2)选定单自由度体系固有周期T_n和阻尼比ξ。

(3)计算单自由度体系在地面运动$\ddot{u}_g(t)$下的位移反应时程曲线$u(t)$。

(4)确定时程曲线$\max|u(t)|=u_n$,计算反应谱的纵坐标值$D=u_n$,$V=\dfrac{2\pi D}{T_n}$和$A=\left(\dfrac{2\pi}{T_n}\right)^2 D$。

(5)对于工程中感兴趣的所有可能体系T_n和ξ,重复步骤(2)~(4)。

(6)将步骤(2)~(5)的结果用图形表示。

反应谱可分为3个周期区域:

(1)加速度敏感区(很短周期区):具有很短周期的结构刚度极大,且预期变形很小,体系与地面一起做刚体运动,其峰值加速度近似等于地面加速度。

(2)速度敏感区(中长周期区):具有中长周期的结构对地面速度的反应相较其他地面运动参数的反应更强烈。

(3)位移敏感区(长周期区):具有中长周期的结构极柔软,当地面运动时,它可能将保持不动。其峰值变形接近地面位移,结构的反应直接与地面位移有关。

2)弹性设计谱

桥梁抗震设计的目的在于使新建结构的设计或者既有结构能够抵抗未来地震作用。然而相同场地的不同地震中实测的地面运动反应谱参差不齐,无法预测未来可能发生地面运动的结构反应。为克服这些缺点,通常把表示过去地震期间在某个场地上记录的地面运动的包络线发展为光滑的理想的反应谱,即弹性设计谱。若某些场地没有地震记录,可以基于类似条件的其他场地的记录给出这个场地的设计谱,选择过程中尽力满足以下因素相似:震级、断层距、断层机理,地震波在震源到场地之间的传播路径的地质,局部场地土条件等。

值得注意的是,反应谱和设计谱在概念上是不同的。反应谱仅表示一个给定的地面运动引起的单自由度体系所有可能的峰值反应,而设计谱是基于一组地面运动地震反应谱的统计分析得到的,是地震设计力或变形的特别规定标准,它为确定单自由度体系的设计力和变形提供了基础。

研究者通过对硬土场地(岩石、软岩、坚硬沉积物)上大量地面运动记录的前期分析,计算得到三个谱区建议周期值 $T_a = \frac{1}{33}$s、$T_b = \frac{1}{8}$s、$T_e = 10$s 和 $T_f = 33$s。

Newmark 和 Hall 提出了建立设计反应谱的方法,可归纳为如下步骤:

(1)选定峰值地面加速度 A、速度 V 和位移 D 的估值。
(2)将 A、V、D 画在三坐标反应谱中,构成一条三段式的连续曲线。
(3)确定一个置信水平,一般取中位值(50%)或中位值加一倍方差(84.1%)。
(4)由置信水平和阻尼比按照表3-1来确定放大系数 α_A、α_V 和 α_D。

弹性设计谱的放大系数   表3-1

阻尼比 ξ(%)	中位值(50%)			一个方差(84.1%)		
	α_A	α_V	α_D	α_A	α_V	α_D
1	3.21	2.31	1.82	4.38	3.38	2.73
2	2.74	2.03	1.63	3.66	2.92	2.42
5	2.12	1.65	1.39	2.71	2.30	2.01
10	1.64	1.37	1.20	1.99	1.84	1.69
20	1.17	1.08	1.01	1.26	1.37	1.38

(5)根据放大系数对 A、V、D 进行调幅,记为 F_A、F_V 和 F_D。
(6)采用与步骤(2)中相同的方法将 F_A、F_V 和 F_D 绘制在对数坐标上,获得新曲线。
(7)将坐标点 $b(1/8s, 2.71g)$ 和 $a(1/33s, 1g)$ 连接起来;同时将坐标点 $e(10s, 183.9cm)$ 和 $f(33s, 91.44cm)$ 连接起来。

水平设计加速度反应谱特征周期调整表见表3-2。竖向设计加速度反应谱特征周期调整表见表3-3。

水平设计加速度反应谱特征周期调整表   表3-2

区划图上的特征周期(s)	场地类型划分				
	I_0	I_1	II	III	IV
0.35	0.20	0.25	0.35	0.45	0.65
0.40	0.25	0.30	0.40	0.55	0.75
0.45	0.30	0.35	0.45	0.65	0.90

竖向设计加速度反应谱特征周期调整表　　　　　　　　　　表 3-3

区划图上的特征周期(s)	场地类型划分				
	I_0	I_1	II	III	IV
0.35	0.15	0.20	0.25	0.30	0.55
0.40	0.20	0.25	0.30	0.35	0.60
0.45	0.25	0.30	0.40	0.50	0.75

水平设计加速度反应谱 S_{max} 由下式确定：

$$S_{max} = 2.5 C_i C_s C_d A \tag{3-82}$$

式中：C_i——桥架抗震重要性系数，按表 3-4 取值；

C_s——场地系数，水平向和竖向分别按表 3-5 和表 3-6 取值；

C_d——阻尼调整系数；

A——水平向基本地震动峰值加速度，按表 3-7 取值。

桥梁抗震重要性系数 C_i　　　　　　　　　　表 3-4

桥梁类别	E1 地震作用	E2 地震作用	桥梁类别	E1 地震作用	E2 地震作用
A 类	1.0	1.7	C 类	0.34	1.0
B 类	0.43(0.5)	1.3(1.7)	D 类	0.23	—

注：高速公路和一级公路上的 B 类大桥、特大桥，其抗震重要性系数取 B 类括号内的值。

水平向场地系数 C_s　　　　　　　　　　表 3-5

场地类型	抗震设防烈度					
	VI	VII		VIII		IX
	0.05g	0.1g	0.15g	0.2g	0.3g	0.4g
I_0	0.72	0.74	0.75	0.76	0.85	0.9
I_1	0.80	0.82	0.83	0.85	0.95	1.00
II	1.00	1.00	1.00	1.00	1.00	1.00
III	1.30	1.25	1.15	1.00	1.00	1.00
IV	1.25	1.20	1.10	1.00	0.95	0.90

竖向场地系数 C_s　　　　　　　　　　表 3-6

场地类型	抗震设防烈度					
	VI	VII		VIII		IX
	0.05g	0.1g	0.15g	0.2g	0.3g	0.4g
I_0	0.6	0.6	0.6	0.6	0.6	0.6
I_1	0.6	0.6	0.6	0.6	0.7	0.7

续上表

场地类型	抗震设防烈度					
	Ⅵ	Ⅶ		Ⅷ		Ⅸ
	0.05g	0.1g	0.15g	0.2g	0.3g	0.4g
Ⅱ	0.6	0.6	0.6	0.6	0.7	0.8
Ⅲ	0.7	0.7	0.7	0.8	0.8	0.8
Ⅳ	0.8	0.8	0.8	0.9	0.9	0.8

抗震设防烈度和基本地震动峰值加速度 A 对照表　　　表 3-7

抗震设防烈度	Ⅵ	Ⅶ	Ⅷ	Ⅸ
A	0.05g	0.10(0.15)g	0.20(0.30)g	0.40g

《规范》第 5.2.4 条规定，除有专门规定外，结构的阻尼比 ξ 应取值 0.05，C_d 应按下式取值：

$$C_d = 1 + \frac{0.05 - \xi}{0.08 + 1.6\xi} \geq 0.55 \tag{3-83}$$

当计算的阻尼调整系数 C_d 小于 0.55 时，取 0.55。

3）非弹性反应谱

强震作用下可能导致桥梁结构进入非线性状态。地震输入桥梁结构的能量通过黏性阻尼和屈服被耗散。相较弹性结构，黏性阻尼和屈服降低了非弹性结构的反应。其中，黏性阻尼主要与结构的材料、截面形式、边界条件等有关，通常定义为结构变形时的内摩擦损耗，近似为常数；而屈服的变化主要依赖于结构材料、结构形状、构造细节、加载方式和加载历史。

反应谱是地震工程中最常用的方法，国内外一些规范仍采用弹性反应谱的方法进行基于承载力的结构抗震设计。但结构需要有足够的变形和耗能能力来抵御中震或强震，否则，按照弹性反应谱方法确定的地震作用偏大，比较保守，从而使结构设计不经济。采用考虑延性和变形的基于性能的抗震设计方法能够有效减轻中震或强震情况下桥梁结构的破坏程度，但需要建立非弹性反应谱。目前常采用两种方法来确定非线性反应谱：①使用延性系数方法从弹性反应谱中得到非弹性反应谱；②对反应谱进行统计研究，直接获得非弹性设计谱。理论上第二种方法较好，但地震记录数据有限，统计误差会偏大，导致很难得到一般意义上的非弹性反应谱。

结构的延性系数通常值位移延性系数 μ，定义如下：

$$\mu = \frac{\Delta_u}{\Delta_y} \tag{3-84}$$

式中：Δ_u——极限位移；

Δ_y——屈服位移。

采用结构体系的有效延性的一些函数按比例地降低弹性设计谱可以获得非弹性设计谱：

$$\text{ARS}_{\text{inelastic}} = \frac{\text{ARS}_{\text{elastic}}}{f(\mu)} \tag{3-85}$$

$$f(\mu) = \begin{cases} 1 & (T_n \leq 0.03\mathrm{s}) \\ 2\mu - 1 & (0.03\mathrm{s} < T_n \leq 0.5\mathrm{s}) \\ \mu & (T_n \geq 0.5\mathrm{s}) \end{cases} \quad (3\text{-}86)$$

式中：$ARS_{inelastic}$——非弹性设计谱；

$ARS_{elastic}$——弹性设计谱；

$f(\mu)$——降低系数。

在加速度敏感区，对于很短的自振周期（$T_n \leq 0.03\mathrm{s}$），弹性位移需要量 Δ_{ed} 小于位移能力 Δ_u。当 $f(\mu)=1$ 时，说明结构保持在弹性阶段，应进行弹性设计，以避免过大的非弹性变形。在速度敏感区，对于中等周期（$0.03\mathrm{s} < T_n \leq 0.5\mathrm{s}$），弹性位移需要量 Δ_{ed} 可能大于或小于位移能力 Δ_u，降低系数则以等能量概念为基础。在位移敏感区，对于很长周期（$T_n \geq 0.5\mathrm{s}$），降低系数则以等位移概念为基础。

3.4.2 单振型反应谱法

单振型反应谱法是以瑞利能量法为基础的一种抗震设计近似方法，它假设结构的地震设计力主要反映振动的第一阶模态。这种方法适用于计算规则的线弹性桥梁中的力和位移以及连续或不连续的桥梁上部结构，但不适合计算不规则的桥梁。单模态谱分析法通过假设振型相关的最大势能和最大动能相等来计算结构的固有周期。惯性力 $P_e(x)$ 由固有周期计算，而设计力和位移由静力分析计算。具体步骤如下：

（1）设任意的单体结构沿其长度方向作用有均布荷载 p_0，其静力位移为 $u_s(x)$。用振型函数 $u_s(x)$ 和广义振幅函数 $u(t)$ 来逼近结构的位移 $u(x,t)$，$u(t)$ 满足结构体系的集合边界条件：

$$u(x,t) = u_s(x)u(t) \quad (3\text{-}87)$$

（2）按如下公式计算广义参数 α,β,γ：

$$\alpha = \int u_s(x)\mathrm{d}x \quad (3\text{-}88)$$

$$\beta = \int w(x)u_s(x)\mathrm{d}x \quad (3\text{-}89)$$

$$\gamma = \int w(x)[u_s(x)]^2 \mathrm{d}x \quad (3\text{-}90)$$

式中：$w(x)$——桥梁的上部结构和从属下部结构的恒载（静荷载）。

（3）计算周期 T_n：

$$T_n = 2\pi\sqrt{\frac{\gamma}{p_0 g \alpha}} \quad (3\text{-}91)$$

式中：g——重力加速度（$\mathrm{m/s^2}$）。

（4）计算静荷载 $P_e(x)$：

$$P_e(x) = \frac{\beta C_{cm}}{\gamma} w(x) u_s(x) \quad (3\text{-}92)$$

$$C_{cm} = \frac{1.2AS}{T_m^{\frac{2}{3}}} \quad (3\text{-}93)$$

式中：C_{cm}——无量纲弹性地震反应系数；

A——加速度系数,由加速度系数图获得;

S——无量纲土系数,由土的纵剖面确定;

$P_e(x)$——作用在基本振型上的等效静力地震荷载的强度(N/mm)。

(5)将计算荷载 $P_e(x)$ 作用到结构上,计算结构的位移和构件的力。

(6)将步骤(1)~(5)的计算结果作为新迭代的输入参数,导出新的周期和位移形状,直至计算形状与基本模态相符合为止。

均布荷载法采用均布侧向荷载计算地震作用效应,属于等效静力法。该方法适用于具有相对直的定位线、较小的倾斜、对称的刚度、相对轻的下部结构和没有铰链的简单桥梁结构的地震反应分析,但它不适用于具有刚性下部结构的桥梁,如墙墩。

该方法假定结构是连续的,将地震荷载分配给桥梁的全部构件。振动周期取等效单质量弹簧振子的周期,用任意均布荷载作用下产生的最大位移计算等效弹簧刚度。用地震弹性反应系数 C_{cm} 或加速度反应谱(ARS)曲线计算等效均布地震荷载,从而计算位移和力。具体步骤如下:

(1)将结构简化为如图3-21所示的理想模型,沿桥长施加均布水平荷载 p_0。其中,p_0 为单位长度上的力。

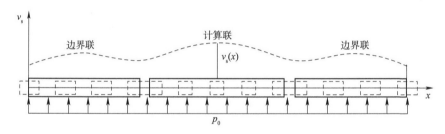

图3-21 均布荷载方法的结构理想模型和位移形状

(2)采用静力分析计算均布荷载 p_0 下的静力位移 $u_s(x)$。

(3)计算最大位移 $u_{s,max}$,并通过调整 p_0 将其调整到1mm。

(4)按照下式计算桥梁的侧向刚度 K:

$$K = \frac{p_0 L}{u_{s,max}} \quad (3-94)$$

式中:L——桥梁全长(mm)。

(5)计算结构的总重量 W,包括结构构件与其他构件的荷载,如墙墩、桥台、柱和基础:

$$W = \int w(x) dx \quad (3-95)$$

式中:$w(x)$——桥的上部结构和附属下部结构的标准的未乘系数的恒载。

(6)按下式计算结构的周期:

$$T_n = \frac{2\pi}{31.623}\sqrt{\frac{W}{gk}} \quad (3-96)$$

式中:g——重力加速度(m/s^2)。

(7)使用以下公式计算等效静力地震荷载 p_e:

$$p_e = \frac{C_{cm}W}{L} \tag{3-97}$$

(8)对结构施加荷载 p_e,计算结构的位移和构件的力。

下面以一座 24m 单跨连续刚构桥为例介绍使用 MIDAS/Civil 的反应谱分析功能。

(1)定义结构类型,指定分析条件,将自重转化为节点质量,如图 3-22 所示。

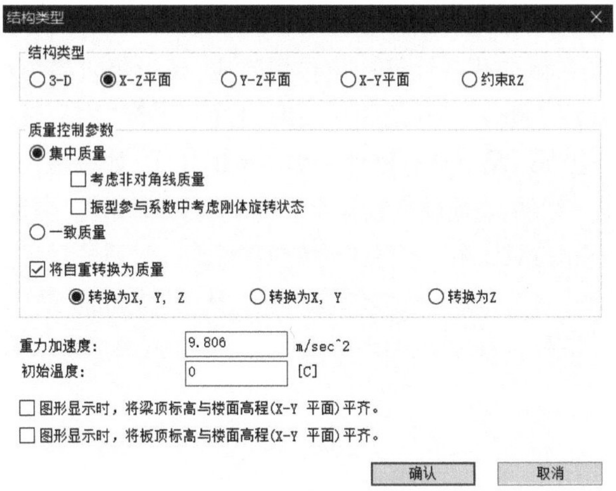

图 3-22 指定分析条件

(2)定义桥墩和横梁的材料,如图 3-23 所示。

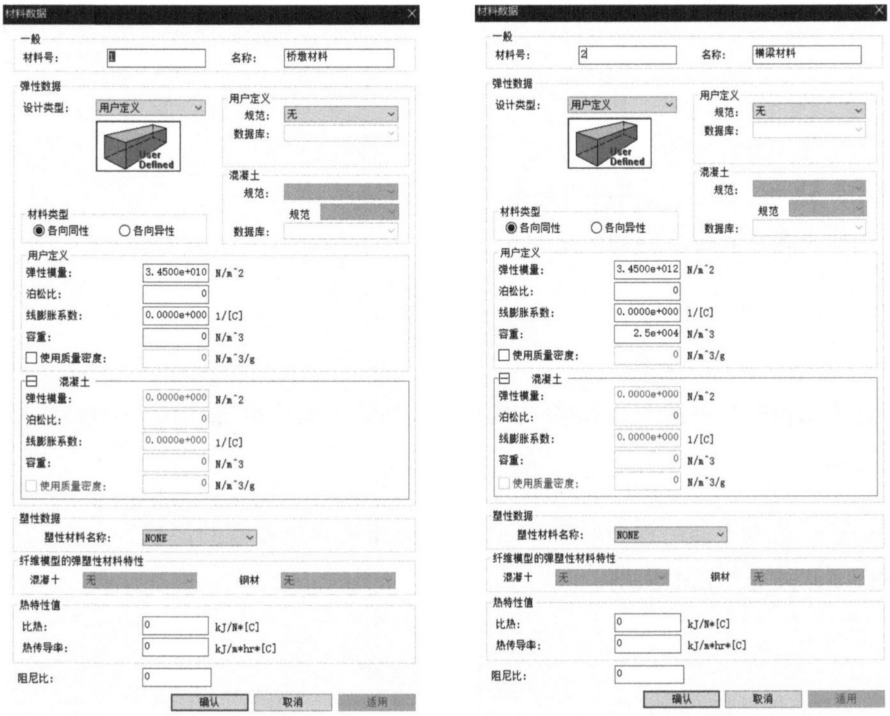

图 3-23 定义构件材料

(3) 定义截面特性值,参照图 3-24 输入截面特性值。

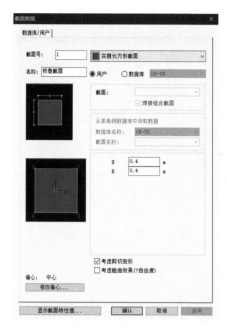 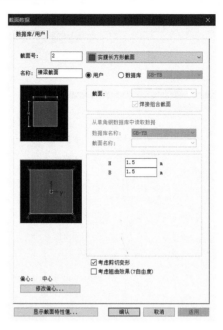

图 3-24　定义构件截面

(4) 建立结构模型,建立桥墩和横梁模型,如图 3-25 所示。

图 3-25　连续刚构桥模型

(5) 输入反应谱数据,按照图 3-26 输入地震荷载所需的各项参数,可自动得到《细则》的地震影响系数曲线。

(6) 定义反应谱荷载工况,按桥梁纵向(整体坐标系 X 方向)和侧向(整体坐标系 Y 方向)分别定义反应谱荷载工况,如图 3-27 所示。

(7) 按照图 3-28 的定义进行特征值分析时的分析方法。

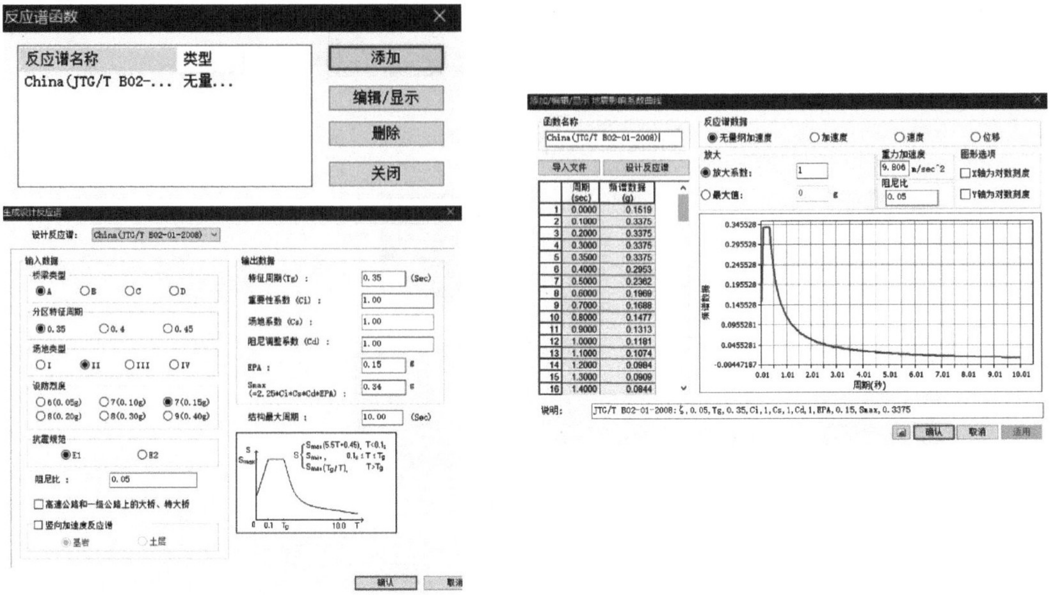

图 3-26 输入反应谱函数

图 3-27 输入反应谱荷载工况

图 3-28　特征值分析控制对话框

（8）分析及后处理查看。建立模型并输入所有参数后，即可运行结构分析，计算结果如图 3-29 所示。

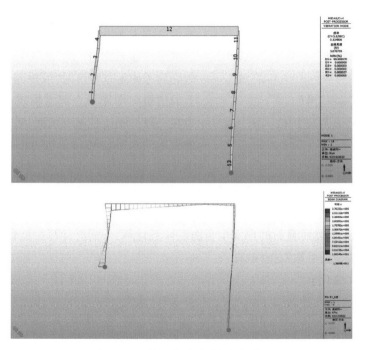

图 3-29　模态分析与内力计算结果

对于规则桥梁，可将桥梁结构等效为单自由度模型，模型中应考虑上部结构、支座、桥墩及基础等刚度的影响，按单振型反应谱方法进行 E1 和 E2 地震作用下结构的内力和变形计算，如图 3-30 所示。

针对桥面不连续的简支梁桥，顺桥向和横桥向水平地震力按规范简化计算：

$$E_{\mathrm{ktp}} = SM_{\mathrm{t}} \tag{3-98}$$

$$M_{\mathrm{t}} = M_{\mathrm{sp}} + \eta_{\mathrm{cp}} M_{\mathrm{cp}} + \eta_{\mathrm{p}} M_{\mathrm{p}} \tag{3-99}$$

$$\eta_{\mathrm{cp}} = X_0^2 \tag{3-100}$$

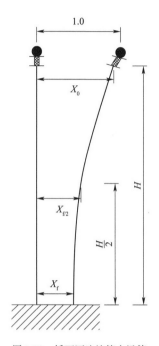

图 3-30 桥面不连续简支梁等
效模型(尺寸单位:m)
X_0-盖梁质心处的位移；X_f-柱底部位移；
$X_{f/2}$-墩柱中部的位移

$$\eta_p = 0.16(X_f^2 + 2X_{f/2}^2 + X_f X_{f/2} + X_0 X_{f/2} + X_0^2) \quad (3\text{-}101)$$

式中：E_{ktp}——桥梁总的水平地震力；

η_p——墩身换算系数；

η_{cp}——盖梁换算质量系数；

M_{sp}——桥梁上部结构的质量(t)，相应于墩顶固定支座的一孔梁的质量；

M_{cp}——盖梁的质量(t)；

M_p——墩身质量(t)，对于扩大基础，为基础顶面以上墩身的质量；

M_t——换算质点质量(t)；

S——根据结构基本周期；

X_0——考虑地基变形时，顺桥向作用于支座顶面或横桥向作用于上部结构质心处的单位水平力在墩身计算高度 H 处引起的水平位移与单位力作用处的水平位移之比值；

X_f、$X_{f/2}$——分别为考虑地基变形时，顺桥向作用于支座顶面上或横桥向作用于上部结构质心处的单位水平力在一般冲刷线或基础顶面、墩身计算高度 $H/2$ 处引起的水平位移与单位力作用处的水平位移之比值。

《规范》中只给出了简化的计算公式，现对公式参数进行推导说明。

首先，对于桥面不连续的简支梁桥进行形函数的估计。按上部结构质量重心处的一个集中质量加上墩身折算质量后的广义单自由度体系计算，不需要计算振型参与系数，因其弯曲变形较大，基本振型可取双折线，即：

当 $0 \leq H_i \leq H/2$ 时：

$$X_{1i} = X_f + \frac{2(X_{f/2} - X_f)}{H} H_i \quad (3\text{-}102)$$

当 $H/2 \leq H_i \leq H$ 时：

$$X_{1i} = X_{f/2} + \frac{2(X_0 - X_{f/2})}{H}\left(H_i - \frac{H}{2}\right) \quad (3\text{-}103)$$

式中：H_i——墩身任意高度处的位移。

对结构形函数进行估计后进行广义质量的 M_t 计算：

$$M_t = \int_0^H m(x)\psi(x)^2 dx = \int_0^{\frac{H}{2}} \overline{m}\left(X_f + \frac{X_{f/2} - X_f}{H/2}x\right)^2 dx +$$

$$\int_{\frac{H}{2}}^H \overline{m}\left[X_{f/2} + \frac{2(1-X_{f/2})}{H}\left(H_i - \frac{H}{2}\right)\right]^2 dx + M_{cp}X_0^2 + M_{sp}\psi(H)^2 \quad (3\text{-}104)$$

对上式的两个积分项进行计算，得：

$$\int_0^{\frac{H}{2}} \overline{m}\left(X_f + \frac{X_{f/2} - X_f}{H/2}x\right)^2 dx = \overline{m}\left[X_f^2 x + \frac{2x^2(X_{f/2} - X_f)X_f}{H} + \frac{4x^3(X_{f/2} - X_f)^2}{3H^2}\right]\Big|_0^{H/2}$$

$$= \frac{1}{6}\overline{m}H(X_f^2 + X_{f/2}X_f + X_{f/2}^2)$$

$$= \frac{1}{6}M_p(X_f^2 + X_{f/2}X_f + X_{f/2}^2) \tag{3-105}$$

$$\int_{\frac{H}{2}}^{H} \overline{m}\left[X_{f/2} + \frac{2(X_0 - X_{f/2})}{H}\left(x - \frac{H}{2}\right)\right]^2 dx = \int_0^{\frac{H}{2}} \overline{m}\left[X_{f/2} + \frac{2(1-X_{f/2})}{H}y\right]^2 dy$$

$$= \overline{m}\left[X_{f/2}^2 y + \frac{2y^2(X_0 - X_{f/2})X_{f/2}}{H} + \frac{4y^3(X_0 - X_{f/2})^2}{3H^2}\right]\Big|_0^{H/2}$$

$$= \frac{1}{6}\overline{m}H(X_{f/2}^2 + X_0 X_{f/2} + X_0^2) = \frac{1}{6}M_p(X_{f/2}^2 + X_0 X_{f/2} + X_0^2) \tag{3-106}$$

即推导出式(3-101)中的墩身质量换算系数 η_p 为：

$$\eta_p = 0.16(X_f^2 + 2X_{f/2}^2 + X_f X_{f/2} + X_0 X_{f/2} + X_0^2) \tag{3-107}$$

另外，需要依据结构的自振周期 T 确定拟加速度反应谱谱值 S：

$$T = \frac{2\pi}{\sqrt{k_1^*/m_1^*}} = 2\pi\sqrt{M_t \delta} \tag{3-108}$$

其中，δ 表示在顺桥向作用于支座顶面或横桥向作用于上部结构质心处的单位水平力在力作用处引起的水平位移(m/kN)，顺桥和横桥方向应分别计算，计算时可按现行相关行业标准的有关规定计算地基变形作用效应，S 为根据结构基本周期计算出的反应谱值，按本书式(1-1)计算。

3.4.3 多振型反应谱法

由于多自由度体系的自振振型为完备的正交系，且体系的动力反应均可用其振型展开，故结构的运动可以表示为：

$$u(t) = q_1(t)\boldsymbol{\varphi}_1(t) + q_2(t)\boldsymbol{\varphi}_2(t) + \cdots + q_N(t)\boldsymbol{\varphi}_N(t) = \sum_{j=1}^{N} q_j(t)\boldsymbol{\varphi}_j(t) \tag{3-109}$$

将上式代入式(3-109)，并在方程两边同时左乘 $\boldsymbol{\varphi}_j^T$，可得自振频率为 ω_j 的单自由度结构方程：

$$\ddot{q}_j(t) + 2\xi_j \omega_j \dot{q}_j(t) + \omega_j^2 q_j(t) = -\gamma_j \ddot{u}_g(t) \tag{3-110}$$

其中，$\xi_j = \frac{C_j}{2\omega_j M_j}$，$M_j = \boldsymbol{\varphi}_j^T M \boldsymbol{\varphi}_j$，$C_j = \boldsymbol{\varphi}_j^T C \boldsymbol{\varphi}_j$，$K_j = \boldsymbol{\varphi}_j^T K \boldsymbol{\varphi}_j$，$\gamma_j = \frac{\boldsymbol{\varphi}_j^T M I}{M_j}$ 分别为第 j 阶振型阻尼比、质量、阻尼、刚度和振型参与系数。

令 $q_j(t) = \gamma_j \delta_j(t)$，并代入式(3-109)可得地震作用下单自由度结构的标准运动方程：

$$\ddot{\delta}_j(t) + 2\xi_j \omega_j \dot{\delta}_j(t) + \omega_j^2 \delta_j(t) = -\ddot{u}_g(t) \tag{3-111}$$

由 Duhamel 积分法求解上式：

$$\delta_j(t) = -\frac{1}{\omega_j}\int_0^t \ddot{u}_g(\tau)\mathrm{e}^{-\xi_j\omega_j(t-\tau)}\sin[\omega_j(t-\tau)]\mathrm{d}\tau \tag{3-112}$$

单自由度结构的绝对加速度为：

$$\ddot{\delta}_j(t) + \ddot{u}_g(t) = -\omega_j^2 \delta_j(t) \tag{3-113}$$

将 $q_j(t) = \gamma_j \delta_j(t)$ 代入式(3-111)可得：

$$u = \sum_{j=1}^{N} \gamma_j \delta_j(t) \boldsymbol{\varphi}_j \tag{3-114}$$

作用在各质点的惯性力为：

$$F = M(\ddot{u} + I\ddot{u}_g) = \sum_{j=1}^{N} \gamma_j M[\ddot{\delta}_j(t) + \ddot{u}_g(t)] \boldsymbol{\varphi}_j \tag{3-115}$$

第 j 阶振型对应的作用于结构上的地震作用最大值为：

$$F_j = \gamma_j M |\ddot{\delta}_j(t) + \ddot{u}_g(t)|_{j\max} \tag{3-116}$$

其中，$|\ddot{\delta}_j(t) + \ddot{u}_g(t)|_{\max}$ 可由结构自振周期 $T_j = 2\pi/\omega_j$ 及给定的地震动反应谱获得。若给定加速度反应谱 $S_a(T)$，则有：

$$|\ddot{\delta}_j(t) + \ddot{u}_g(t)|_{\max} = S_a(T_j) \tag{3-117}$$

从而式(3-116)可写为：

$$F_j = \gamma_j S_a(T_j) M \boldsymbol{\varphi}_j \tag{3-118}$$

在桥梁抗震设计中最关心的是最大反应，而振型分解法中结构的位移和受到的地震惯性力均为各振型反应的叠加。故可先求出各振型反应的最大值，然后按照第3.3.4节中介绍的组合规则将这些振型组合，得到结构的最大反应。

由于各个振型、各个方向的地震输入引起的地震反应最大值不一定同时发生，因此，不能直接求每个振型的最大反应的代数和，需要在多方向地震动作用下，利用反应谱法计算结构的地震反应涉及振型组合和空间组合。振型组合是指每一方向地震输入时各个振型反应的组合。空间组合是指各个方向地震输入引起的地震反应的组合。

1）振型组合

目前，针对振型组合问题已得到较好的解决，如目前应用广泛的完全平方和（CQC）法、平方和开平方（SRSS）法等。该两种方法计算方式如下。其中，Z 表示某些反应量（位移、剪力等）的最大值；Z_i 为第 i 阶模态上该反应量的峰值；N 为有贡献模态的数量。

(1) 平方和开平方（SRSS）或均方根（RMS）：用模态贡献的平方和的平方根计算最大值。

$$Z = \sqrt{\sum_{i=1}^{N} Z_i^2} \tag{3-119}$$

(2) 完全平方和（CQC）：考虑所有模态之间的耦合关系：

$$Z = \sqrt{\sum_{i=1}^{N}\sum_{j=1}^{N} Z_i \rho_{ij} Z_j} \tag{3-120}$$

式中：ρ_{ij}——模态组合系数。

对于所考虑的结构，若地震动可视为宽带随机过程，则白噪声下的 ρ_{ij} 值是实际情况的一

个良好近似,此时:

$$\rho_{ij} = \frac{8 \times \sqrt{\xi_i \xi_j}(\xi_i + r\xi_j)r^{\frac{3}{2}}}{(1-r^2)^2 + 4\xi_i \xi_j r(1+r^2) + 4(\xi_i^2 + \xi_j^2)r^2} \tag{3-121}$$

$$r = \frac{\omega_j}{\omega_i} \tag{3-122}$$

2) 空间组合

对于空间组合,目前主要还是采用经验方法,如:

(1) 各分量反应最大值绝对值之和,给出反应最大值的上限估计值:

$$E = E_x + E_y + E_z \tag{3-123}$$

(2) 各反应量最大值平方和的平方根(SRSS):

$$E = \sqrt{E_x^2 + E_y^2 + E_z^2} \tag{3-124}$$

(3) 各反应量最大值中的最大者加上其他分量最大值乘以一个小于1的系数:

$$\begin{cases} E = E_x + 0.3E_y + 0.3E_z \\ E = 0.3E_x + E_y + 0.3E_z \\ E = 0.3E_x + 0.3E_y + E_z \end{cases} \tag{3-125}$$

E_x、E_y 和 E_z 分别表示水平向 x、y 和竖向 z 地震作用产生的最大反应。根据《规范》第5.1.3条规定,当采用时程分析法时,应同时输入两个或三个方向分量的一组地震动时程计算地震作用效应。

【例3-1】 假设 $B = 15 \text{m}$, $H = 4.5 \text{m}$, 包括桥面板单位面积重量为 14.3kN/m^2, 其中还包括每个自行车道排架的自重, 规则的桥梁结构排架跨径为 24m。桥墩的有效刚度 $EI_e = 2.86 \times 10^9 \text{N/m}^2$。计算桥梁结构的地震反应。

解: 单层的质量:

$$m = 24 \times 15 \times 14.3/9.8 = 5.25 \times 10^5 (\text{kg})$$

质量矩阵:

$$\boldsymbol{m} = 5.25 \times 10^5 \begin{bmatrix} 1 & 0 \\ 0 & 1 \end{bmatrix} (\text{kg})$$

刚度矩阵:

$$\boldsymbol{k} = \begin{bmatrix} 24EI/H^3 & -24EI/H^3 \\ -24EI/H^3 & 30EI/H^3 \end{bmatrix} = \begin{bmatrix} 7.53 & -7.53 \\ -7.53 & 9.41 \end{bmatrix} \times 10^8$$

自振频率和周期为:

$$\boldsymbol{\omega} = \{12.97 \quad 55.32\}^\text{T}$$

$$T = 2\pi/\omega = \{0.484 \quad 0.114\}^T (\text{s})$$

振型为：

$$\varphi = \begin{bmatrix} 1.000 & 1.000 \\ 0.883 & -1.133 \end{bmatrix}$$

振型参与系数：

$$\gamma_n = \frac{\varphi_n^T m I}{\varphi_n^T m \varphi_n}$$

$$\gamma_1 = \frac{\{1.0 \quad 0.883\} \begin{bmatrix} 5.25 \times 10^5 & 0 \\ 0 & 5.25 \times 10^5 \end{bmatrix} \begin{Bmatrix} 1 \\ 1 \end{Bmatrix}}{\{1.0 \quad 0.883\} \begin{bmatrix} 5.25 \times 10^5 & 0 \\ 0 & 5.25 \times 10^5 \end{bmatrix} \begin{Bmatrix} 1 \\ 0.883 \end{Bmatrix}} = 1.058$$

$$\gamma_2 = \frac{\{1.0 \quad -1.133\} \begin{bmatrix} 5.25 \times 10^5 & 0 \\ 0 & 5.25 \times 10^5 \end{bmatrix} \begin{Bmatrix} 1 \\ 1 \end{Bmatrix}}{\{1.0 \quad -1.133\} \begin{bmatrix} 5.25 \times 10^5 & 0 \\ 0 & 5.25 \times 10^5 \end{bmatrix} \begin{Bmatrix} 1 \\ -1.133 \end{Bmatrix}} = -0.058$$

假定桥梁结构设计烈度为Ⅷ度，场地土类型为Ⅱ，抗震重要系数为1，则应用设计加速度反应谱：

$$S_{\max} = 2.5 C_i C_s C_d A = 2.5 \times 1.0 \times 1.0 \times 1.0 \times 0.3g = 7.350 (\text{m/s}^2)$$

$$T_g = 0.4s$$

两个振型的最大谱反应为：

$$A_{\max} = \begin{Bmatrix} S_{\max}(T_g/T) \\ S_{\max} \end{Bmatrix} = \begin{Bmatrix} 7.350 \times 0.4/0.4845 \\ 7.350 \end{Bmatrix} = \begin{Bmatrix} 6.068 \\ 7.350 \end{Bmatrix} \quad \begin{matrix} (T > T_g) \\ (0.1s \leq T \leq T_g) \end{matrix}$$

若 $A_{\max,n}$ 表示加速度反应谱的最大谱反应，第 n 阶振型的最大位移反应为：

$$|u_n(t)|_{\max} = |\gamma_n \varphi_n S_d(t)|_{\max} = |\gamma_n \varphi_n|_{\max} \frac{S_{\max,n}}{\omega_n^2}$$

$$|u_1(t)|_{\max} = |\gamma_1 \varphi_1|_{\max} \frac{S_{\max,1}}{\omega_1^2} = 1.058 \times \{1.000 \quad 0.883\}^T \times 6.608/12.97^2$$

$$= \{0.0381 \quad 0.0337\}^T (\text{m})$$

$$|u_2(t)|_{\max} = |\gamma_2 \varphi_2|_{\max} \frac{S_{\max,2}}{\omega_2^2} = |-0.058 \times \{1.000 \quad -1.13\}^T| \times 7.350/55.32^2$$

$$= \{1.393 \quad 1.578\}^T \times 10^{-4} (\text{m})$$

采用SRSS组合法：

$$u_{\max} = \sqrt{|u_1(t)|_{\max}^2 + |u_2(t)|_{\max}^2} = \begin{Bmatrix} 0.0381 \\ 0.0337 \end{Bmatrix} (\text{m})$$

绝对值和为：

$$u_{\max} = |u_1(t)|_{\max} + |u_2(t)|_{\max} = \begin{Bmatrix} 0.0381 \\ 0.0337 \end{Bmatrix} (\mathrm{m})$$

地震作用为：

$$F(t) = ku_{\max} = \begin{bmatrix} 7.53 & -7.53 \\ -7.53 & 9.41 \end{bmatrix} \times 10^8 \times \begin{Bmatrix} 0.0381 \\ 0.0337 \end{Bmatrix} = \begin{Bmatrix} 3346 \\ 3003 \end{Bmatrix}_{\max} (\mathrm{kN})$$

利用 MIDAS/Civil 对【例 3-1】中的结构进行振型分解反应谱分析：

(1) 定义结构的类型并指定分析条件，将自重转化为节点质量。

(2) 定义构件材料，定义桥墩和横梁的材料，其特征值见表 3-8。

桥墩和横梁的材料特征值表 　　　　　　　　表 3-8

材料名称	弹性模量(N/m^2)	重度(kN/m^3)
桥墩	3.45×10^{10}	0
横梁	3.45×10^{12}	25

(3) 定义截面特性值，其中桥墩截面为直径 1.14m 的圆形截面，横梁截面为宽 24m、厚 0.572m 的方形截面。

(4) 建立如图 3-31 所示的桥梁结构模型。

(5) 输入反应谱数据，按照图 3-32 输入地震荷载所需的各项参数，可自动得到《细则》的地震影响系数曲线。

图 3-31　建立的 MIDAS/Civil 模型

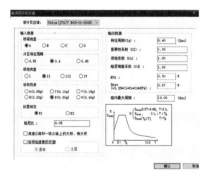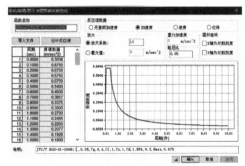

图 3-32　定义反应谱

(6) 定义荷载工况，选择振型组合类型为 SRSS，并取前两阶振型进行分析，如图 3-33 所示。

图 3-33　荷载工况定义

（7）运行分析后，可得到如图 3-34 与图 3-35 所示的模态和内力分析结果。其中，最底部桥墩单元剪力 MIDAS/Civil 的计算结果为 2843.8kN，约等于【例 3-1】计算的地震作用的均值，而最顶部桥墩单元的计算结果为 1526.7kN，约等于（3012/2）kN。从图 3-34 和图 3-35 所示的结果可知，利用 MIDAS/Civil 计算出的模态、变形和内力的结果与【例 3-1】中手算的结果相差较小。

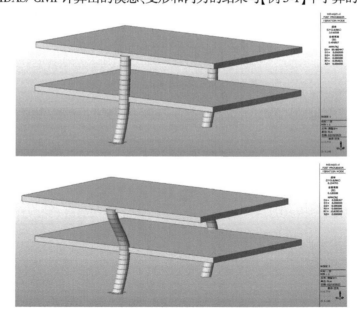

图 3-34　前两阶模态计算结果

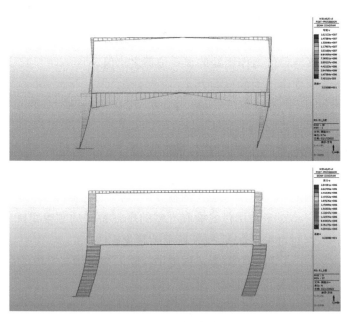

图 3-35 内力计算结果

对于连续梁桥来说,采用多振型反应谱法进行抗震分析的计算。连续梁桥单联中只有一个桥墩采用顺桥向固定支座,其余均为顺桥向活动支座在顺桥向地震作用下结构的地震反应,可以简化为单墩模型计算,但应考虑各活动支座的摩擦效应。

顺桥向作用于固定支座顶面的地震力 E_{ktp}:

$$E_{ktp} = SM_t - \sum_{i=1}^{N} \mu_i R_i \tag{3-126}$$

$$M_t = M_{sp} + M_{cp} + \eta_p M_p \tag{3-127}$$

$$\eta_p = 0.16(X_f^2 + 2X_{f/2}^2 + X_f X_{f/2} + X_0 X_{f/2} + X_0^2) \tag{3-128}$$

式中:E_{ktp}——顺桥向作用于固定支座顶面的地震力(kN);

S——根据结构基本周期计算出的反应谱值;

M_t——固定墩支座顶面处的换算质点质量(t);

η_p——墩身换算系数;

M_{sp}——一联桥梁上部结构的质量(t);

M_{cp}——固定墩盖梁的质量(t);

M_p——固定墩墩身质量(t);

R_i——第 i 个活动支座的恒载反力(kN);

μ_i——第 i 个活动支座的摩擦因数,一般取 0.02;

X_0——考虑地基变形时,顺桥向作用于支座顶面或横桥向作用于上部结构质心处的单位水平力在墩身计算高度 H 处引起的水平位移与单位力作用处的水平位移之比值;

X_f、$X_{f/2}$——分别为考虑地基变形时,顺桥向作用于支座顶面上或横桥向作用于上部结构质心处的单位水平力在一般冲刷线或基础顶面、墩身计算高度 $H/2$ 处引起的水平位移与单位力作用处的水平位移之比值。

顺桥向作用于活动支座顶面的地震力 E_{kti}:

$$E_{kti} = \mu_i R_i \qquad (3\text{-}129)$$

式中:R_i——第 i 个活动支座的恒载反力(kN);

μ_i——第 i 个活动支座的摩擦因数,一般取 0.02;

与桥面不连续的简支梁桥类似,连续梁同样依据结构自振周期 T 确定伪加速度反应谱谱值 S。

对于采用板式橡胶支座的规则桥梁的刚度矩阵和质量矩阵,在分析时可采用如图 3-36 所示的简化算法。

k_1 和 k_2 分别表示相应于一联上部结构所对应的全部板式橡胶支座和桥墩的抗推刚度之和(kN/m):

图 3-36 板式橡胶支座规则桥梁的简化模型

$$k_1 = \sum k_{is}, \quad k_2 = \sum k_{ip} \qquad (3\text{-}130)$$

图 3-36 中,M_{sp} 表示一联上部结构总质量;M_{tp} 表示桥墩和盖梁对支座顶面换算质量之和,$M_{tp} = \eta_p M_p + \eta_{cp} M_{cp}$。

所以,此时简化的刚度矩阵与质量矩阵为:

$$\boldsymbol{k} = \begin{bmatrix} k_1 + k_2 & -k_1 \\ -k_1 & k_1 \end{bmatrix} \quad \boldsymbol{m} = \begin{bmatrix} M_{tp} & 0 \\ 0 & M_{sp} \end{bmatrix} \qquad (3\text{-}131)$$

根据质量与刚度矩阵进行反应谱值即特征值的求解:

$$\begin{aligned}\|\boldsymbol{k} - \lambda \boldsymbol{m}\| &= \begin{vmatrix} k_1 + k_2 - \lambda M_{tp} & -k_1 \\ -k_1 & k_1 - \lambda M_{sp} \end{vmatrix} \\ &= (k_1 + k_2 - \lambda M_{tp})(k_1 - \lambda M_{sp}) - k_1^2 \\ &= M_{tp} M_{sp} \lambda^2 - [k_1 M_{tp} + M_{sp}(k_1 + k_2)] \lambda + k_1 k_2 = 0 \end{aligned} \qquad (3\text{-}132)$$

采用板式橡胶支座梁桥基本周期近似计算公式为:

$$\omega_1^2 = \frac{k_1 M_{tp} + M_{sp}(k_1 + k_2) - \sqrt{[k_1 M_{tp} + M_{sp}(k_1 + k_2)]^2 - 4 M_{tp} M_{sp} k_1 k_2}}{2 M_{tp} M_{sp}} \qquad (3\text{-}133)$$

得到基本周期后进行水平地震力的求解,利用等效静力法对第 $n = 1$ 阶振型反应对应的等效静力为:

$$\left. \begin{aligned} \boldsymbol{f}_n(t) &= \boldsymbol{k} \boldsymbol{u}_n(t) = \gamma_n \boldsymbol{k} \boldsymbol{\varphi}_n D_n(t) \\ \boldsymbol{k} \boldsymbol{\varphi}_n &= \omega_n^2 \boldsymbol{m} \boldsymbol{\varphi}_n \end{aligned} \right\} \Rightarrow \boldsymbol{f}_n(t) = \gamma_n \boldsymbol{m} \boldsymbol{\varphi}_n \omega_n^2 D_n(t) = \gamma_1 S \boldsymbol{m} \boldsymbol{\varphi}_1 \qquad (3\text{-}134)$$

可确定相应的振型参与系数为:

$$\boldsymbol{\varphi}_1^T \approx [X_0 \quad 1]^T \qquad \gamma_1 = \frac{\boldsymbol{\varphi}_1^T \boldsymbol{m} \boldsymbol{\varphi}_n}{\boldsymbol{\varphi}_1^T \boldsymbol{m} \boldsymbol{\varphi}_1} \approx 1 \qquad (3\text{-}135)$$

$$F_{\max,1} = \gamma_1 \boldsymbol{m} \boldsymbol{\varphi}_1 A_{\max,1} = \gamma_1 S \boldsymbol{m} \boldsymbol{\varphi}_1 = 1 \times S \begin{bmatrix} M_{tp} & 0 \\ 0 & M_{sp} \end{bmatrix} \begin{Bmatrix} 1 \\ 1 \end{Bmatrix} = \begin{Bmatrix} SM_{tp} \\ SM_{sp} \end{Bmatrix} \qquad (3\text{-}136)$$

此时,可以确定出支座顶面的水平地震力 E_{ihs},按照各墩的组合抗推刚度 k_{itp} 进行分配:

$$E_{ihs} = \frac{k_{itp}}{\sum_{i=1}^{n} k_{itp}} SM_{sp} \tag{3-137}$$

$$k_{itp} = \frac{k_{is}k_{ip}}{k_{is} + k_{ip}} \qquad k_{is} = \sum_{i=1}^{n_s} \frac{G_d A_r}{\sum t} \tag{3-138}$$

式中:E_{ihs}——支座顶面的水平地震力(kN);

k_{itp}——各墩的组合抗推刚度(kN/m);

M_{sp}——一联上部结构总质量(t);

k_{is}——板式橡胶支座(kN/m);

k_{ip}——桥墩的抗推刚度(kN/m);

G_d——板式橡胶支座动剪切模量(kN/m²);

$\sum t$——板式橡胶支座橡胶层总厚度(m);

A_r——橡胶支座剪切面积(m²)。

可求出墩身水平地震力 E_{htp} 为:

$$E_{htp} = SM_{tp} = S[\eta_p M_p + \eta_{cp} M_{cp}] \tag{3-139}$$

3.5 时程分析法

时程分析法是随着强震记录的增多和计算机技术的广泛应用而发展起来的。结构进入非线性范围或者具有非经典阻尼特性时,模态分析法将不再适用,需要利用时程分析法来获得更加精确的结构反应。同时,采用时程分析法进行地震反应分析,能够使工程师更清楚认识地震动对结构的破坏机理,从而拓展桥梁抗震设计方法,提高桥梁抗震能力。

在时程分析中,将振动时程分为一系列相等或不相等的微小时间间隔 Δt。假设第 i 个时间间隔的反应已确定,分别用 u_i、$\dot{u}_i$ 和 $\ddot{u}_i$ 表示。则第 i 个时间间隔的体系振动方程为:

$$M\ddot{u}_i + C\dot{u}_i + Ku_i = -MI\ddot{u}_{g_i} \tag{3-140}$$

利用时间步进法和方程式(3-141)确定第 $i+1$ 个时间间隔的反应:

$$M\ddot{u}_{i+1} + C\dot{u}_{i+1} + Ku_{i+1} = -MI\ddot{u}_{g_{i+1}} \tag{3-141}$$

当步进经过所有时间间隔时,任意瞬时的结构反应都可被确定。

对具有长跨结构的桥梁而言,支座间距可能很大,因而桥梁结构可能要经受不同的地面激励。为评估长跨、多支座和复杂的桥梁结构反应,建议在每个支座处使用实际的地震激励。

从动力学的角度,多点输入结构地震反应分析的原理与一致输入情况原理类似。具有 n

个自由度和 m 个支座约束自由度,在地面多点输入激励下的动力方程为:

$$\begin{bmatrix} M_{ss} & M_{sg} \\ M_{gs} & M_{gg} \end{bmatrix} \begin{Bmatrix} \ddot{u}^t \\ \ddot{u}_g \end{Bmatrix} + \begin{bmatrix} C_{ss} & C_{sg} \\ C_{gs} & C_{gg} \end{bmatrix} \begin{Bmatrix} \dot{u}^t \\ \dot{u}_g \end{Bmatrix} + \begin{bmatrix} K_{ss} & K_{sg} \\ K_{gs} & K_{gg} \end{bmatrix} \begin{Bmatrix} u^t \\ u_g \end{Bmatrix} = \begin{Bmatrix} 0 \\ P_g \end{Bmatrix} \quad (3-142)$$

式中:$\ddot{u}^t$、$\dot{u}^t$、u^t——结构非支承节点的绝对加速度、速度和位移向量;

$\ddot{u}_g$、$\dot{u}_g$、u_g——结构支承节点的加速度、速度和位移向量;

M、C、K——质量、阻尼和刚度阵;

s——非支承节点;

g——支承节点;

sg、gs——支承节点与非支承节点之间的耦合项;

P_g——支承反力向量。

展开式(3-142)第一行,可得:

$$M_{ss}\ddot{u}^t + C_{ss}\dot{u}^t + K_{ss}u^t = -(M_{sg}\ddot{u}^t + C_{sg}\dot{u}^t + K_{sg}u^t) \quad (3-143)$$

绝对位移可写为拟静力位移与动力相对位移之和:

$$u^t = u + ru_g \quad (3-144)$$

式中:r——影响系数向量。

若忽略质量与阻尼之间的耦合影响,式(3-143)简化为:

$$M_{ss}\ddot{u}^t + C_{ss}\dot{u}^t + K_{ss}u^t = -K_{sg}u_g \quad (3-145)$$

由支承位移 u_g 产生拟静力位移 u_s,拟静力平衡方程可写为:

$$K_{ss}u_s + K_{sg}u_g = 0 \quad (3-146)$$

解得:

$$u_s = -K_{ss}^{-1}K_{sg}u_g = ru_g \quad (3-147)$$

由此,式(3-145)可简化为:

$$M_{ss}\ddot{u}^t + C_{ss}\dot{u}^t + K_{ss}u^t = -rM_{ss}\ddot{u}_s \quad (3-148)$$

式(3-148)即为多点激励运动方程。

3.5.1 地震波的选取

《规范》对设计地震动时程的要求在其第 1.2.2 节中进行了介绍。对于时程分析方法来说,设计加速度时程的确定尤为重要,一方面可以选用实录的地震波并进行适当调整,如在 MIDAS/Civil 中提供了近 40 种实测地震波或者应用健康监测系统的实测地震波动,另一方面可以应用人工地震波来进行模拟,如 Clan 和 Sacks 在 1974 年提出的用三角级数叠加来模拟地震动加速度。在抗震分析中应用桥址实测的地震动是最为准确的,目前有很多公开的地震动数据可供研究者使用,在此列出若干国内外地震动数据下载网站,供读者参考。

(1) http://www.smsd-iem.net.cn/;

(2) http://ngawest2.berkeley.edu/;

(3) http://www.cosmos-eq.org/;

(4) ftp://ftp.consrv.ca.gov/pub/dmg/csmip/;

(5) http://nsmp.wr.usgs.gov/data.html;

(6) http://sms.dpri.kyoto-u.ac.jp/e-link.html。

实录地震波在选择时需满足反应谱与设计反应谱相容,且获取的地震波不能直接应用于地震分析中,需要对地震波进行调整。描述地震波的主要参数为峰值(强度)、频谱(频率成分)、持时,地震波的调整也针对这三个参数进行,选用实录地震波进行调整的流程如图 3-37 所示。

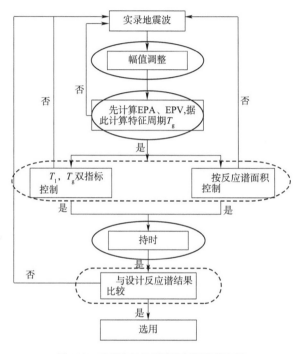

图 3-37 选用实录地震波进行调整的流程

1) 幅值调整

地震动幅值包括加速度、速度和位移的峰值、最大值或者某种意义上的有效值,加速度峰值(PGA)、速度峰值(PGV)和位移峰值(PGD)是地面运动强烈程度最直观的描述参数,加速度峰值是最早提出来的,也是最直观的地震动幅值定义,所以一般使用加速度幅值调整。

设计加速度峰值 PGA:

$$PGA = C_i C_s C_d A \qquad (3\text{-}149)$$

调整加速度时程曲线:

$$a'(t) = \frac{a(t)}{a_{\max}} PGA \qquad (3\text{-}150)$$

式中: $a'(t)$——根据设计加速度峰值调整后的加速度曲线;

$a(t)$、$a_{\max} = |a(t)|_{\max}$——原记录的加速度曲线和峰值。

对于地震波在 MIDAS 中的输入与使用,用一道例题来进行解释。

【例 3-2】 某单跨跨径为 50m 的高速公路预应力混凝土结构梁桥,抗震设防烈度为Ⅶ

度,水平向设计地震动加速度峰值 $A=0.15g$,Ⅱ类场地,区划图上特征周期 $T_g=0.45\text{s}$,试确定 El Centro 地震波是否满足该桥 E2 地震作用时程分析要求。

解:根据题中桥梁相关参数,依照抗震规范可确定为 B 类桥梁,抗震重要性系数 $C_i=1.3$,场地系数 $C_s=1.0$,阻尼系数 $C_d=1.0$,E2 地震时程分析所用的地震加速度时程曲线最大值为:

$$\text{PGA}_2 = C_i C_s C_d A = 1.3 \times 1 \times 1 \times 0.15 \times 9.8 = 1.911 \text{m/s}^2$$

选择 MIDAS 程序自带实录地震波:1940,El Centro Site,270 Deg 进行调整,如图 3-38 所示。

图 3-38 MIDAS 时程函数界面

打开【工具】→【地震波数据生成器】→【Generate】→【Earthquake Response Spectra/Earthquake Record】,选择程序自带实录地震波:1940,El Centro Site,270 Deg,如图 3-39 所示。

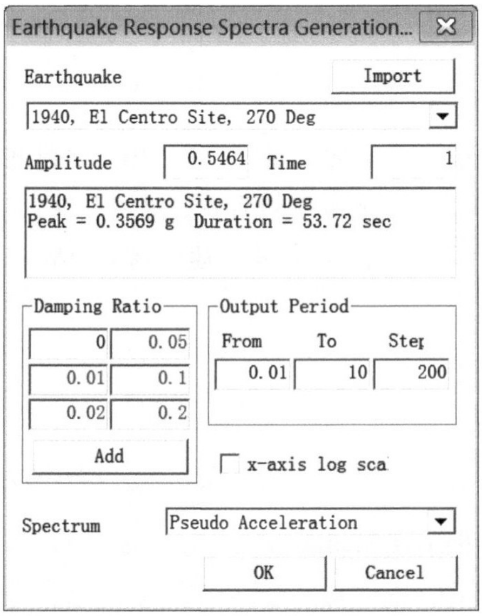

加速度峰值 PGA 调整系数为:

$$\frac{\text{PGA}}{0.3569 \times g} = \frac{1.911}{0.3569 \times g} = 0.5464$$

调整后的加速度曲线如图 3-40 所示。

2)确定实录波的特征周期 T_g

需要确定实录波的特征周期 T_g,需要先确定有效峰值加速度(EPA)与有效峰值速度(EPV)。峰值参数并非描述地震动的最理想参数,由高频成分所确定的个别尖锐峰值对结构的影响并不十分显著,美国 ATC-30 规范所采用的是 EPA。加速度反应谱中加速度值比较大的区域,即地震能量较大区域的加速度平均值,该值直接与结构的破坏程度相关。一般来说,该值越大,结构的破坏程度也越大。《规范》及工程实际运用其实都是采

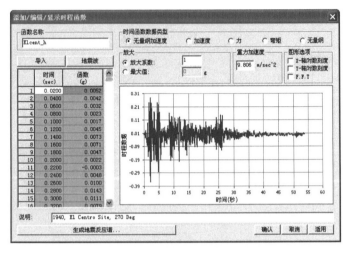

图 3-39 在 MIDAS 中 El Centro Site 地震反应谱参数输入

用 PGA(虽然《建筑抗震设计规范》5.1.2 条文说明中专门提到了 EPA,但概念其实就是 PGA)。

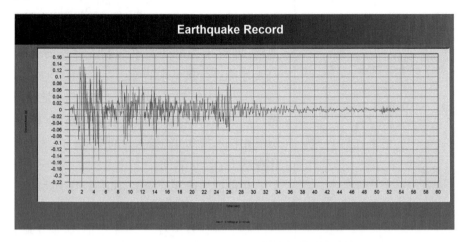

图 3-40　MIDAS 中 El Centro Site 调整后的加速度曲线

美国 ATC-30 规范中对于频段固定的地震波来说,将对阻尼比为 5% 的拟加速度反应谱取周期为 0.1~0.5s 之间的值平均定义为有效峰值加速度(EPA)S_a,将阻尼比为 5% 的拟速度反应谱取周期为 0.5~2s 之间的值平均定义为有效峰值速度(EPV)S_v。1990 年的《中国地震烈度区划图》中,对于频段不固定的地震波来说,找出拟加速度反应谱平台段的起始周期 T_0 和结束周期 T_1,在拟速度反应谱上选定平台段,其起始周期为 T_1,结束周期为 T_2,对拟加速度反应谱在 T_0~T_1 之间的谱值求平均得 S_a,拟速度反应谱在 T_1~T_2 之间的谱值求平均得 S_v。

EPV 和 EPA 之间有近似关系,其中 ω_{Tg} 为时程波特征频率,如图 3-41 上 c 点横坐标值:

$$\text{EPA} = \omega_{Tg}\text{EPV} \Leftrightarrow S_a = \omega_{Tg}S_v \tag{3-151}$$

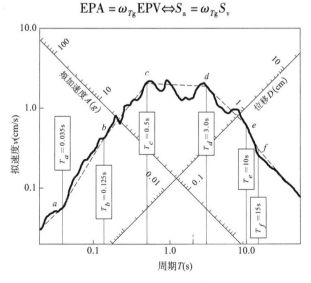

图 3-41　El Centro Site 地震动响应谱

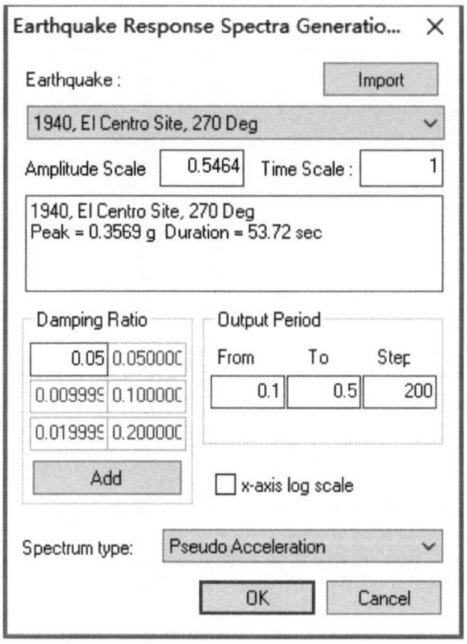

则可得到特征周期：

$$T_g = \frac{2\pi}{\omega_{T_g}} = 2\pi \frac{S_V}{S_A} \quad (3\text{-}152)$$

其中，EPA 为有效峰值加速度，EPV 为有效峰值速度，即对于选定的实录地震波首先要求取 EPV 与 EPA 才能进行接下来的修正。在 MIDAS 中，如上述例题所示对 1940，El Centro Site，270 Deg 地震波进行调整计算 EPA，打开地震反应谱输入界面（图 3-42），将阻尼比输入为 0.05，输入长周期 10s，勾选 X 坐标对数化在 0.1~0.5s 之间。

获得拟加速度反应谱，如图 3-43 所示。

求得 EPA 为 3.96m/s²。

EPV 的计算流程与 EPA 类似，阻尼比输入 0.05，输入长周期为 10s，勾选 X 坐标对数化在 0.5~2.0s 之间。对 El Centro Site 地震波的调整如图 3-44 所示，获得的拟加速度谱如图 3-45 所示。

图 3-42 求解 El Centro Site 地震波 EPA 输入界面

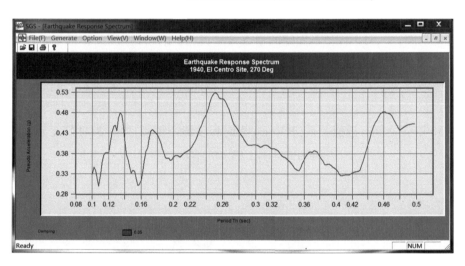

图 3-43 求解 EPA 时 El Centro Site 地震动拟加速度值

求得 EPV 为 0.327m/s。

对上述例题的桥梁，采用 1978 年美国 ATC-30 规范中的定义求 EPA、EPV：

$$T_g = \frac{2\pi}{\omega_{T_g}} = 2\pi \frac{S_V}{S_A} = 2\pi \frac{0.327}{3.96} = 0.519\text{s}$$

桥梁区划图特征周期为 0.45s，Ⅱ类场地，可得反应谱特征周期 $T_g = 0.45$，需注意当地震波的特征周期 T_g 与桥梁所在场地的特征周期相差较大时（即相差 20% 以上），则该地震波不宜用在本桥梁所在的场地。

3) 双指标控制

指标选波采用两个频段控制:

对地震记录加速度反应谱值在 $[0.1,T_g]$ 平台段的均值进行控制,要求所选地震记录加速度谱在该段的均值与设计反应谱相差不超过 20%;对结构基本周期 T_1 附近 $[T_1-\Delta T_1,T_1+\Delta T_1]$ 段加速度反应谱均值进行控制,要求与设计反应谱相差不超过 20%。

4) 持时调整

持续时间的概念不是指地震波数据中总的时间长度。持时 T_d 的定义可分为两大类:

(1) 一类是以地震动幅值的绝对值来定义的绝对持时,即指地震地面加速度值大于某值的时间总和,即绝对值的时间总和,k 常取为 0.05,即加速度绝对值大于 0.05m/s^2 数据的持续时间。

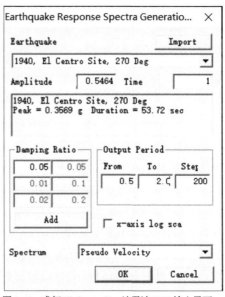

图 3-44　求解 El Centro Site 地震波 EPV 输入界面

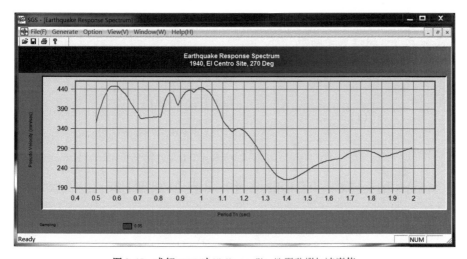

图 3-45　求解 EPV 时 El Centro Site 地震动拟加速度值

(2) 另一类为以相对值定义的相对持时,即最先与最后一个之间的时段长度,k 一般取 0.3~0.5。

不论实际的强震记录还是人工模拟波形,一般持续时间取结构基本周期的 5~10 倍。

5) 计算结果比较

《规范》规定,在 E1 地震作用下,线性时程法的计算结果不应小于反应谱法计算结果的 80%。《建筑抗震设计规范(2016 年版)》(GB 50011—2010)规定其平均地震影响系数曲线与振型分解反应谱法所用的地震影响系数曲线相比,在各个周期点上相差不大于 20%。计算结果的平均底部剪力一般不会小于振型分解反应谱法计算结果的 80%。每条地震波输入的计算结果不会小于 65%。对于桥梁结构,也可以采用基底剪力结果比较。

3.5.2 人工模拟地震波

对于给定的功率谱密度函数 $S_x(\omega)$，生成以 $S_x(\omega)$ 为功率谱密度函数、均值为零的高斯平稳过程 $a(t)$：

$$a(t) = \sum_{k=1}^{N} C_k \cos(\omega_k t + \varphi_k) \tag{3-153}$$

式中：C_k——$C_k = [4S_x(\omega_k)\Delta\omega]^{\frac{1}{2}}$；

$\Delta\omega$——$\Delta\omega = (\omega_u - \omega_1)/N$；

ω_k——$\omega_k = \omega_1 + (k-0.5)\Delta\omega$。

φ_k 为 $(0,2\pi)$ 内均匀分布的随机相角；ω_u 和 ω_1 分别为正 ω 域内的上下限值，即认为 $S_x(\omega)$ 在有效功率 (ω_u,ω_1) 范围内，而范围外的 $S_x(\omega)$ 值可视为零，$k=1,2,3,\cdots,N$。N 为反应谱或功率谱分割点数，N 越大精度越高。

为了反映地面运动的非平稳性，采用包络函数 $f(t)$ 乘以平稳过程 $a(t)$：

$$x(t) = f(t) \cdot a(t) \tag{3-154}$$

包络函数 $f(t)$ 可根据下式确定：

$$f(t) = \begin{cases} t^2/A^2 & (t \in [0,A)) \\ 1 & (t \in [A, A+B)) \\ e^{-c[t-(A+B)]} & (t \in [A+B, A+B+C]) \\ 0 & (t > A+B+C) \end{cases} \tag{3-155}$$

采用《规范》中的反应谱作为目标谱，通过 Kaul 提出的平稳过程反应谱与功率谱的近似关系：

$$S_A(\omega) = \frac{T\xi}{\pi^2} \frac{S^2}{\ln\left[\left(-\frac{T}{2t_d}\ln p\right)^{-1}\right]} \tag{3-156}$$

在 MIDAS/Civil 中进行人工地震波的合成。选择【工具选项卡】→【数据生成器】→【人工地震】，进入人工地震生成界面，新建文件后点击 按键生成人工地震，在人工地震界面点击添加，选择设计谱来生成人工地震波，如图3-46所示。

依然以第3.4.1节中的例题为例，生成题目中所应用的人工地震波，选择 China (JTG/T B02-01—2008)，在设计谱 Input data 界面选择该桥梁类别、特征周期、场地类别、阻尼比等参数，软件会在 Output dat 中计算相应的地震动参数，并输入结构最大周期值，如图3-47所示。

点击"OK"后生成反应谱函数图，在添加/修改人工地震界面的包络函数中输入需要的上升时间、水平时间与总时间，并输入最大迭代次数、最大加速度与阻尼比，点击生成加速度查看频谱图与加速度谱,如图 3-48 所示。

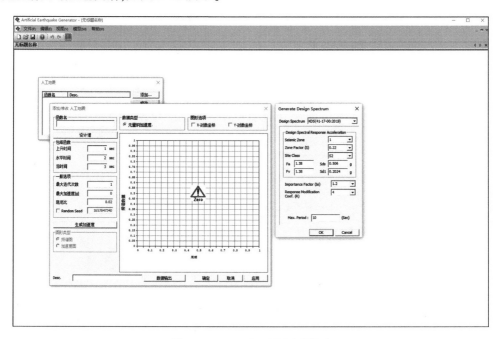

图 3-46　MIDAS 人工地震生成界面

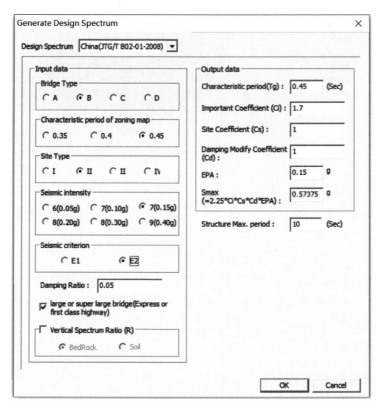

图 3-47　MIDAS 设计谱参数输入

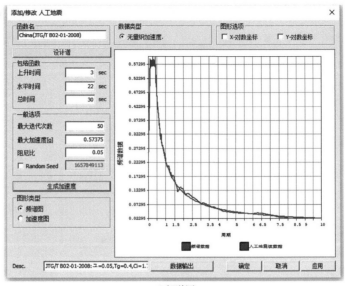

a) 频谱图

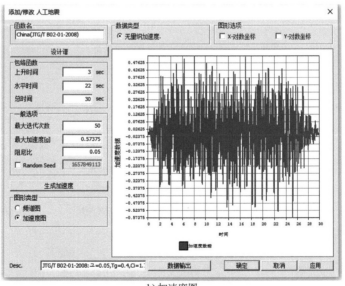

b) 加速度图

图 3-48　MIDAS 人工地震频谱图与加速度图

完成后点击数据输出,生成 .sgs 文件。在 MIDAS/Civil【荷载选项卡】→【地震作用】→【时程函数】→【添加时程函数】中,点击导入,将生成的 .sgs 文件导入完成时程函数的定义。需注意在导入数据之前,.sgs 文件为一类文本文件,如图 3-49 所示,注意需要将文件中的非数据项删除再进行导入。

3.5.3　时程分析典型算法

多自由度体系地震反应方程为:

$$[M]\{\ddot{u}\} + [C]\{\dot{u}\} + [K]\{u\} = -[M]\{I\}\ddot{x}_g \tag{3-157}$$

```
 =0.05,Tg=0.4,Ci=1.7,Cs=1,Cd=1,EPA=0.15,Smax=0.57375 - 记事本
文件(F) 编辑(E) 格式(O) 查看(V) 帮助(H)
*SGSW
*TITLE, China(JTG/T B02-01-2008)
*TITLE, JTG/T B02-01-2008:ユ=0.05,Tg=0.4,Ci=1.7,Cs=1,Cd=1,EPA=0.15,Smax=0.57375
*X-AXIS, 时间
*Y-AXIS, 加速度数据
*UNIT&TYPE, GRAV,ACCEL
*FLAGS, 0,0
*DATA
0,        -0.00319682
0.01,     -0.00266467
0.02,     -0.00294183
0.03,     -0.00257038
0.04,     -0.003437
0.05,     -0.00330096
0.06,     -4.02143e-005
0.07,     -0.00108149
0.08,     0.00185447
0.09,     0.0014973
0.1,      0.000217495
0.11,     -0.000541828
0.12,     -0.000847391
0.13,     -7.23599e-005
0.14,     0.00523853
0.15,     0.00327726
0.16,     -0.000252391
0.17,     -0.00489929
0.18,     -0.0114246
0.19,     -0.0076507
0.2,      0.00085674
0.21,     0.0109632
0.22,     0.00244635
```

图 3-49 MIDAS 人工地震的加速度.sgs 文件

地面振动加速度是复杂的随机函数。同时,在弹塑性反应中刚度矩阵与阻尼矩阵亦随时间变化。因此,不可能求出解析解,只能采取数值分析方法求解。常用的地震反应计算数值方法有线性加速度法、NewMark-β 法、Wilson-θ 法和中心差分法。

1) 线性加速度法

线性加速度法假定在每个时间增量内加速度为线性变化并保证在时间间隔内的体系特征为一常量。

基本公式为:

$$u(t+\Delta t) = u(t) + \Delta u(t) + \frac{(\Delta t)^2}{3}\ddot{u}(t) + \frac{(\Delta t)^2}{6}\ddot{u}(t+\Delta t) \tag{3-158}$$

$$\dot{u}(t+\Delta t) = u(t) + \frac{\ddot{u}(t)+\ddot{u}(t+\Delta t)}{3} \tag{3-159}$$

将式(3-158)改写为:

$$u(t+\Delta t) = u(t) + \Delta \dot{u}(t) + \frac{(\Delta t)^2}{2!}\ddot{u}(t) + \frac{(\Delta t)^3}{3!}\frac{\ddot{u}(t+\Delta t)-\ddot{u}(t)}{\Delta t} \tag{3-160}$$

相当于 Taylor 展开的三次项,即在 t 到 $t+\Delta t$ 时间段内加速度呈直线变化。

将基本公式进一步推导得:

$$\ddot{u}(t+\Delta t) = \frac{6}{(\Delta t)^2}u(t+\Delta t) - \frac{6}{(\Delta t)^2}u(t) - \frac{6}{\Delta t}\dot{u}(t) - 2\ddot{u}(t) \tag{3-161}$$

$$u(t+\Delta t) = \frac{3}{\Delta t}u(t+\Delta t) - \frac{3}{\Delta t}u(t) - 2\dot{u}(t) - \frac{\Delta t}{2}\ddot{u}(t) \tag{3-162}$$

再将上述两式带入增量方程中：

$$[M]\{\Delta \ddot{u}\} + [C]\{\Delta \dot{u}\} + [K]\{\Delta x\} = -[M]\{\Delta \ddot{u}_g\} \quad (3\text{-}163)$$

整理得到：

$$u(t+\Delta t) = \left\{K + \frac{3}{\Delta t} + \frac{3}{(\Delta t)^2}M\right\}^{-1} \begin{bmatrix} M\left\{2\ddot{u}(t) + \frac{6}{\Delta t}\dot{u}(t) + \frac{6}{(\Delta t)^2}u(t)\right\} + \\ C\left\{\frac{\Delta t}{2}\ddot{u}(t) + 2\dot{u}(t)\frac{3}{\Delta t}u(t)\right\} + f(t+\Delta t) \end{bmatrix} \quad (3\text{-}164)$$

$$\dot{u}(t+\Delta t) = \frac{3}{\Delta t}\{u(t+\Delta t) - u(t)\} - 2\dot{u}(t) - \frac{\Delta t}{2}\ddot{u}(t) \quad (3\text{-}165)$$

$$\ddot{u}(t+\Delta t) = \frac{6}{(\Delta t)^2}\{u(t+\Delta t) - u(t)\} - 2\ddot{u}(t) - \frac{6}{\Delta t}\dot{u}(t) \quad (3\text{-}166)$$

对线性加速度算法而言，用增量方程与全量方程求解得到的结果，其计算精度相同，线性加速度法在选取时间步长时，应满足 $\Delta t < T_{\min}/a$，这里 $T_{\min}$ 是有限元离散系统中最小的固有周期。系数 a 一般取为 10，如果 Δt 取得过大，计算得到的位移值可能会不收敛或者出现其他异常情况。但是，使结果收敛的临界时间步长是很难预先确定的。线性加速度法不光计算量大，而且实际上往往不能保证计算结果的稳定性和精度。

2）NewMark-β 法

NewMark-β 法是将线性加速度法转化为普遍化的方法，即假定位移和速度为：

$$\{u\}_{j+1} = \{u\}_j + \{\dot{u}\}_j \Delta t + (0.5-\beta)\{\ddot{u}\}_j \Delta t^2 + \beta\{\ddot{u}\}_{j+1}\Delta t^2 \quad (3\text{-}167)$$

$$\{\dot{u}\}_{j+1} = \{\dot{u}\}_j + (1+\delta)\{\ddot{u}\}_j \Delta t + \delta\{\ddot{u}\}_{j+1}\Delta t \quad (3\text{-}168)$$

其中，β 和 δ 是控制积分格式计算精度和稳定性的参数。

当 $\delta \geq 0.5$, $\beta \geq (0.5+\delta)^2/4$ 时，NewMark 法为无条件稳定的算法；当 $\delta \geq 0.5$ 时，NewMark 法计算精度为二阶否则为一阶；当 $\delta = 0.5$, $\beta = 1/6$ 时，NewMark 法为线性加速度法；当 $\delta = 0.5$, $\beta = 1/4$ 时，NewMark 法为平均常加速度法；当 $\delta \neq 0.5$ 时可能导致过阻尼的情况发生，所以一般取 $\delta = 0.5$，并称此时的 NewMark 法为 NewMark-β 法，通常取 $1/6 \leq \beta \leq 1/2$。

对于 NewMark-β 法，由上述假定的位移和速度推导出：

$$\{\Delta \ddot{u}\}_j = \frac{1}{\beta \Delta t^2}\{\Delta u\}_j - \frac{1}{\beta \Delta t}\{\dot{u}\}_j \Delta t - \frac{1}{2\beta}\{\ddot{u}\}_j \quad (3\text{-}169)$$

$$\{\dot{u}\}_{j+1} = \{\dot{u}\}_j + (1+\delta)\{\ddot{u}\}_j \Delta t + \delta\{\ddot{u}\}_{j+1}\Delta t \quad (3\text{-}170)$$

代入增量方程中得到：

$$[\overline{K}]\{\Delta u\}_j = \{\Delta P\}_j \quad (3\text{-}171)$$

式中：$[\overline{K}] = \frac{1}{\beta \Delta t^2}[M] + \frac{1}{2\beta \Delta t}[C] + [K]$；

$\{\Delta P\}_j = [M]\left(\frac{1}{\beta \Delta t}\{\dot{u}\}_j + \frac{1}{2\beta}\{\ddot{u}\}_j\right) + [C]\left(\frac{1}{2\beta}\{\dot{u}\}_j + \left(1-\frac{1}{4\beta}\right)\Delta t\{\ddot{u}\}_j\right) - [M]\{I\}\Delta \ddot{x}_{g,j}$。

获得全量方程的递推格式：

$$[K']=\{u\}_{j+1} = \{P\}_{j+1} \quad (3\text{-}172)$$

式中：$[K'] = [\overline{K}] = \frac{1}{\beta\Delta t^2}[M] + \frac{1}{2\beta\Delta t}[C] + [K]$；

$$\{P\}_{j+1} = -[M]\{I\}\ddot{x}_{g,j+1} + [M]\left[\frac{1}{\beta\Delta t^2}\{u\}_j + \frac{1}{\beta\Delta t}\{\dot{u}\}_j - \left(1 - \frac{1}{2\beta}\right)\{\ddot{u}\}_j\right] +$$

$$[C]\left[\frac{1}{2\beta\Delta t}\{u\}_j - \left(1 - \frac{1}{2\beta}\right)\{\dot{u}\}_j - \left(1 - \frac{1}{4\beta}\right)\Delta t\{\ddot{u}\}_j\right].$$

当满足 $\delta \geqslant 0.5, \beta \geqslant (0.5+\delta)^2/4$ 条件时，Δt 的选择不影响解答的稳定性但需要根据解的精度确定，即需要根据对结构贡献较大的若干基本振型的周期来确定。一般来说，基本振型周期比系统振型的最小振动周期大得多，所以无条件稳定的隐式算法比有条件稳定的显式算法可采用大得多的时间步长。而采用较大的 Δt 还可以滤掉高阶不精确特征解对系统响应的影响。

3) Wilson-θ 法

线性加速度法在一定条件下才能稳定计算。为了改进线性加速度法，Wilson 提出了 Wilson-θ 法，该方法假定在时段 $\theta\Delta t$ 内加速度随时间呈线性变化，其中 $\theta > 1$。Wilson-θ 法与线性加速度法的区别在于，线性加速度法在时刻 $t + \Delta t$ 使用动力平衡方程，而 Wilson-θ 法则将动力平衡方程应用于更后一点的时刻 $t + \theta\Delta t$。

公式推导如下：

$$\{u(t+\theta\Delta t)\} = \{u(t)\} + \theta\Delta t\{\dot{u}(t)\} + (\theta\Delta t)^2\{\ddot{u}(t)\}/3 + (\theta\Delta t)^2\{\ddot{u}(t+\theta\Delta t)\}/6 \tag{3-173}$$

$$\{\dot{u}(t+\theta\Delta t)\} = \{\dot{u}(t)\} + \theta\Delta t\{\ddot{u}(t)\}/2 + \theta\Delta t\{\ddot{u}(t+\theta\Delta t)\}/2 \tag{3-174}$$

在 $t + \theta\Delta t$ 时刻的运动方程为：

$$[M]\{\ddot{u}(t+\theta\Delta t)\} + [C]\{\dot{u}(t+\theta\Delta t)\} + [K]\{u(t+\theta\Delta t)\} = -[M]\{I\}\ddot{x}_g(t+\theta\Delta t) \tag{3-175}$$

整理上式求出 $u(t+\theta\Delta t)$ 与 $\dot{u}(t+\theta\Delta t)$，求出迭代方程：

$$[\overline{K}]\{u(t+\theta\Delta t)\} = \{P(t+\theta\Delta t)\} \tag{3-176}$$

式中：$[\overline{K}] = \frac{6}{(\theta\Delta t)^2}[M] + \frac{3}{\theta\Delta t}[C] + [K]$；

$$\{P(t+\theta\Delta t)\} = [M]\left(\frac{6}{(\theta\Delta t)^2}\{u(t)\} + \frac{6}{\theta\Delta t}\{\dot{u}(t)\} + 2\{\ddot{u}(t)\}\right) + [C]$$

$\left(\frac{3}{\theta\Delta t}\{u(t)\} + 2\{\dot{u}(t)\} + \frac{1}{2}\theta\Delta t\{\ddot{u}(t)\}\right) + [M]\{I\}\Delta\ddot{x}_g(t+\theta\Delta t)$。

则对于 $t + \theta\Delta t$ 时刻的加速度，可按照下式内插求得：

$$\{\ddot{u}(t+\theta\Delta t)\} = \left(1 - \frac{1}{\theta}\right)\{\ddot{u}(t)\} + \frac{1}{\theta}\{\ddot{u}(t+\Delta t)\} \tag{3-177}$$

Wilson-θ 法是线性加速度法的推广，当 $\theta \geqslant 1.37$ 时是无条件稳定的算法，但随着 θ 的增大误差也增大，一般取 $\theta = 1.4$。地震作用下，对于一般阻尼比5%的钢筋混凝土结构，时间

步长 $\Delta t \leqslant 0.04T$(T 为地震波的卓越周期)可以取得较好的结果。

4)中心差分法

在计算函数的中心点进行差分,将计算值与初始函数值进行比较;若两者值计算相差足够小,则以中心差分函数值为结果;否则就将步长减半,将中心差分点函数值作为初始函数值进行迭代,直到满足误差要求为止。中心差分法公式推导如下:

$$u(t+\Delta t) = u(t) + \dot{u}(t)\Delta t + \frac{1}{2}\ddot{u}(t)\Delta t^2 + \frac{1}{6}\dddot{u}(t)\Delta t^3 + \cdots \tag{3-178}$$

$$u(t-\Delta t) = u_{n-1}, u(t) = u_n, u(t+\Delta t) = u_{n+1} \tag{3-179}$$

速度与加速度有同样的关系:

$$u_{n+1} = u_n + \dot{u}_n \Delta t + \frac{1}{2}\ddot{u}_n \Delta t^2 + \frac{1}{6}\dddot{u}_n \Delta t^3 + \cdots \tag{3-180}$$

$$u_{n-1} = u_n - \dot{u}_n \Delta t + \frac{1}{2}\ddot{u}_n \Delta t^2 - \frac{1}{6}\dddot{u}_n \Delta t^3 + \cdots \tag{3-181}$$

将上式分别相加或相减得:

$$\dot{u}_n \Delta t = \frac{1}{2}(u_{n+1} - u_{n-1}) + o(\Delta t^3) \tag{3-182}$$

$$\ddot{u}_n \Delta t^2 = (u_{n+1} - 2u_n - u_{n-1}) + o(\Delta t^4) \tag{3-183}$$

采用三点:$n-1$、n、$n+1$ 的位移增量来表示 t 时刻的瞬时速度与加速度:

$$\dot{u}_n = \frac{1}{2\Delta t}(u_{n+1} - u_{n-1}) \tag{3-184}$$

$$\ddot{u}_n = \frac{1}{\Delta t^2}(u_{n+1} - 2u_n - u_{n-1}) \tag{3-185}$$

略去高阶微量,t 时刻的位移增量、速度与加速度满足此时刻的有限元微分方程,则:

$$[\boldsymbol{M}]\ddot{u}_n = \boldsymbol{F}_n^{\text{ext}} - \boldsymbol{F}_n^{\text{int}} - \boldsymbol{F}_n^{\text{ext}} \tag{3-186}$$

式中:$[\boldsymbol{M}]$——对角矩阵;

$\boldsymbol{F}_n^{\text{ext}}$、$\boldsymbol{F}_n^{\text{int}}$、$\boldsymbol{F}_n^{\text{ext}}$——$t$ 时刻节点外力、内力和接触力以及分布力矢量。

由于中心差分法不需要计算总体的刚度矩阵和质量矩阵,其基本上可以在单元一级进行求解。如果所有相继单元的刚度矩阵和质量矩阵相同,那么,只需计算或从辅助存储器连续读出对应于第一个单元的矩阵即可求解。此法可以有效地解出阶数很高的系统。同时,该方法的效率取决于能否采用对角线质量矩阵和能否忽略通常与速度有关的阻尼力。若只包含一个对角线阻尼矩阵,则仍可保持在单元一级求解。实际上可以通过采用足够细密的有限元离散化来提高解的精度,从而滤掉对角线质量矩阵的缺点。

第 4 章 Chapter Four

桥梁结构强度与变形验算及MIDAS实现

4.1 引言

桥梁结构抗震设计根据设防目标不同对应两种方法:一种是弹性设计法,另一种是弹塑性设计法。弹性设计法主要适合在较小地震作用下的结构抗震设计,它是以结构在设计地震作用下截面的应力保持在线弹性范围内为目标,用结构的弹性强度抵抗地震荷载。弹塑性设计法是允许截面应力在地震时进入塑性范围的抗震设计方法,主要是通过提高结构的极限变形能力来改善它的抗震性能,而不是通过简单地增加截面尺寸、提高截面强度来加强结构的抗震能力。

对于非线性(弹塑性)抗震分析方法,又分为静力非线性分析方法和动力非线性分析方法。动力非线性法的代表是时程分析法,这种方法较为准确,但是由于分析时间较长并且对技术人员的理论水准有较高要求,所以在实际工程中的应用受到一定的制约。因此,国外一些学者提出了一种简化的抗震分析方法,即静力非线性分析方法。该方法不需要输入地震波,只是对结构分析模型侧向施加一种或多种按某种方式模拟的地震水平作用力。这样不仅使得分析的复杂程度大大降低,而且可一定程度上反映结构在强震作用下的各方面性能,尤其是地震响应以第一振型为主的结构。静力分析方法虽然无法准确地反映结构的动力特性,但是其计算效率较高、简单操作、理论概念清晰,因此,静力分析方法被广大研究设计人员所接受。

静力非线性分析法的代表是 Pushover 分析法。Pushover 分析法是 20 世纪 90 年代以后出现的基于位移的抗震设计(Displacement-Based Seismic Design)和基于性能(功能)的抗震设计(Performance-Based Seismic Design,PBSD)方法,所谓基于性能的耐震设计就是由用户及设计人员设定结构的目标性能,并使结构设计能满足该目标性能的方法。此方法从本质上说是一种静力分析方法,对结构进行静力单调加载下的弹塑性分析,其结果具有直观、信息丰富的特点,是一种大震下结构抗震性能的快速评估方法。Pushover 分析通过考虑构件的材料非线性特点,从而评估构件进入弹塑性状态直至到达极限状态时的结构性能,可以大致预测出结构从弹性阶段开始一直到结构倒塌破坏所经历的全过程(如结构混凝土保护层开裂、结构钢筋屈服、塑性铰的失效等)。

4.2 材料非线性

通常桥梁结构的材料为钢筋混凝土,其截面由钢筋和混凝土两种材料组成,这两种材料的本构关系模型是钢筋混凝土桥梁结构进行有限元分析的基础,如果所选的本构关系模型不能恰当地反映真实结构的材料性能,那么,这样的分析是没有任何价值的。因此,选择合理的、更为接近真实材料性能的本构关系模型成为 Pushover 分析的关键所在。

4.2.1 混凝土本构关系

混凝土材料的本构关系取决于粗、细集料和水泥的力学特性,此外还受到混凝土的强度、龄期、试件大小、加载方式、加载速度等许多方面的影响。横向箍筋对核心混凝土的约束作用对混凝土材料本构关系的影响不可忽略,当混凝土的侧向变形受到箍筋约束作用时,其延性明显强于素混凝土,间距比较密的箍筋可以防止纵筋弯曲变形和失稳,有利于提高对混凝土的套箍效果(图 4-1)。

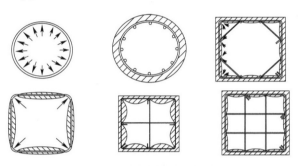

图 4-1 不同形式的套箍效果

素混凝土和约束混凝土应力应变关系曲线如图 4-2 所示。

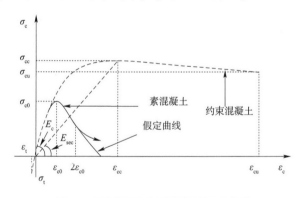

图 4-2 约束混凝土与素混凝土的本构关系

注:图中各含义见式(4-1)~式(4-6)。

目前常用的几种约束混凝土本构关系如下。

1) Kent-Park 混凝土本构关系

考虑了箍筋作用的 Kent-Park 混凝土本构关系模型如图 4-3 所示。

Kent-Park 混凝土本构关系采用三段表示:

当 $\varepsilon_c < \varepsilon_{c0}$ 时:

$$\sigma_c = K f'_c \left[\frac{2\varepsilon_c}{\varepsilon_{c0}} - \left(\frac{\varepsilon_c}{\varepsilon_{c0}} \right)^2 \right] \tag{4-1}$$

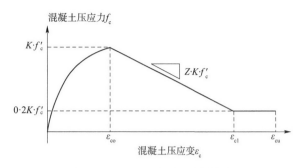

图 4-3 Kent-Park 混凝土本构关系

当 $\varepsilon_{c0} \leqslant \varepsilon_c \leqslant \varepsilon_{c1}$ 时：

$$\sigma_c = K f'_c [1 - Z(\varepsilon_c - \varepsilon_{c0})] \tag{4-2}$$

当 $\varepsilon_{c1} \leqslant \varepsilon_c \leqslant \varepsilon_{cu}$ 时：

$$\sigma_c = 0.2 K f'_c \tag{4-3}$$

其中：

$$\varepsilon_{c0} = 0.002K \tag{4-4}$$

$$K = 1 + \frac{\rho_s f_{yh}}{f'_c} \tag{4-5}$$

$$Z = \frac{0.5}{\dfrac{3 + 0.29 f'_c}{145 f'_c - 1000} + 0.75 \rho_s \sqrt{\dfrac{h'}{s_h}} - 0.002K} \tag{4-6}$$

式中：ε_{c0}——圆柱体混凝土产生最大压应力的应变；

ε_{c1}——应力下降段首次出现 0.2 倍最大压应力的应变；

ε_{cu}——圆柱体混凝土压碎时的极限应变；

ε_c——圆柱体混凝土应变；

σ_c——圆柱体混凝土应力；

K——横向约束引起的混凝土抗压强度提高系数；

Z——应变软化时的斜率；

f'_c——圆柱体混凝土抗压强度（$f'_c = 0.79 f_{cu,k}$）；

ρ_s——箍筋体积配筋率（箍筋体积与核心混凝土体积之比）；

f_{yh}——箍筋屈服强度；

h'——核心混凝土宽度（从箍筋外缘算起）；

s_h——箍筋间距。

2）Mander 模型

1988 年，Mander 针对横向约束混凝土提出本构模型。横向约束箍筋不仅能够约束混凝土，还能起到防止主筋的屈曲以及剪切破坏的作用，而且大大提高了被约束受压混凝土的强度以及延性。

Mander 模型直接提供了约束混凝土的应力-应变关系，如图 4-4 所示，故适用于任意形状的截面。该模型考虑了纵向、横向约束钢筋的配筋量以及屈服强度、配筋形状等，能够正确计算出混凝土的有效约束应力。Mander 模型虽然采用的是 1973 年 Popovic 提出的单轴应力-应变关系曲线,但取的是考虑多轴后的有效约束力还原为单轴应力-应变关系的算法。

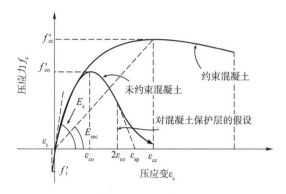

图 4-4 Mander 模型

混凝土弹性模量(MPa):

$$E_c = 5000 \sqrt{f'_{co}} \tag{4-7}$$

混凝土抗拉强度(MPa):

$$f'_t = 0.62 \sqrt{f'_{co}} \tag{4-8}$$

混凝土拉伸应变:

$$\varepsilon_t = \frac{f'_t}{E_c} \tag{4-9}$$

式中:f'_{co}——圆柱体抗压强度(MPa)。

4.2.2 钢筋本构关系

1)Park 模型

Park 模型如图 4-5 所示。

$$f_s = \begin{cases} E_s \varepsilon_s & (0 \leqslant \varepsilon_s \leqslant \varepsilon_y) \\ f_y & (\varepsilon_{sy} \leqslant \varepsilon_s \leqslant \varepsilon_{sh}) \\ f_y + \frac{\varepsilon_s - \varepsilon_{sh}}{\varepsilon_{su} - \varepsilon_{sh}}(f_{su} - f_{sy}) & (\varepsilon_{sh} \leqslant \varepsilon_s \leqslant \varepsilon_{su}) \end{cases} \tag{4-10}$$

式中:f_s、ε_s——钢筋应力和应变;

f_y、ε_y——钢筋屈服应力和屈服应变;

f_{su}、ε_{su}——钢筋断裂应力和相应的应变;

ε_{sh}——强化应变;

E_s——钢筋弹性模量。

2) 双折线模型

双折线模型是忽略了强化阶段的应力-应变关系,如图 4-6 所示,其计算简单易于实现,是目前广泛采用的一种模型。

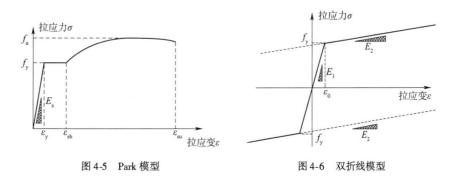

图 4-5　Park 模型　　　　　图 4-6　双折线模型

图中,f_y 为钢筋屈服强度;E_2/E_1 为屈服后钢筋的弹性模量和初始弹性模量之比。

3) 三折线模型

三折线模型(图 4-7)考虑了加载后期的材料强化行为,计算相对复杂,在应变不是很大的情况下,可考虑采用双折线模型。

图中,σ_{2y} 为受拉侧的第二屈服强度;σ_{3y} 为受拉侧第二屈服以后的强度(估计 K3 时必要);σ'_{1y} 为受压侧的第一屈服强度;σ'_{2y} 为受压侧的第二屈服强度;σ'_{3y} 为受压侧第二屈服以后的强度(估计 K5 时必要);ε_{1y} 为受拉侧的第一屈服应变;ε_{2y} 为受拉侧的第二屈服应变;ε_{3y} 为受拉侧第二屈服以后的应变(估计 K3 时必要);ε'_{1y} 为受压侧的第一屈服应变;ε'_{2y} 为受压侧的第二屈服应变;ε'_{3y} 为受压侧第二屈服以后的应变(估计 K5 时必要)。

4) Menegotto-Pinto 模型

本模型是梅内戈托(Menegotto)与平托(Pinto)于 1973 年提出的模型,飞利浦于 1983 年提出修正模型。如图 4-8 所示,本模型具有计算效率高、与试验结果吻合较好的特点。

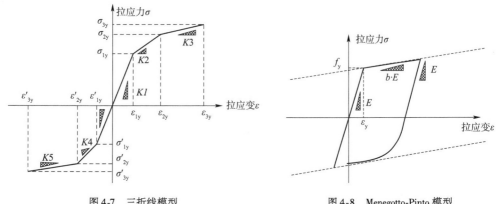

图 4-7　三折线模型　　　　　图 4-8　Menegotto-Pinto 模型

图中,f_y 为钢筋屈服强度;E 为钢筋初始弹性模量;b 为屈服后钢筋的弹性模量和初始弹性模量之比;R_0、a_1、a_2 均为屈服后钢筋的应力-应变曲线参数。

4.3 塑性铰分析

4.3.1 塑性铰的概念

当一个构件在受力时,若某一点处的表面纤维发生屈服但此构件未发生破坏,则认为此点为一塑性铰。此时,此构件就变成了两个构件加一个塑性铰,塑性铰两侧的构件可发生微小转动。在抗震设计中,塑性铰即为设计者有意设计的局部塑性变形区域,通过设置塑性铰可以耗散地震能量,且塑性铰能够承受 E2 地震作用下多个循环的弹塑性变形而强度不发生显著退化,如图 4-9 所示。

图 4-9 实际结构中出现的塑性铰

4.3.2 塑性铰的位置

目前对于单柱桥墩塑性位移能力的计算,普遍采用基于集中塑性铰原理的计算方法。

如图 4-10 所示,对于桥梁中常见的单柱式桥墩,当桥墩顶部与主梁之间为非刚性连接时(通常只设置支座的类型),最大弯矩发生在桥墩的最下端,不管地震作用的方向如何,塑性铰区域通常出现在墩柱底部;当桥墩顶部与主梁之间为刚性连接时,桥墩的最大弯矩出现在上下两端,则塑性铰区域可以出现在柱的顶部或者根部。而对于另一种常见的桥墩形式——双柱式(多柱式)桥墩,当桥墩与梁为非刚性连接且地震作用方向为横桥向时,塑性铰区域出现在柱的顶部或者根部,而当地震作用方向为顺桥向时,塑性铰区域通常只出现在柱的根部;当桥墩与梁为刚性连接时,不管地震作用方向如何,塑性铰区域通常可以出现在柱的顶部或根部。《规范》第 3.4.2 条给出了典型墩柱的塑性铰区域。

4.3.3 塑性铰的力学模型

在分析计算中,塑性铰的力学模型通常是在塑性铰长度 L_p 的中间设置一个弹塑性回转弹簧单元来模拟,而铰上、下 $L_p/2$ 区间按照刚性构件来计算,如图 4-11 所示。

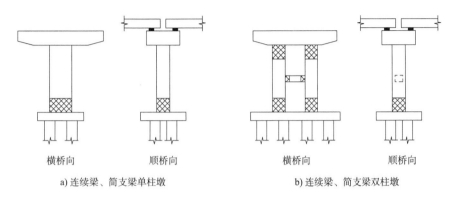

a) 连续梁、简支梁单柱墩　　　　　　b) 连续梁、简支梁双柱墩

图 4-10　连续梁、简支梁桥单柱墩和双柱墩的耗能部位(潜在塑性铰区域)示意图

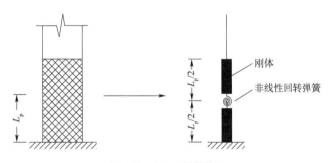

图 4-11　塑性铰计算模型

一般情况下,塑性铰的长度 L_p 是根据大量的试验结果得到的经验值,所以各国规范给出的塑性铰长度计算公式各不相同。《规范》第 7.4.4 条给出了计算等效塑性铰长度的公式,L_p 的长度取值如下:

$$\begin{cases} L_{p1} = 0.08H + 0.022 f_y d_s \geqslant 0.044 f_y d_s \\ L_{p2} = \dfrac{2}{3}b \\ L_p = \min(L_{p1}, L_{p2}) \end{cases} \quad (4\text{-}11)$$

式中:H——悬臂墩的高度或塑性铰截面到反弯点的距离(cm);

b——矩形截面的短边尺寸或圆形截面的直径(cm);

f_y——纵向钢筋抗拉强度标准值(MPa);

d_s——纵向钢筋的直径(cm)。

4.3.4　塑性铰的类型及实现

1)集中铰与分布铰

对于非线性梁单元,可根据铰的位置将塑性铰分为集中型铰和分布型铰。集中型铰模型用于模拟地震作用下梁两端产生铰的情况,弯矩铰和剪切铰位于梁两侧,轴力铰位于单元中央,如图 4-12 所示;分布型铰模型是假设构件内有多个铰,然后对各位置是否进入弹塑性进行判断,对进入弹塑性的铰更新铰的刚度,然后通过数值积分获得单元刚度。

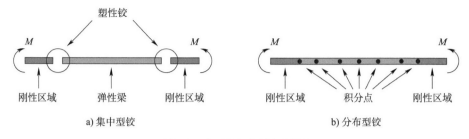

图 4-12 集中铰和分布铰示意图

在 MIDAS 中,在"添加/编辑非弹性铰特性值"窗口中可以选择两种铰的类型。集中型铰的滞回曲线使用弯矩-旋转角(M-Theta)关系曲线,分布型铰的滞回曲线使用弯矩-曲率关系(M-Phi 分布)曲线,如图 4-13 所示。集中型铰的计算量少,但是如果实际情况和假设情况不符时(如弯矩最大位置不在假定位置),计算结果可能出错。分布型铰的计算量大,但是可以相对准确地反映铰的实际分布情况,分析结果较为准确。

2) 骨架曲线与滞回模型

构件单向内力荷载和变形的关系叫作骨架曲线,基于骨架曲线并考虑往复荷载作用下的卸载和加载时的荷载-位移关系称为滞回模型。在 MIDAS 中采用此方法需要在铰类型处选择骨架模型(图 4-14)。

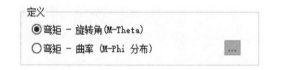
图 4-13 在 MIDAS 中定义集中铰与分布铰

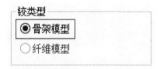
图 4-14 在 MIDAS 中选择骨架模型

滞回模型可用于模拟构件的恢复力特性,对非线性分析结果影响较大。这里列出 MIDAS 中程序提供的混凝土结构滞回模型的类型,见表 4-1。

MIDAS 提供的混凝土结构滞回模型类型　　　表 4-1

分类	滞回模型	内力关系	主要用途
退化模型	克拉夫双折线模型(Clough Bilinear)	P-M	钢筋混凝土构件
	刚度退化三折线模型(Degrading Trilinear)	P-M	
	武田三折线模型(Original Takeda Triliear)	P-M	
	武田四折线模型(Original Takeda Tetralinear)	P-M	
	修正武田三折线模型(Modified Takeda Trilinear)	P-M	
	修正武田四折线模型(Modified Takeda Tetralinear)	P-M	

受弯矩和轴力同时作用的梁柱单元,特别是三维分析中轴力和两个方向的弯矩之间的内力相关关系非常复杂,对动力分析结果影响也较大。MIDAS 中提供了 P-M 型相关和 P-M-M 型相关两种相关类型,如图 4-15 所示。

图 4-15　MIDAS 中选取基于骨架曲线的滞回模型

P-M 型相关关系在计算初始屈服面时,使用初始荷载引起的轴力计算屈服弯矩,两个方向的弯矩相关关系被忽略;P-M-M 型相关关系在计算各时刻的屈服弯矩时,可以考虑轴力的变化计算抗弯屈服强度。

在 MIDAS 中,P-M 型相关关系可以将 F_x、M_y、M_z 独立定义为不同的滞回模型,作为独立判别条件;P-M-M 型相关关系仅能定义随动模型,M_y、M_z 根据 F_x 的滞回模型进行判别分析(图 4-16)。

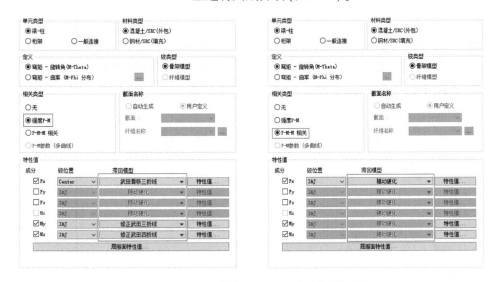

图 4-16　P-M 型相关关系和 P-M-M 相关关系的区别

3)纤维模型

纤维模型通过在分布型铰模型的各积分点上将截面分割为纤维束或层(图 4-17),并假设在相同的纤维或层内应力相同,然后使用积分的方法求得截面内力、截面柔度矩阵、单元刚度等。纤维模型能充分考虑材料弹塑性特性。

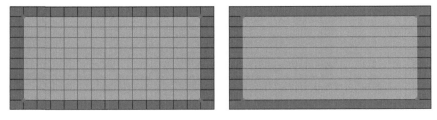

图 4-17　纤维模型的截面分割方法

纤维模型应满足基本假定:①平截面假定;②单元各位置截面形心的连线为直线。所以,纤维模型虽然能比 P-M 多轴铰模型更准确模拟受弯构件的力学特性并考虑截面内纤维的局部损伤状态,但不能反映剪切破坏,不能考虑钢筋与混凝土之间的黏结滑移。在 MIDAS 中采用此方法,需要在铰类型处选择纤维模型(图 4-18)。

采用纤维模型分析需要对截面进行分割。在非弹性铰特性值定义窗口选择弯矩-曲率分布,再选择纤维模型,然后在纤维名称后选择定义好的纤维截面或添加新的纤维截面(图4-19);也可以直接通过【特性】→【塑性材料】→【弹塑性材料】→【纤维截面分割】进行定义。

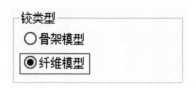

图4-18 在MIDAS中选用纤维模型

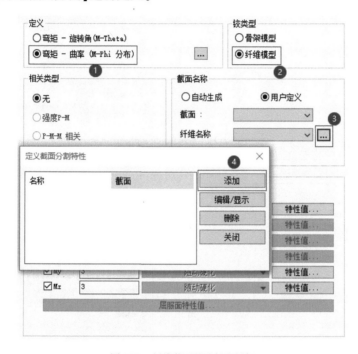

图4-19 纤维截面的选择和添加

纤维截面分割的步骤如下:

(1)以方形柱式墩的截面为例,在纤维截面分割窗口导入截面和截面钢筋,并选择该截面所需要的纤维材料特性值,对本例为钢筋、无约束混凝土、约束混凝土,其中混凝土均采用Mander本构、钢筋采用双折线模型(图4-20)。

图4-20 纤维截面分割的截面、钢筋、材料数据导入

(2)在"建立对象"选中的情况下选择截面外部轮廓,输入从边界偏心的距离(本例为保护层厚度0.1m),然后点击"添加"(图4-21)。

(3)在"选择对象"选中的情况下同时选择截面外部轮廓和(2)中偏心生成的轮廓,点击"确认"(图4-22)。

(4)在"设定区域"选中的情况下同时选择截面外部轮廓和偏心生成的轮廓,点击"确认"(图4-23)。

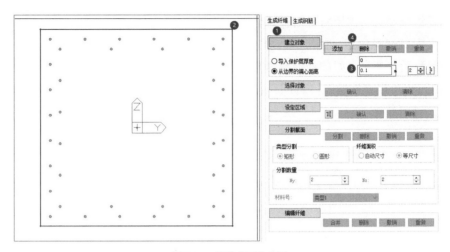

图 4-21　纤维截面的分层

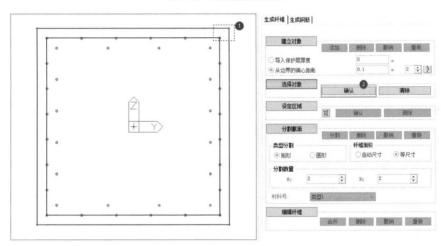

图 4-22　纤维截面外层(本例为混凝土保护层)的选择

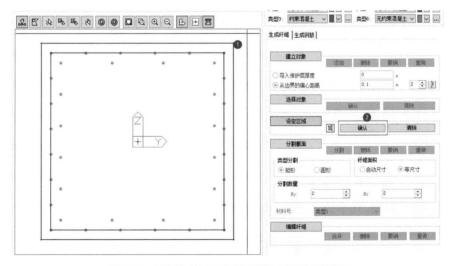

图 4-23　纤维截面外层(本例为混凝土保护层)的定义

(5)在"分割截面"选中的情况下同时选择(4)中生成的外层区域,依次设定 x 方向和 y 方向的分割数量,选择该层区域对应的非线性材料特性值,然后点击分割(图4-24)。

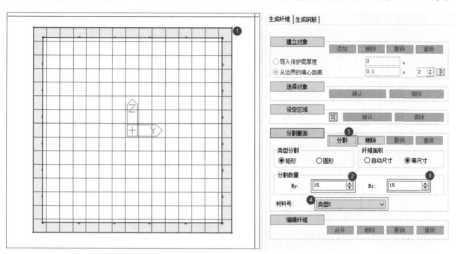

图4-24 纤维截面外层(本例为混凝土保护层)的分割

(6)重复上述步骤,进行进一步的截面划分或直接分割剩余的区域,直到完成整个截面的纤维截面分割(图4-25)。

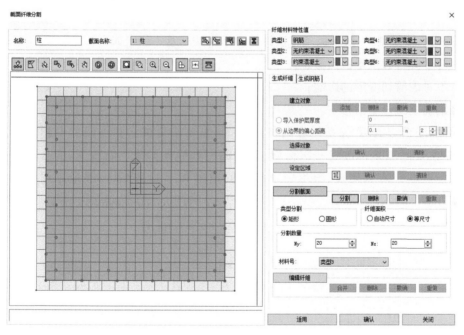

图4-25 纤维截面分割的最终结果

4.3.5 P-M-Φ 曲线计算方法

轴力-弯矩-曲率(P-M-Φ)曲线是钢筋混凝土结构弹塑性地震反应分析的基础,截面的

等效屈服曲率 Φ 和等效屈服弯矩 M 可通过把实际的轴力-弯矩-曲率曲线等效为理想弹塑性轴力-弯矩-曲率曲线来求得（图4-26），等效方法可根据图中两个阴影面积相等求得，计算中应考虑最不利轴力组合。

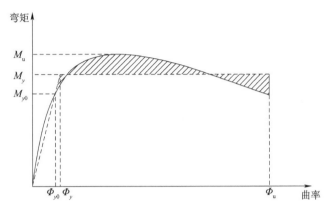

图4-26 轴力-弯矩-曲率曲线

图中，M_{y0} 和 Φ_{y0} 分别为截面初始屈服弯矩和初始屈服曲率；M_u 和 Φ_u 分别为截面极限弯矩和极限破坏状态的曲率能力。

钢筋混凝土延性构件的塑性弯曲能力可以根据材料的特性，通过截面的轴力-弯矩-曲率曲线分析来得到，由于材料非线性，要通过平衡条件、变形条件和物理条件直接计算 P-M-Φ 曲线解析式比较困难，一般采用条带法计算。条带法的基本假定如下：

(1) 应变分布服从平截面假定；
(2) 不考虑剪切变形的影响；
(3) 钢筋混凝土不滑移。

用条带法求 P-M-Φ 关系时有两种方法，即逐级加荷载法和逐级加变形法。逐级加荷载法的主要问题是每改变一次荷载，截面曲率和应变都要同时改变，而且加载到最大弯矩之后，曲线进入软化段，很难确定相应的曲率和应变，所以一般采用逐级加变形法（图4-27）。

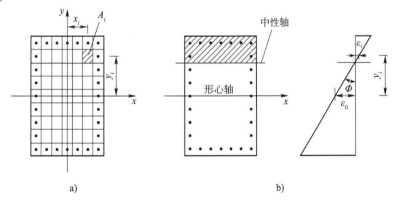

图4-27 计算简图

假设 Φ 为截面曲率，形心轴的应变为 ε_0（图 4-27），根据平截面假定可以求出截面各条带的应变。对于图 4-27 所示的受到单轴弯矩作用的截面，第 i 条带的应变为：

$$\varepsilon_i = \varepsilon_0 + \Phi y_i \tag{4-12}$$

式中：y_i——第 i 条带的中心到截面形心的垂直距离。

计算出截面第 i 条带应变分布后，即可根据材料特性采用相应的应力应变关系求出各条带的应力：

$$\sigma_i = \sigma_i(\varepsilon_i) = \sigma_i(\varepsilon_0 + \Phi y_i)$$

利用平衡关系可得：

$$P = \int_A \sigma dA = \sum_{i=1}^{n} \sigma_i(\varepsilon_0 + \Phi y_i) A_i \tag{4-13}$$

$$M = \int_A \sigma y dA = \sum_{i=1}^{n} \sigma_i(\varepsilon_0 + \Phi y_i) y_i A_i \tag{4-14}$$

式中：A_i——第 i 条带的面积；

y_i——第 i 条带的中心到截面形心轴的垂直距离；

P——轴力。

对于给定的轴力 P，可由式(4-13)可得出 ε_0，代入式(4-14)可得出 M-Φ 关系。但一般很难求出 M-Φ 关系，需要使用数值解法。对于某一轴向力 P，逐级加变形法的计算步骤为：

(1) 每次取曲率 $\Phi_i = \Phi_{i-1} + \Delta\Phi(\Phi_u = 0)$；

(2) 选择参考轴，一半选取截面形心轴，假定其应变为 ε_0；

(3) 按照式(4-12)求出各个条带的应变；

(4) 按钢筋和混凝土的应力-应变关系求对应于 ε 的应力；

(5) 把各条带的内力总和加起来，看是否满足截面的平衡条件；

(6) 如果不满足，修改 ε_0，重复步骤(3)~(5)，直到满足平衡条件；

(7) 将得到的 ε_0 代入式(4-14)，求出 Φ 对应的 M；

(8) 重复步骤(1)~(5)。

其中，主轴向受力数值计算可采用下述方法逐次逼近：

第一次假定 $\varepsilon_0 = \varepsilon_1$，求出各条带内力总和 P_1。显然，ε_1 不太可能正好满足平衡条件，因此需要调整 ε_1 使得 $a_1 = P_1 - P$ 趋近于 0。给定 ε_1 一个微小的增量 $\Delta\varepsilon$，求得各条带力总和 P_2，$a_2 = P_2 - P$，从而可以确定上述总和力的变化值 $\Delta a_1 = P_2 - P_1 = a_2 - a_1$。按照外插法从下式可得到新的 ε_1 的调整值 ε_Δ：

$$\frac{\Delta a_1}{\Delta \varepsilon} \cdot \varepsilon_\Delta + a_1 = 0 \tag{4-15}$$

则：

$$\varepsilon_\Delta = -\Delta\varepsilon \cdot \frac{a_1}{\Delta a_1} = -\Delta\varepsilon \cdot \frac{P_1 - P}{P_2 - P_1} \tag{4-16}$$

取 $\varepsilon_3 = \varepsilon_1 + \varepsilon_\Delta$，求出 P_3 和 $a_3 = P_3 - P$。重复上述步骤，直到满足误差要求。

为了求出曲率延性，需要确定截面的屈服状态和极限状态。一般情况下截面的屈服条

件为 $\sigma_{st}=f_{sy}$（少筋和小轴压比构件），$\varepsilon_{cmax}=\varepsilon_{c0}$（超筋和大轴压比构件）；截面的极限状态为 $\varepsilon_{cmax}=\varepsilon_{cu}$。其中，$\sigma_{st}$、$f_{sy}$ 分别为受拉筋的应力和屈服强度；ε_{cmax} 为受压区混凝土最大压应变，ε_{c0}、ε_{cu} 分别为混凝土应力-应变曲线上应力最大点和失效点对应的应变。

轴力对钢筋混凝土截面的抗弯屈服强度和极限曲率有很大的影响，当轴力较小时，截面抗弯屈服强度随轴力的增加而增加，但当轴力增大到一定程度后，轴力的增加会减小截面的抗弯屈服强度。同时，轴力的增加会降低截面的极限曲率，从而减小构件的延性。

想在 MIDAS/Civil 程序中实现对结构 M-$\varPhi$ 曲线的计算，首先要完成墩柱截面配筋，依次选择【设计选项卡】→【JTG/T B02-01—2008】→【RC 设计】→【混凝土构件设计配筋】，打开配筋界面如图 4-28 所示。

按照设计图纸完成截面配筋后定义弹塑性材料本构。依次选择【特性】→【弹塑性材料】→【非弹性材料特性值】，先对钢筋的弹塑性材料本构进行定义，对于钢材来说选择双折线模型，其中 E2/E1 即为是否考虑强化段，此时一般不考虑屈服后的强化，填写一个小值，材料强度参考《公路钢筋混凝土及预应力混凝土桥涵设计规范》（JTG 3362—2018）。定义钢材本构界面如图 4-29 所示。

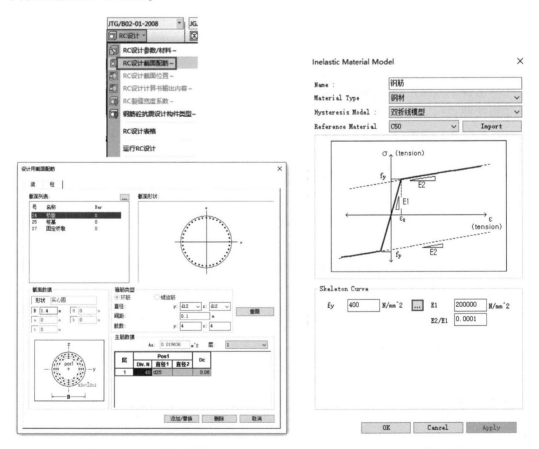

图 4-28　MIDAS 设计配筋界面　　　　图 4-29　MIDAS 钢材本构定义界面

对于混凝土本构的定义，分为约束混凝土与无约束混凝土，所谓无约束混凝土即为保护层混凝土,约束混凝土即为核芯区混凝土。混凝土本构选择 Mander 模型,对于无约束混凝土来说,直接导入钢筋材料和截面数据即完成本构的定义,需注意由于 Mander 本构混凝抗压强度是棱柱体强度,因此,需要将《规范》中混凝土立方体强度乘以"0.85"的修正系数,定义界面如图 4-30 所示。

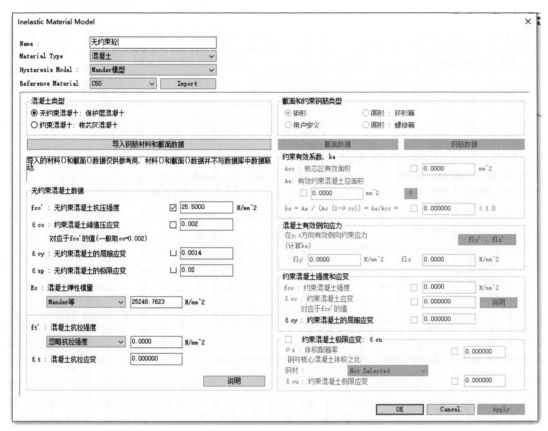

图 4-30 MIDAS 无约束混凝土本构定义界面

对于约束混凝土来说,在选项卡里选择约束混凝土选项,在右侧将截面数据与钢筋数据导入,需注意勾选约束混凝土极限应变并按照规范进行计算,极限破坏状态的曲率能力 Φ_u 应通过考虑最不利轴力组合的 P-M-Φ 曲线确定。当混凝土应变达到极限压应变 ε_{cu} 或约束钢筋达到折减极限应变 ε_{cu}^R 或纵筋达到折减极限应变 ε_{lu} 时(纵筋折减极限应变取值 0.1),混凝土的极限压应变 ε_{cu} 可按下式计算:

$$\varepsilon_{cu} = 0.004 + \frac{1.4\rho_s \cdot f_{kh} \cdot \varepsilon_{cu}^R}{f'_{cc}} \tag{4-17}$$

式中:ρ_s——约束钢筋的体积含筋率;

f_{kh}——箍筋抗拉强度标准值(MPa);

f'_{cc}——约束混凝土的峰值应力(MPa),一般情况下可取混凝土抗压强度标准值的 1.25 倍。

约束混凝土的本构定义界面如图 4-31 所示。

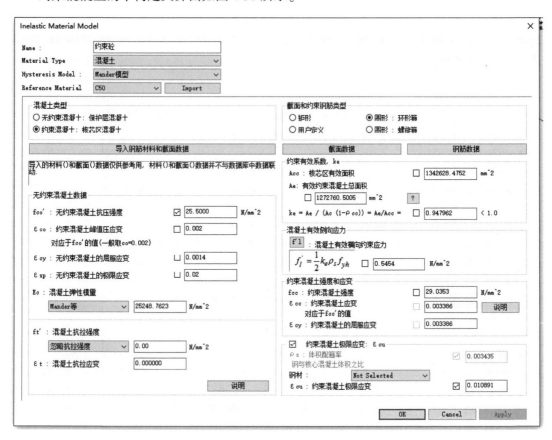

图 4-31　MIDAS 约束混凝土本构定义界面

材料弹塑性本构定义完成后，在【特性】→【弯矩曲率】中进行曲线的计算。首先定义极限曲率评估条件，一般选择受压区混凝土应变首次达到 ε_{cu}，再在定义界面中输入计算截面所受的轴力后进行计算得到弯矩曲率曲线。弯曲曲率曲线计算界面如图 4-32 所示。

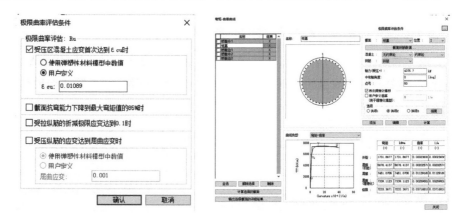

图 4-32　MIDAS 弯矩曲率曲线

4.4 能力保护构件验算

4.4.1 强度验算

根据《规范》第7.3节的规定,顺桥向和横桥向E2地震作用下效应和永久作用组合后,需要对墩柱塑性铰区域的斜截面抗剪强度进行验算,保证墩柱作为能力保护构件不发生剪切破坏。墩柱塑性铰区域沿顺桥向和横桥向的斜截面抗剪强度按照下列公式验算:

$$V_{c0} \leqslant \varphi(V_c + V_s) \tag{4-18}$$

$$V_c = 0.1 v_c A_e \tag{4-19}$$

$$v_c = \begin{cases} 0 \\ \lambda\left(1 + \dfrac{P_c}{1.38 A_g}\right)\sqrt{f_{cd}} \leqslant \min \begin{cases} 0.355\sqrt{f_{cd}} & (P_c \leqslant 0) \\ 1.47\lambda\sqrt{f_{cd}} & (P_c > 0) \end{cases} \end{cases} \tag{4-20}$$

$$\rho_s = \begin{cases} \dfrac{4A_{sp}}{sD'} & (\text{圆形截面}, \leqslant 2.4/f_{yh}) \\ \dfrac{2A_v}{bs} & (\text{矩形截面}, \leqslant 2.4/f_{yh}) \end{cases} \tag{4-21}$$

$$V_s = \begin{cases} 0.1 \times \dfrac{\pi}{2} \dfrac{A_{sp} f_{yh} D'}{s} & (\text{圆形截面}, \leqslant 0.08\sqrt{f_{cd}} A_e) \\ 0.1 \times \dfrac{A_v f_{yh} h_0}{s} & (\text{矩形截面}, \leqslant 0.08\sqrt{f_{cd}} A_e) \end{cases} \tag{4-22}$$

式中:V_{c0}——剪力设计值(kN),可按《规范》第6.7节计算;

V_c——塑性铰区混凝土的抗剪能力贡献(kN);

V_s——横向钢筋的抗剪能力贡献(kN);

v_c——塑性铰区混凝土抗剪强度(MPa);

f_{cd}——混凝土抗压强度设计值(MPa);

A_g——墩柱塑性铰区域截面全面积(cm^2);

A_e——核芯混凝土面积,可取$A_e = 0.8 A_g$(cm^2);

P_c——墩柱截面最小轴力,对于框架墩横桥向可按《规范》第6.7.5条计算;

A_{sp}——螺旋箍筋面积(cm^2);

A_v——计算方向上箍筋面积总和(cm^2);

s——箍筋的间距(cm);

f_{yh}——箍筋抗拉强度设计值(MPa);

b——墩柱的宽度(cm);

D'——螺旋箍筋环的直径(cm);

h_0——核心混凝土受压边缘至受拉侧钢筋重心的距离(cm);

φ——抗剪强度折减系数,$\varphi = 0.85$。

在 MIDAS/Civil 模型运行完成后,在后处理状态下，选择【设计选项卡】→【CDN】→【创建新项目】。生成 CDN 模型,CDN 模型中包含 MIDAS/Civil 中的结构参数与计算结果,在 CDN 中选择【JTG/T 2231-01—2020】,在 E1 地震作用下进行桥墩强度的验算,如图 4-33 所示。

图 4-33　CDN 强度验算设计选项

完成设计验算基本设置后,选择荷载组合选项卡,根据所选择的规范自动生成荷载组合,需注意 CDN 模型中有 MIDAS/Civil 中定义的荷载组合类型,在使用时要注意替换,荷载组合定义界面如图 4-34 所示。

在验算之前需要将验算的桥墩定义为构件,选择手动定义构件选项,框选桥墩单元定义名称,定义完成的构件在 CDN 中会显示出不同的颜色,构件的定义如图 4-35 所示。

选中定义结束后的构件后,右键选择构件参数,需要按照实际桥梁的情况修改构件的相关参数,需注意计算长度系数的确定："构件的计算长度 l,当构件两端固定时取 $0.5l$;一端固定一端为不移动的铰时取 $0.7l$;当两端均为不移动的铰时取 l,当一端固定一端自由时取 $2l$; l 为构件支点的长度。"而对于多跨简支梁桥和先简支后连续的桥梁,桥墩在成桥状态下,基本上是桥墩与基础固结梁通过支座与墩(台)连接,桥梁结构由于橡胶支座的剪切变形,上部梁结构对墩顶端形成了介于自由端和不动铰支座之间的弹性支承,其计算长度处于 $0.7l$ 与 $2l$ 之间。在实际中,常根据工程设计经验取 $1.2l \sim 2.0l$,具有较大的随意性。CDN 桥墩参数定义如图 4-36 所示。

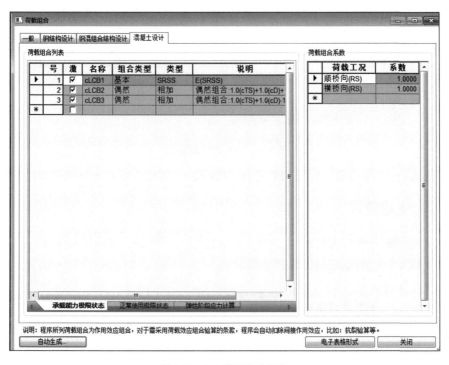

图 4-34 CDN 荷载组合定义

图 4-35 CDN 桥墩定义

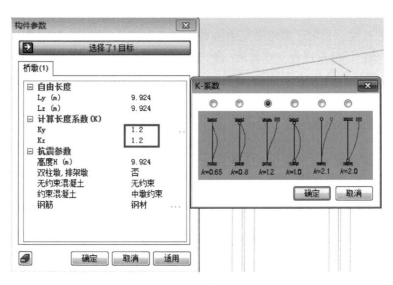

图4-36 CDN桥墩参数定义

定义完成后,选择需要计算的构件运行CDN模型,自动生成计算书获得强度验算数据。

4.4.2 支座验算

支座应按照能力保护构件设计,根据《规范》第7.5节规定,板式橡胶支座的抗震验算包括支座厚度和支座抗滑稳定性验算两个部分。

1)支座厚度验算

板式橡胶支座厚度按照下列公式验算

$$\sum t \geqslant \frac{X_B}{\tan\gamma} = X_B$$

$$X_B = X_D + X_H + 0.5X_T \tag{4-23}$$

式中:$\sum t$——橡胶层的总厚度(m);

$\tan\gamma$——橡胶片剪切角正切值,取 $\tan\gamma = 1$;

X_B——支座水平地震设计力产生的支座水平位移、永久作用效应以及均匀温度作用效应组合后的橡胶支座水平位移(m);

X_D——水平地震设计力产生的支座水平位移(m);

X_H——永久作用产生的支座水平位移(m);

X_T——均匀温度作用产生的支座水平位移(m)。

2)支座抗滑稳定性验算

板式橡胶支座抗滑稳定性按照下列公式验算:

$$\begin{cases} \mu_d R_b \geqslant E_{hzh} \\ E_{hzh} = E_{hze} + E_{hzd} + 0.5E_{hzT} \end{cases} \tag{4-24}$$

式中:μ_d——支座的动摩阻因数,橡胶支座与混凝土表面的动摩阻因数采用0.25,与钢板的动摩阻因数采用 0.20；

E_{hzh}——支座水平地震设计力、永久作用效应以及均匀温度作用效应组合后的橡胶支座水平力(kN)；

E_{hze}——支座水平地震设计力(kN)；

E_{hzd}——永久作用产生的支座水平力(kN)；

E_{hzT}——均匀温度作用产生的支座水平力(kN)。

在 CDN 中的支座验算流程与强度验算类似，需注意此时的支座应使用弹性连接在 MIDAS/Civil 里进行定义，才可以在 CDN 中进行验算。在连接选项卡中选择橡胶支座或者盆式支座和球型支座，选择模型中的弹性连接并输入相关参数完成支座构件的定义，如图 4-37 所示。

在 CDN 左侧的树形菜单中打开参数选项卡，选择连接参数，在定义的支座中输入对应的墩柱节点号后才能进行运算，连接参数定义如图 4-38 所示。

图 4-37　CDN 支座定义

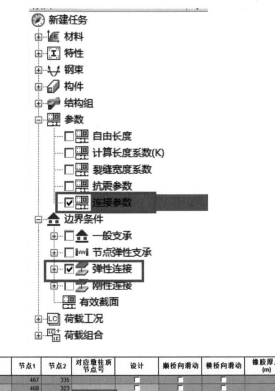

图 4-38　CDN 支座连接参数定义

完成支座的定义后运行 CDN 模型，自动生成计算书获取支座验算结果。

4.5 桥梁结构变形验算

E2 地震作用下,需验算桥墩墩顶的位移,对高宽比小于 2.5 的矮墩,可不验算桥墩的变形,但应验算抗弯和抗剪强度。采用非线性时程进行地震反应分析的桥梁需验算塑性转角。

4.5.1 单柱墩的容许位移

E2 地震作用下,规则桥梁墩顶位移 $\Delta_d \leq$ 桥墩容许位移 Δ_u,《规范》规定,对双柱墩、排架墩,其顺桥向的容许位移可按单柱墩的容许位移计算公式进行计算:

$$\Delta_u = \frac{1}{3} H^2 \times \Phi_y + \left(H - \frac{L_p}{2}\right) \times \theta_u \tag{4-25}$$

式中:H——悬臂墩的高度或塑性铰截面到反弯点的距离(cm);

Φ_y——截面的等效屈服曲率(cm^{-1});

θ_u——塑性铰区域的最大容许转角;

L_p——等效塑性铰长度(cm),计算方法见《规范》第 7.4.4 条。

容许位移 Δ_u 包括弹性位移 Δ_y 和塑性位移两部分,对于弹性位移作出如下式的推导:

$$\Delta_y = \int_0^H \int_0^x \left(1 - \frac{z}{H}\right) \Phi_y \mathrm{d}z \mathrm{d}x = \frac{1}{3} H^2 \Phi_y \tag{4-26}$$

生成 CDN 模型后,在 CDN 中选择【JTG/T 2231-01—2020】,在设置中选择相应的桥梁类型与地震作用,验算结构变形选择 E2 地震作用,如图 4-39 所示,需注意此时 MIDAS/Civil 与 CDN 中地震荷载需一致。

图 4-39 CDN 屈服判断设计选项

在 E2 地震中判断桥墩屈服,在确定桥墩屈服后再进行变形的验算,若未屈服则无须验算。桥墩屈服后即桥墩刚度降低需要在模型中考虑桥墩的刚度折减:

$$E_c \times I_{eff} = \frac{M_y}{\Phi_y} \tag{4-27}$$

式中:E_c——桥墩弹性模量(kN/m^2);

I_{eff}——桥墩有效截面抗弯惯性矩(m^4);

M_y——等效屈服弯矩($kN \cdot m$);

Φ_y——等效屈服弯矩($1/m$)。

所以,应用第 4.3.4 节所述 P-M-Φ 曲线的定义计算确定屈服(理想化)弯矩与曲率后,计算 I_{eff} 后确定桥墩刚度折减系数,再在 MIDAS/Civil 中的【特性】选项卡→【截面特性管理器】→【刚度】,调整为计算出的折减系数值,如图 4-40 所示。需注意,因为刚度调整系数需要在施工过程中激活,所以设置刚度调整系数注意设置边界组。

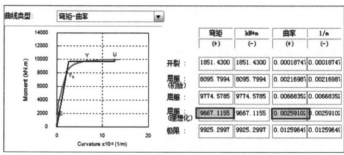

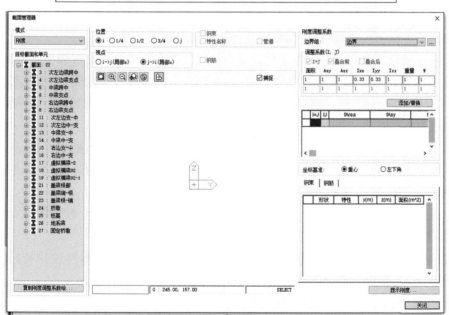

图 4-40 MIDAS 桥墩刚度折减

将调整完刚度折减系数后的 MIDAS/Civil 模型重新运行并更新到 CDN 模型中,设置选项中勾选桥墩墩顶位移(规则桥梁),选择验算的桥墩构件进行运行,生成计算书获取容许位移计算结果。

4.5.2 双柱墩的容许位移

双柱墩、排架墩,其横桥向的容许位移可在盖梁处施加水平力 F(图4-41),进行非线性静力分析,当墩柱的任一塑性铰达到其最大容许转角时,盖梁处的横向水平位移即为容许位移。

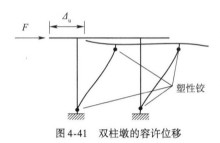

图4-41 双柱墩的容许位移

其中,塑性铰区域的最大容许转角应根据极限破坏状态的曲率能力,应按下式计算:

$$\theta_u = L_p(\Phi_u - \Phi_y)/K_{ds} \tag{4-28}$$

式中:Φ_u——极限破坏状态的曲率能力(cm^{-1});一般情况下,可按《规范》第7.4.8条计算;

K_{ds}——延性安全系数,可取2.0;

L_p——等效塑性铰长度(cm)。

双柱墩、排架墩的横桥向容许位移需要通过 Pushover 分析进行求解。

静力弹塑性分析的两个基本假定如下:

(1)结构的响应与某一等效的单自由度体系相关,也就是说结构的响应仅由第一振型控制。

(2)在整个地震反应过程中,结构的形状向量保持不变。

这两个假定都是没有理论依据的,但研究表明:对于反应主要由第一振型控制的结构,Pushover 分析方法可以比较准确、简便地评估结构的抗震性能。

Pushover 分析将动态问题近似简化为静态问题。此方法在结构分析模型上沿高度施加某种规定分布形式且逐渐增加的侧向力或侧向位移,构件如有开裂或屈服,修改其刚度,直至结构模型控制点达到目标位移或结构倾覆为止,得到结构的基底剪力-顶点位移能力谱曲线(也称能力曲线或 Pushover 曲线),据此评估结构的抗震能力。其中,目标位移一般指桥梁上部结构的形心位置在设计地震力作用下的最大变形。Pushover 分析前要经过一般设计方法先进行耐震设计,使结构满足小震不坏、中震可修的规范要求,然后再通过 Pushover 分析评价结构在大震作用下是否满足预先设定的目标性能:

(1)通过 Pushover 分析得到结构能力(谱)曲线。与需求谱曲线比较,判断结构是否能够找到性能点,从整体上满足设定的大震需求性能目标。

(2)在模拟结构地震反应不断加大的过程中,构件的破坏顺序(塑性铰开展)是否和概念设计预期相符,构件的变形是否超过构件某一性能水准下的允许变形。

1)通过静力弹塑性分析计算结构的能力(谱)曲线

Pushover 分析通过逐渐加大预先设定的荷载直到最大性能控制点位置,获得荷载-位移能力曲线(capacity curve)。多自由度的荷载-位移关系转换为使用单自由度体系的加速度-位移方式表现的能力谱(capacity spectrum)。

(1)结构计算模型。

建立结构的计算模型,模型中应考虑所有对结构刚度、质量、强度以及抗震性能有重要作用的构件。然后给结构加上重力荷载,重力荷载包括全部恒载和部分静载。

(2)加载方式。

静力弹塑性分析时所采用的水平侧力加载模式代表结构上地震惯性力的分布,水平侧力加载模式直接影响分析结果。水平侧力加载模式如图 4-42 所示,主要有均匀加载、倒三角形加载、抛物线加载和变振型加载。

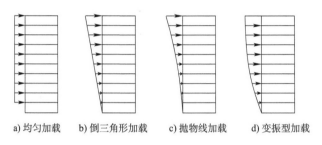

a) 均匀加载　　b) 倒三角形加载　　c) 抛物线加载　　d) 变振型加载

图 4-42　水平侧力加载模式

①均匀加载:适用于刚度与质量沿高度分布较均匀,且薄弱层为底层的结构。

②倒三角加载:适用于高度不大于 40m,以剪切变形为主且刚度与质量沿高度分布较均匀的结构。

③抛物线加载:可较好地反映结构高阶振型的影响。

④变振型加载:利用前一步加载获得的结构周期与振型,采用振型分解反应谱法确定结构的水平荷载。此方法考虑了地震过程中结构上惯性力的分布,比较合理但工作量大为增加。

(3)确定能力谱曲线。

①建立结构计算模型,将模型中的构件区分为主要构件和次要构件(主要构件是指主要承受侧向作用的构件,次要构件指在侧向作用下不起显著作用的构件)。

②选择某一分布模式侧向荷载,对结构进行推覆分析,得到基底剪力和顶部位移的关系曲线,即 Pushover 曲线。分析中同时应该包含重力荷载。

③将竖直与水平荷载进行组合,计算构件内力。

④调整水平力,使一些构件(或一组构件)的应力增量控制在其容许强度的 10% 以内。这些构件可能是受弯框架的连接件、支撑框架的压杆或者剪力墙。当达到它的容许强度时,这些构件被认为是无法再承担增加的水平荷载。因为结构中一般有很多这种构件,对每一个构件的屈服过程都进行分析既浪费时间也是没有必要的。所以在这种情况下,具有相同或相近屈服点的构件会被归于同一组。大多数结构在 10 步以内都可以分析完,很多简单的结构只需要 3~4 步就可以结束分析。

⑤记录基底剪力和顶点位移。记录弯矩和转角也是有效的,因为它们会在检查结构性能的时候会被用到。

⑥对屈服的构件采用零刚度(或很小的刚度)对模型进行修正。

⑦将施加新的增量后的水平力作用在修正后的结构上,直到另一根构件(或一组构件)屈服。在一个新增量开始和前一个增量结束的时候,单元上实际的力和转角应该是相等的,然而,水平荷载每一次增量施加的过程都是一个从零初始状态开始的独立分析。因此,为确定下一个构件何时屈服,需要将现有分析中的力加到前面所有分析产生的力的总和上去。类似地,为了确定单元的转角,也需要将现有分析中的转角数值与以前分析中的转角数值进行叠加。

⑧将水平荷载和相应的顶点位移的增量与所有前面分析产生的数值进行叠加后,给出基底剪力和顶点位移的累计值。

⑨重复第⑤、⑥步,直至结构达到最终极限状态。如:由于 $P\text{-}\Delta$ 效应导致结构失稳;扭曲在相当程度上超过预计的性能水准;一个单元(或一组单元)的侧向变形达到某一数值时,开始发生明显的强度退化;或者是某一构件(或一组构件)的侧向变形达到某一数值时,导致结构失去重力承载能力,即结构达到最终极限状态。

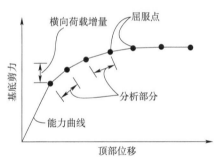

图 4-43 能力曲线

⑩精确模拟整体的强度退化。如果结构在第 10 步达到了侧向变形极限,便停止加载,此时会有一个或者一组构件已经无法继续承担大部分或所有的荷载,即其强度已明显退化,然后这根(批)构件的刚度会减小,或者消失。从第 10 步开始再建立新的能力曲线。建立尽可能多的 Pushover 曲线(图 4-43),可以更充分地表现强度丧失的全过程。

⑪将 Pushover 能力曲线转化为能力谱曲线,如图 4-44 所示。

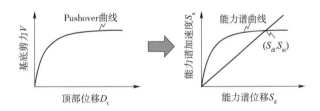

图 4-44 转化为能力谱曲线

2)通过反应谱曲线计算结构的需求(谱)曲线

(1)以 ATC-40 为代表的 CSM(Capacity Spectrum Method)方法,对弹性反应谱进行修正。

(2)以 FEMA356 为代表的 NSP(Nonlinear Static Procedure)方法,直接利用各种系数对弹性反应谱的计算位移值进行调整。

通过反应谱曲线计算结构需求(谱)曲线的核心问题是确定结构在预定水平地震作用下的反应,即需求(谱)计算方法。

由抗震规范地震影响系数曲线得到需求谱曲线:

$$D = \frac{T_n^2}{4\pi^2} A \tag{4-29}$$

式中：T_n——结构自振周期；

D——谱位移；

A——谱加速度。

3）确定结构性能点

通过比较能力谱和需求谱，得到一个交点——性能点。性能点的状况决定着结构的性能水平(性能点表示结构地震作用下的真实反应)。

性能点的位置必须满足以下两个条件：

(1)该点必须位于能力谱曲线上以表示产生该位移的结构.

(2)该点必须位于由5%设计弹性阻尼谱折减的需求谱曲线上，以表示该位移的非线性需求。

性能点需要通过试错法确定，性能点的确定如图4-45所示。

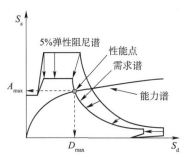

图4-45 性能点的确定

4）结构性能状况判定

利用性能点坐标，能够得到结构在用需求曲线表征的地震作用下结构底部剪力和位移，通过比较结构在性能点的行为与预先定义的容许准则，判断设计目标是否达到。比如性能点状态下结构顶点位移、层间位移角以及构件局部变形是否满足《规范》的限制。

(1)Pushover分析可大致预测结构在横向力作用下的行为,得到结构构件开裂→屈服→弹塑性→承载力下降的全过程,得到杆端出现塑性铰的顺序、塑性铰的分布和结构的薄弱环节。

(2)Pushover分析可得到结构的基底剪力-顶点位移曲线、层剪力-层间位移曲线,即能力曲线。这些曲线从总体上反映了结构抵抗横向力的能力。在基于性能的设计中,可利用这些量来验证结构是否满足承载力要求。如果不满足承载力要求,新建筑要修改设计,现有建筑要加固。

(3)以顶点位移作为目标位移时,能力谱曲线和目标谱曲线(考虑了弹塑性、附加了等效阻尼比)的交点即为目标位移估计值,判断目标位移值是否超过允许值。

(4)确定在目标位移时杆端塑性转角的大小,甚至杆端截面混凝土极限压应变的大小,从而确定对杆端塑性铰区的约束要求(国内软件尚未给出该功能)。

(5)Pushover分析得到的层剪力-层位移曲线即为该结构层间滞回曲线的骨架曲线。

将 MIDAS/Civil 中需要验算的双柱墩模型单独提取出，如图4-46a)所示，并读取支座的恒载反力，添加到双柱墩模型的相应位置上并定义到自重静力荷载工况中。为了进行 Pushover 分析，在盖梁中心点施加一横向力，如图4-46b)所示，并将横向力添加到 push 静力荷载工况中。

在 MIDAS/Civil 中运行模型，在后处理 🔒🔒 模块中选择【Pushover 选项卡】→【整体控制】→【Pushover 主控数据】，选择考虑初始荷载的非线性分析并将自重荷载工况添加到主控数据中，如图4-47所示。

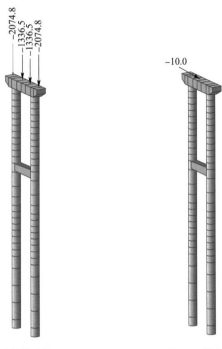

a) 恒载反力　　　　b) Pushover 横向力

图 4-46　Pushover 双柱墩模型(单位:kN)

图 4-47　Pushover 主控数据

选择【Pushover 荷载工况】→【添加】，选择使用初始荷载应用位移控制，位移控制的主节点号为盖梁的中心节点，将定义的 push 静力工况添加到 Pushover 荷载工况中，定义界面如图 4-48 所示。

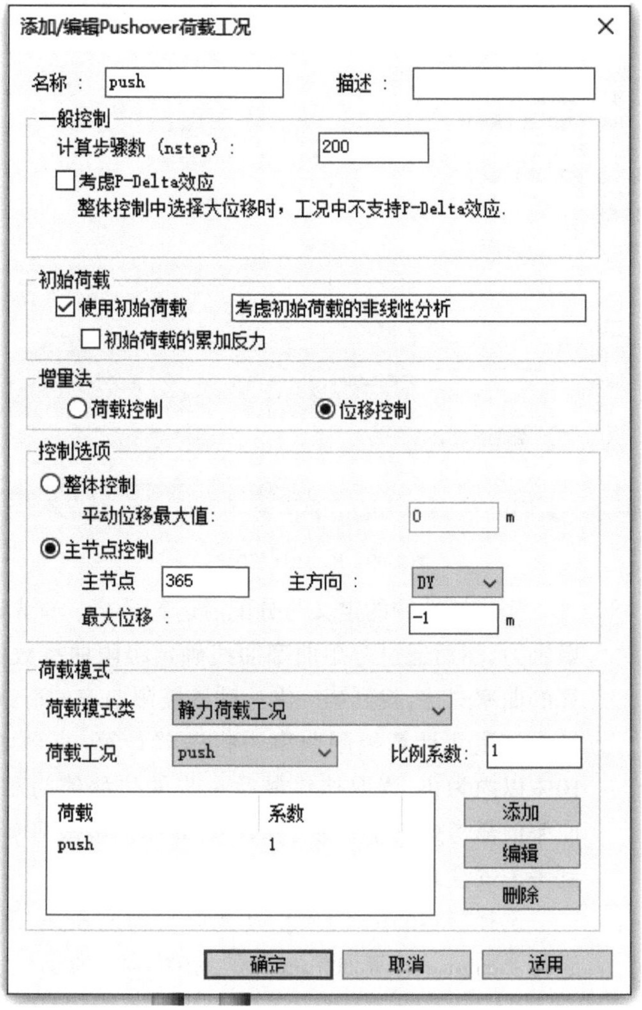

图 4-48 Pushover 主控数据

选择【Pushover 铰特性】→【定义 Pushover 铰特性值】→【添加】，选择 M-Φ 分布铰，交互类型选择状态 P-M。Pushover 的铰特性中，集中铰输出转角结果，分布铰输出曲率结果。交互类型中"无"需要用户自己定义弯矩和曲率的非线性关系，"P-M"是通过屈服面确定弯矩曲率的非线性关系，"P-M-M"是通过三轴屈服球确定非线性关系。此处选择"P-M"，程序这里仅定义屈服面的定义规则，分配特性铰后，程序会根据这里的规则和程序的配筋情况计算最终的铰特性值，如图 4-49 所示。

选择【Pushover 铰特性】→【分配 Pushover 铰特性值】→【添加】，选择需要添加塑性铰的单元与对应的铰特性值类型(图 4-50)，点击【适用】。

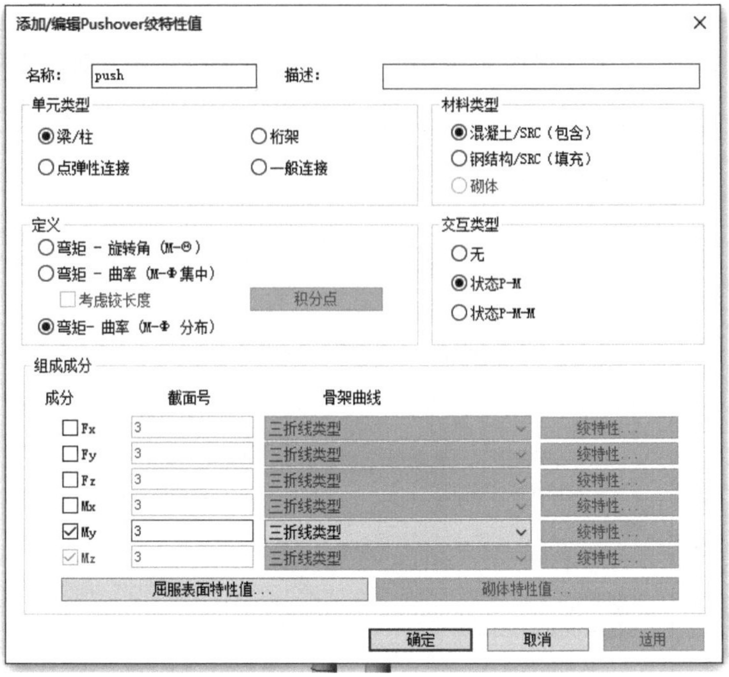

图 4-49 Pushover 铰特性

图 4-50 分配 Pushover 塑性铰

完成塑性铰的定义与分配后运行分析。首先确定荷载作用下桥墩轴力,然后通过弯矩曲率曲线确定极限曲率数值并和 Pushover 计算的曲率对比,找到第一次达到该极限曲率的荷载步,读取这一步的轴力值重新计算极限曲率进行迭代计算,直到两次轴力值相差在 10% 以内为止,读取迭代最后一步的位移值为双柱墩的容许位移。曲率值需考虑安全系数 2,即在计算出的极限曲率的基础上除以 2 得到考虑安全系数的曲率值。

选择【Pushover 结果】→【变形】,勾选 push 工况与全部的荷载步进行 Pushover 计算曲率的查看,如图 4-51 所示。

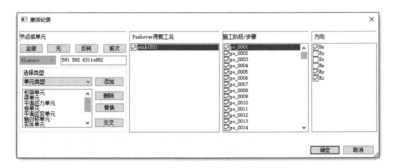

图 4-51 Pushover 变形查看

选择【Pushover 内力】→【梁单元内力图】,可以查看任意步骤的内力,如图 4-52 所示。

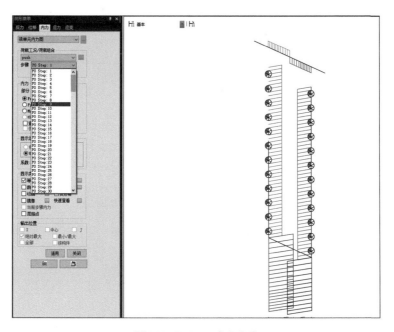

图 4-52 Pushover 内力查看

第 5 章
Chapter Five

规则梁桥抗震设计验算

《规范》根据桥梁结构的跨数、几何形状、质量分布、刚度分布以及桥址的地质条件对规则桥梁和非规则桥梁进行了区分,规则桥梁的地震反应以一阶振型为主。按照《规范》中规定的反应谱法对其地震反应进行计算分析,并对其抗震性能进行验算。

5.1 工程概况与地震动输入

5.1.1 工程概况

本章选取的规则桥梁桥跨布置为 3×30m,桥型布置如图 5-1 所示。上部结构采用装配式预应力混凝土小箱梁,下部结构采用双肢墩,横断面图如图 5-2 所示,桥墩构造如图 5-3 所示,基础布置图如图 5-4 所示。

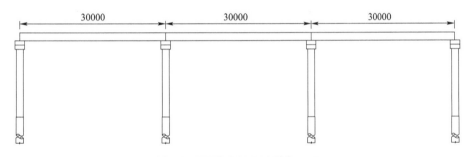

图 5-1 桥型布置图(尺寸单位:mm)

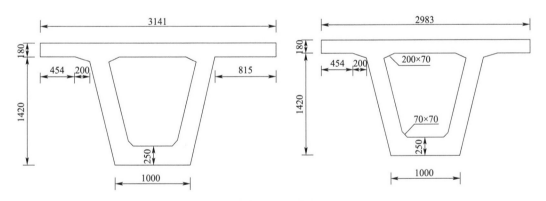

图 5-2 横断面图(尺寸单位:mm)

桥梁设置板式橡胶支座,桥墩墩高为 13.697m、13.697m、13.351m、12.897m,箍筋配筋率为 1.27%,桩基采用直径 1.6m 的钻孔灌注桩桩长 30m,箍筋配筋率为 0.98%。上部结构采用 C50 混凝土,桥墩和基础采用 C30 混凝土,二期恒载换算成线质量为 7.88t/m。根据《公路钢筋混凝土及预应力混凝土桥涵设计规范》(JTG 3362—2018),可以得到所用钢筋和混凝土材料的特性,见表 5-1。

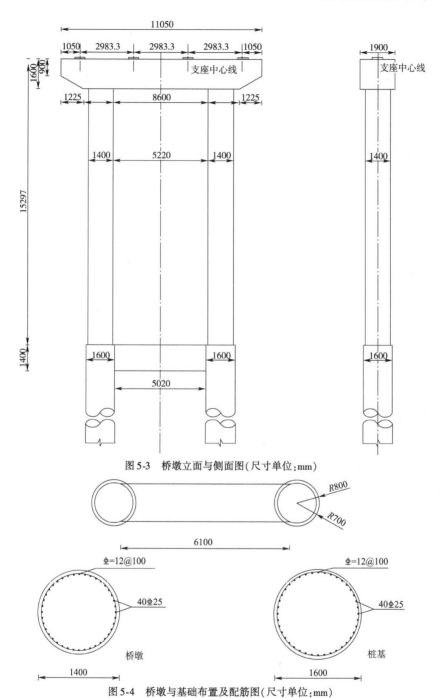

图 5-3 桥墩立面与侧面图(尺寸单位:mm)

图 5-4 桥墩与基础布置及配筋图(尺寸单位:mm)

混凝土和钢筋材料特性表　　　　　　　　　　　　　　　　　　　表 5-1

材料	强度标准值(MPa)	强度设计值(MPa)	弹性模量(MPa)
C30 混凝土	20.1	13.8	3.00×10^4
C50 混凝土	32.4	22.4	3.45×10^4
HRB400 普通钢筋	400	330	2.00×10^5

5.1.2 地震动输入

根据《规范》第3.1.1条规定,该桥为某一级公路上的桥梁且单跨跨径不超过150m,选用桥梁抗震类别为B类。根据《中国地震动参数区划图》(GB 18306—2015),桥址区域抗震设防烈度为Ⅷ度,设计基本加速度峰值$A=0.30g$,地震分区为Ⅰ区,该场地类别为Ⅱ类场地,设计加速度反应谱的特征周期$T_g=0.40s$。根据《规范》第3.1.3条规定,B类桥梁在抗震设防烈度Ⅷ度加速度峰值$0.30g$时,桥梁抗震措施等级为四级。

根据《规范》第5.1.2条规定,一般条件下,公路桥梁可只考虑水平向地震作用,直线桥可分别考虑顺桥向X和横桥向Y的地震作用。

根据《规范》第5.2.1条规定,设计加速度反应谱$S(T)$由本书第1.2.2节中的式(1-1)计算确定。

设计加速度反应谱最大值S_{max}按本书第3.4.1节的方法确定。

设计加速度反应谱最大值S_{max}计算式中的阻尼调整系数C_d按本书第3.4.1节的方法确定。

根据《规范》第3.1.3条规定,B类桥梁E1和E2地震作用下的桥梁抗震重要性系数C_i分别取0.43和1.30。

根据《规范》第5.2.2条规定,Ⅱ类场地,抗震设防烈度Ⅷ度,水平向和竖向场地系数C_s分别为1.00和0.70。

根据《规范》第5.2.3条规定,设计加速度反应谱特征周期T_g应根据场地类别调整,水平向和竖向分量特征周期应分别按《规范》中表5.2.3.1和表5.2.3.2取值。Ⅱ类场地,水平向和竖向设计加速度反应谱的特征周期T_g分别调整为0.40s和0.30s。

水平向地震作用下,对于E1地震作用,$S_{max}=2.5\times0.43\times1.00\times1.00\times0.3g=0.3225g$;对于E2地震作用,$S_{max}=2.5\times1.30\times1.00\times1.00\times0.3g=0.975g$。则E1地震作用和E2地震作用下的水平加速度反应谱如图5-5所示。

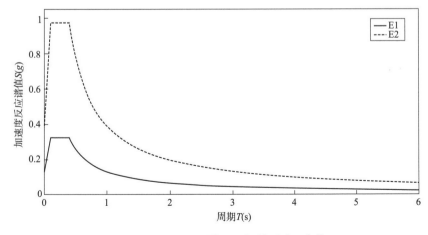

图5-5 E1和E2地震作用下水平加速度反应谱

5.2 计算模型与动力特性

根据《规范》第 6.1.3 条关于规则桥与非规则桥的划分原则,该计算桥梁属于规则连续梁桥,可按《规范》第 6.6 节进行 E1 和 E2 地震作用下结构的内力和变形计算。

5.2.1 计算模型

首先按《规范》第 6.2 节的要求利用 MIDAS/Civil 2020 建立有限元计算模型,其中包括模型中上部构建、支座连接条件、桥墩及基础刚度模拟。

1)主梁、盖梁和桥墩模拟

主梁、盖梁和桥墩采用空间梁单元模拟。上部结构混凝土强度等级 C50,弹性模量为 $3.45 \times 10^4 \text{MPa}$,桥墩、盖梁混凝土强度等级为 C30,弹性模量为 $3.00 \times 10^4 \text{MPa}$,主梁、盖梁和桥墩的毛截面特性见表 5-2。

主梁、盖梁和桥墩的毛截面特性表　　　　表 5-2

截面类型	面积(m^2)	$J(m^4)$	$I_{yy}(m^4)$	$I_{zz}(m^4)$
中梁跨中	1.20	4.44	3.77	6.02
中梁支点	1.41	5.08	4.31	6.44
边梁跨中	1.25	4.46	3.86	6.98
边梁支点	1.46	5.10	4.43	7.41
盖梁	3.04	1.28	6.49	9.15
桥墩	1.54	3.77	0.19	1.89
系梁	1.82	4.63	2.97	2.56
桩基	2.01	6.43	3.22	3.22

注:J-抗扭惯性矩;I_{yy}-对单元局部坐标系 y 轴的惯性矩;I_{zz}-对单元局部坐标系 z 轴的惯性矩。

2)支座连接条件模拟

在建立计算模型时,在地震作用下,梁体与桥墩在水平横向为刚性连接。支座布置形式和连接条件如图 5-6 所示。

图 5-6 支座布置图

板式橡胶支座的水平刚度可采用线性弹簧单元模拟,单个支座的竖向压缩刚度 SD_x 按照《公路桥梁板式橡胶支座》(JT/T 4—2019)规定计算:

$$SD_x = \frac{EA_e}{\sum t} \tag{5-1}$$

式中:A_e——有效承压面积;

E——计算用橡胶支座抗压弹性模量,$E = E_e E_b/(E_e + E_b)$;

E_b——橡胶弹性体体积模量,一般取为2000MPa;

E_e——支座抗压弹性模量,$E_e = 5.4GS^2$;

G——支座抗剪弹性模量,G 数值与地区气候环境有关,取值见表5-3。

S——支座形状系数,矩形和圆形计算公式分别为 $S = l_{0a}l_{0b}/[2t_1(l_{0a}+l_{0b})]$ 和 $S = d_0/(4t_1)$,其中 l_{0a}、l_{0b}、d_0 分别为矩形加劲钢板短边和长边尺寸、加劲圆形钢板直径(mm),t_1 为支座中间单层橡胶片厚度(mm);

$\sum t$——板式橡胶支座橡胶层的总厚度(m)。

支座抗剪弹性模量 G　　表5-3

环境(温度)	G	常温	1.0MPa
寒冷地区	1.2MPa	严寒地区	1.5MPa
温度低于-25℃	2.0MPa		

线弹簧的刚度取板式橡胶的剪切刚度,单个板式橡胶支座的剪切刚度 SD_y 和 SD_z(kN/m)根据《规范》第6.2.7条的规定计算:

$$SD_y = SD_z = \frac{G_d A_r}{\sum t} \quad (5-2)$$

式中:G_d——板式橡胶支座的动剪切模量(kN/m²),一般取1200kN/m²;

A_r——橡胶支座的剪切面积(m²),$A_r = kA_e$,k 为形状系数,圆形取0.9,矩形取5/6;

$\sum t$——板式橡胶支座橡胶层的总厚度(m)。

本章算例以桥梁结构上部恒载所产生的支座反力为依据选取支座,P2 和 P3 号墩采用GJZ400×550×69普通板式橡胶支座,竖向压缩刚度 SD_x 和剪切刚度 SD_y 和 SD_z 计算如下:

支座形状系数:$S = \dfrac{l_{0a}l_{0b}}{2t_1(l_{0a}+l_{0b})} = \dfrac{390 \times 540}{2 \times 11 \times (390+540)} = 10.29$;

支座抗压弹性模量:$E_e = 5.4GS^2 = 5.4 \times 1.0 \times 10.29^2 = 571.77(\text{MPa})$;

计算抗压弹性模量:$E = \dfrac{E_e E_b}{E_e + E_b} = \dfrac{571.77 \times 2000}{571.77 + 2000} = 444.65(\text{MPa})$;

支座剪切面积:$A_r = kA_e = 5/6 \times 390 \times 540 = 175500(\text{mm}^2)$。

$$SD_x = \frac{EA_e}{\sum t} = \frac{444.65 \times 390 \times 540}{49} = 1911087.55(\text{kN/m})$$

$$SD_y = SD_z = \frac{G_d A_r}{\sum t} = \frac{1.2 \times 175500}{49} = 4297.96(\text{kN/m})$$

P1 和 P4 号墩采用GJZ300×300×41普通板式橡胶支座,竖向压缩刚度 SD_x 和剪切刚度 SD_y 和 SD_z 计算如下:

支座形状系数:$S = \dfrac{l_{0a}l_{0b}}{2t_1(l_{0a}+l_{0b})} = \dfrac{290 \times 290}{2 \times 8 \times (290+290)} = 9.0625$;

支座抗压弹性模量:$E_e = 5.4GS^2 = 5.4 \times 1.0 \times 9.0625^2 = 443.50\,(\text{MPa})$;

计算抗压弹性模量:$E = \dfrac{E_e E_b}{E_e + E_b} = \dfrac{443.50 \times 2000}{443.50 + 2000} = 363.00\,(\text{MPa})$;

支座剪切面积:$A_r = kA_e = 5/6 \times 290 \times 290 = 70083.33\,(\text{mm}^2)$。

$$\text{SD}_x = \dfrac{EA_e}{\sum t} = \dfrac{363.00 \times 290 \times 290}{29} = 1052700.0\,(\text{kN/m})$$

$$\text{SD}_y = \text{SD}_z = \dfrac{G_d A_r}{\sum t} = \dfrac{1.2 \times 70083.33}{29} = 2900.00\,(\text{kN/m})$$

支座连接条件在 MIDAS/Civil 2020 中应用弹性连接并考虑支座刚度,经计算,具体支座刚度参数见表 5-4。

支座连接条件表　　　　　表 5-4

桥墩位置	SD$_x$(kN/m)	SD$_y$(kN/m)	SD$_z$(kN/m)	SR$_x$	SR$_x$	SR$_z$
P1、P4	1052700.0	2900.0	2900.0	0.0	0.0	0.0
P2、P3	1911087.6	4298.0	4298.0	0.0	0.0	0.0

注:SD$_x$-沿单元局部坐标系 x 轴的方向刚度;SD$_y$-沿单元局部坐标系 y 轴的方向刚度;SD$_z$-沿单元局部坐标系 z 轴的方向刚度。

3)桩基础刚度模拟

假设墩底承台为刚性模拟为固结。桩侧土通过土弹簧模拟,根据土层状况和布置形式按"m"法计算,将桩沿竖向按土层深度划分为 17 个单元,在单元节点处添加节点弹性支撑并模拟刚度,桩侧弹簧刚度模拟如图 5-7 所示。

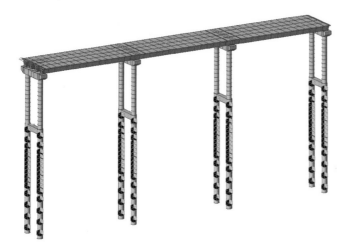

位置	SD$_x$ (×10^{5}kN/m)	SD$_y$ (×10^{5}kN/m)
1	1.1707	1.1707
2	2.7778	2.7778
3	4.0196	4.0196
4	1.8976	1.8976
5	2.1820	2.1820
6	2.4663	2.4663
7	2.7507	2.7507
8	3.0350	3.0350
9	3.3193	3.3193
10	3.6037	3.6037
11	3.8880	3.8880
12	7.5800	7.5800
13	127.63	127.63
14	148.30	148.30
15	168.96	168.96
16	189.62	189.62

图 5-7　MIDAS 有限元模型及桩侧土弹簧及刚度模拟

5.2.2　动力特性

多重 Ritz 向量法所有振型都是对称的(荷载作用是对称的),因为它考虑了空间荷载分布状态及动力贡献,忽略了所有反对称振型。对于反对称振型,其并不是由荷载激发的,荷载在这些振型的动力贡献为零。进行反应谱分析时较好的方法是采用多重 Ritz 向量法。依据《规范》第 6.3.3 条,采用多振型反应谱法计算时,所考虑的振型阶数应保证在计算方向的质量参与系数在 90% 以上。经计算当达到 60 阶模态时满足《规范》要求。采用毛截面计算出的结构前 6 阶自振周期与振型见表 5-5 和图 5-8。

结构自振周期与振型特征(毛截面)　　　　　　　表 5-5

阶数	频率(Hz)	周期(s)	振型特征
1	0.424	2.360	顺桥向
2	0.700	1.428	横桥向
3	0.850	1.176	横桥向
4	1.959	0.510	顺桥向
5	2.025	0.494	顺桥向
6	2.254	0.444	顺桥向

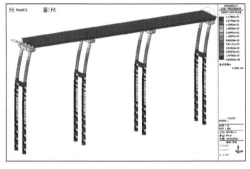
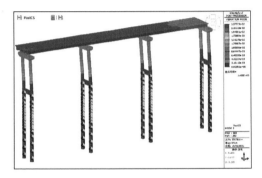
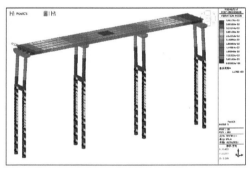
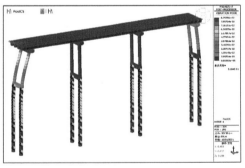
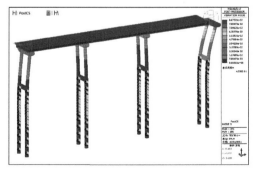
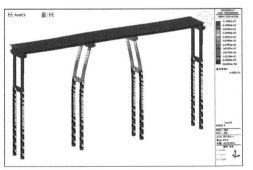

图 5-8　桥梁结构振型图(毛截面)

5.3 E1 地震作用下地震反应分析与抗震验算

5.3.1 地震反应分析

E1 地震作用下,基于前文建立的空间动力计算模型,对桥梁结构进行反应谱分析,计算桥梁结构内力和变形。

1) 恒荷载作用

图 5-9 为桥梁结构在恒荷载作用下的变形图和内力图。

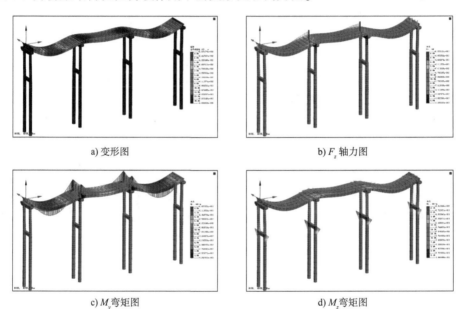

a) 变形图　　　　　　　　　　　b) F_z 轴力图

c) M_y 弯矩图　　　　　　　　　d) M_z 弯矩图

图 5-9　恒荷载响应

表 5-6 为 P1~P4 桥墩在恒荷载作用下墩底关键截面的内力。

恒荷载作用下墩底关键截面内力表　　　　表 5-6

墩名	轴力(kN)	F_y(kN)	F_z(kN)	M_y(kN·m)	M_z(kN·m)
P1 右肢	-2224.8	-5.3	4.8	-72.8	44.1
P1 左肢	-2224.8	-5.3	4.8	-72.8	-44.1
P2 右肢	-4375.4	-1.1	-1.4	20.6	-17.8
P2 左肢	-4375.4	-1.1	-1.4	20.6	17.8
P3 右肢	-4361.9	-1.2	1.6	-23.8	-18.3
P3 左肢	-4361.9	-1.2	1.6	-23.8	18.3

续上表

墩名	轴力(kN)	F_y(kN)	F_z(kN)	M_y(kN·m)	M_z(kN·m)
P4 右肢	-2192.7	-5.9	-5.0	72.5	-46.0
P4 左肢	-2192.7	-5.9	-5.0	72.5	46.0

2)顺桥向地震作用

图 5-10 为顺桥向地震作用下,采用反应谱法计算的桥梁结构变形图和内力图。

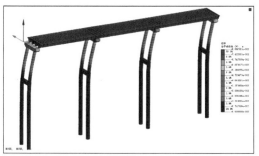

a) 变形图

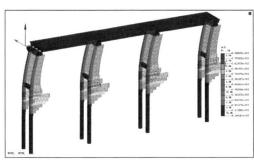

b) F_z 轴力图

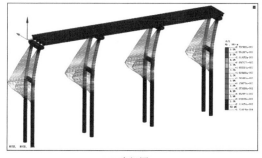

c) M_y 弯矩图

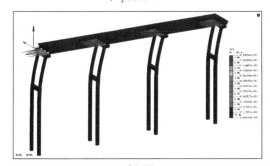

d) M_z 弯矩图

图 5-10 顺桥向地震反应

表 5-7 为顺桥向地震作用下,采用反应谱法计算的 P1~P4 桥墩墩底关键截面内力。

顺桥向地震作用下墩底关键截面内力表   表 5-7

墩名	轴力(kN)	F_y(kN)	F_z(kN)	M_y(kN·m)	M_z(kN·m)
P1 右肢	11.1	0.0	163.8	2244.2	0.1
P1 左肢	11.1	0.0	163.8	2244.2	0.1
P2 右肢	6.3	0.1	177.0	2450.6	0.2
P2 左肢	6.3	0.1	177.0	2450.6	0.2
P3 右肢	6.8	0.0	182.7	2495.0	0.1
P3 左肢	6.8	0.0	182.7	2495.0	0.1
P4 右肢	11.8	0.0	174.4	2314.3	0.1
P4 左肢	11.8	0.0	174.4	2314.3	0.1

3) 横桥向地震作用

图 5-11 为横桥向地震作用下,采用反应谱法计算的桥梁结构变形图和内力图。

a) 变形图

b) F_z 轴力图

c) M_y 弯矩图

d) M_z 弯矩图

图 5-11 横桥向地震反应

表 5-8 为横桥向地震作用下,采用反应谱法计算的 P1~P4 桥墩墩底关键截面内力。

横桥向地震作用下墩底关键截面内力表　　　　表 5-8

墩名	轴力(kN)	F_y(kN)	F_z(kN)	M_y(kN·m)	M_z(kN·m)
P1 右肢	663.7	262.1	0.6	3.1	1687.6
P1 左肢	663.7	262.1	0.6	3.1	1687.6
P2 右肢	859.9	308.2	1.1	4.8	2019.6
P2 左肢	859.9	308.2	1.1	4.8	2019.6
P3 右肢	834.8	303.1	1.3	6.1	1935.8
P3 左肢	834.8	303.1	1.3	6.1	1935.8
P4 右肢	599.6	244.9	1.1	5.6	1482.4
P4 左肢	599.6	244.9	1.1	5.6	1482.4

5.3.2 桥墩强度验算

按照《规范》第 6.1.2 条规定,规则桥梁在 E1 地震作用下,需要按照《规范》第 7.2 节和第 7.3 节进行桥墩强度验算。

《规范》第 7.3.1 条规定,顺桥向和横桥向 E1 地震作用效应和永久作用效应组合后,应按现行《规范》相关规定验算桥墩的强度。根据两水准抗震设防要求,在E1地震作用下要求结构保持弹性,基本无损伤,E1地震作用效应和自重荷载效应组合后,按现行《规范》有关偏心受压构件的规定进行验算。

1)地震作用效应组合

根据《规范》第5.1.3条规定,采用反应谱法或功率谱法同时考虑三个正交方向(水平向X、水平向Y和竖向Z)的地震作用时,可分别单独计算X向地震作用在i计算方向产生的最大效应E_{iX}、Y地震作用在i计算方向产生的最大效应E_{iY}和Z地震作用在i计算方向产生的最大效应E_{iZ}。在i计算方向总的设计最大地震作用效应表示为:

$$E_i = \sqrt{E_{iX}^2 + E_{iY}^2 + E_{iZ}^2} \tag{5-3}$$

对于不需要考虑竖向地震作用的情况,按照竖向地震作用效应为0处理。图5-12和表5-9分别给出了设计最大地震作用效应内力图和墩底关键截面内力。

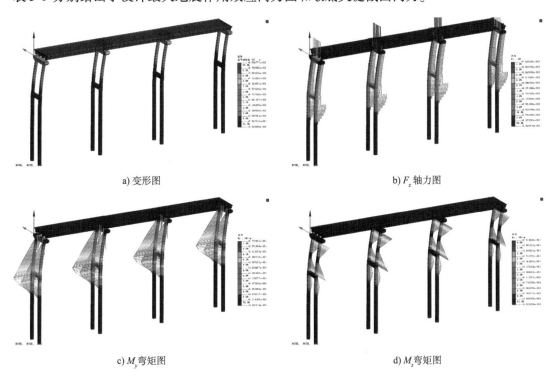

a) 变形图　　　　　　　　　　　　b) F_z 轴力图

c) M_y 弯矩图　　　　　　　　　　d) M_z 弯矩图

图5-12　设计最大地震作用效应内力图

设计最大地震作用效应墩底关键截面内力　　表5-9

墩名	轴力(kN)	F_y(kN)	F_z(kN)	M_y(kN·m)	M_z(kN·m)
P1 右肢	663.8	262.1	163.8	2244.2	1687.6
P1 左肢	663.8	262.1	163.8	2244.2	1687.6
P2 右肢	859.9	308.2	177.0	2450.6	2019.6
P2 左肢	859.9	308.2	177.0	2450.6	2019.6
P3 右肢	834.8	303.1	182.7	2495.0	1935.8

续上表

墩名	轴力(kN)	F_y(kN)	F_z(kN)	M_y(kN·m)	M_z(kN·m)
P3 左肢	834.8	303.1	182.7	2495.0	1935.8
P4 右肢	599.7	244.9	174.4	2314.3	1482.4
P4 左肢	599.7	244.9	174.4	2314.3	1482.4

2)荷载和设计最大地震作用效应组合

P1～P4 墩的恒荷载 + 设计最大地震作用效应组合的变形和内力如图 5-13、图 5-14 所示,桥墩墩底关键断面内力见表 5-10、表 5-11。

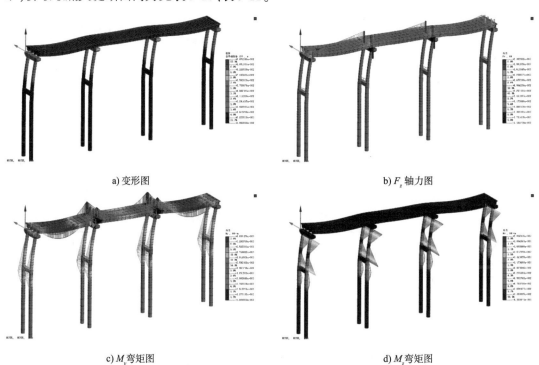

a) 变形图　　　　　　　　　　　　b) F_z 轴力图

c) M_y 弯矩图　　　　　　　　　　d) M_z 弯矩图

图 5-13　恒荷载 + 设计最大地震作用效应组合变形和内力

恒载 + 地震反应组合各桥墩关键截面内力　　　　表 5-10

墩名	轴力(kN)	F_y(kN)	F_z(kN)	M_y(kN·m)	M_z(kN·m)
P1 右肢	-1561.1	256.8	168.5	2171.4	1731.7
P1 左肢	-1561.1	267.4	168.5	2171.4	1643.5
P2 右肢	-3515.5	307.0	175.6	2471.2	2001.8
P2 左肢	-3515.5	309.3	175.6	2471.2	2037.4
P3 右肢	-3527.1	301.9	184.3	2471.2	1917.5
P3 左肢	-3527.1	304.2	184.3	2471.2	1954.0
P4 右肢	-1593.0	250.8	169.4	2386.8	1436.4
P4 左肢	-1593.0	239.1	169.4	2386.8	1528.3

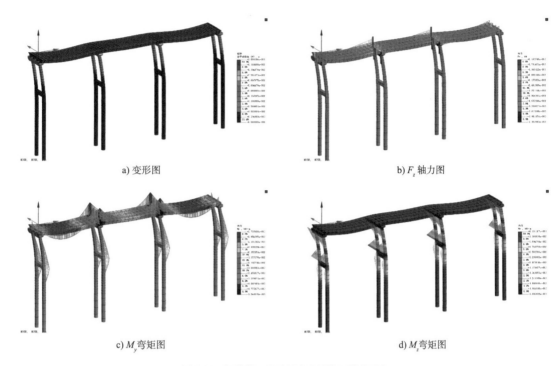

a) 变形图　　　　　　　　　　　　b) F_z 轴力图

c) M_y 弯矩图　　　　　　　　　　d) M_z 弯矩图

图 5-14　恒荷载 + 设计最大地震作用效应组合

恒载-地震反应组合各桥墩关键截面内力　　　　　　　　　　表 5-11

墩名	轴力(kN)	F_y(kN)	F_z(kN)	M_y(kN·m)	M_z(kN·m)
P1 右肢	-2888.6	-267.4	-159.0	-2316.9	-1643.5
P1 左肢	-2888.6	-256.8	-159.0	-2316.9	-1731.7
P2 右肢	-5235.3	-309.3	-178.3	-2430.0	-2037.4
P2 左肢	-5235.3	-307.0	-178.3	-2430.0	-2001.8
P3 右肢	-5196.8	-304.2	-181.1	-2518.8	-1954.0
P3 左肢	-5196.8	-301.9	-181.1	-2518.8	-1917.5
P4 右肢	-2792.4	-239.1	-179.4	-2241.8	-1528.3
P4 左肢	-2792.4	-250.8	-179.4	-2241.8	-1436.4

3) 桥墩强度验算

按《公路钢筋混凝土及预应力混凝土桥涵设计规范》(JTG 3362—2018)的规定,沿周边均匀配置纵向钢筋的圆形截面钢筋混凝土偏心受压构件,其正截面抗弯承载力表示为:

$$\left.\begin{array}{l}\gamma_0 N_d \leqslant Ar^2 f_{cd} + C\rho r^2 f'_{sd} \\ \gamma_0 N_d e_0 \leqslant Br^3 f_{cd} + D\rho r^3 f'_{sd}\end{array}\right\} \quad (5-4)$$

式中：e_0——轴向力的偏心距(m)，$e_0 = M_d/N_d$，应乘以偏心距增大系数 η;

A、B——有关混凝土承载力的计算系数;

C、D——有关纵向钢筋承载力的计算系数；

r——圆形截面的半径(m)；

ρ——纵向钢筋配筋率，$\rho = A_s / \pi r^2$；

f_{cd}——混凝土轴心抗压强度设计值；

f'_{sd}——纵向普通钢筋抗压强度设计值；

N_d——轴向压力设计值。

本章算例各桥墩关键截面的纵向钢筋配筋率 $\rho = 1.28\%$，验算工况分别为轴力 F_x 最小、偏心 F_x-min(M_y)、偏心 F_x-min(M_z)、偏心 M_y-max(F_x)、偏心 M_y-min(F_x)、偏心 M_z-max(F_x)、偏心 M_z-min(F_x) 共 7 个工况，MIDAS 软件按双向偏心-受压分别验算。

（1）对 P1 墩右肢进行正截面轴心抗压承载能力验算，最不利荷载组合情况下墩底的轴力验算值为：

$$\gamma_0 N_d = 1.0 \times 2888.6 = 2888.6(\text{kN})$$

根据《规范》规定，计算桥墩截面的抗力可以表示为：

$$N_n = 0.9\phi(f_{cd}A + f'_{sd}A'_s) = 0.90 \times 0.961 \times (13.8 \times 1539.4 + 330.0 \times 19.6) = 23971.6(\text{kN})$$

即 $\gamma_0 \times N_d \leq N_n$，故轴心受压满足验算要求。

（2）对 P1 墩右肢在 F_x-min(M_y) 工况的偏向受压验算，其中轴心力的偏心距 e_0 可以计算为：

$$e_0 = \frac{M_d}{N_d} = \frac{2316.9}{2888.6} = 0.802(\text{m})$$

由本章算例中 P1 桥墩长细比 $39.134 > 17.5$，偏心距增大系数 η 可以表示为：

$$\eta = 1 + \frac{1}{1300 \times \frac{e_0}{h_0}} \times \left(\frac{10}{h}\right)^2 \xi_1 \xi_2 = 1.114$$

$$\xi_1 = 0.2 + 2.7 e_0/h_0 = 1.816 > 1.0$$

$$\xi_2 = 1.15 - 0.01 \times 10/h = 1.052 > 1.0$$

P1 墩右肢在最不利荷载组合情况下，F_x-min(M_y) 工况的轴力和弯矩验算值分别为：

$$\gamma_0 N_d = 1.0 \times 2888.6 = 2888.6\text{kN}$$

$$\gamma_0 N_d \eta e_0 = 1.0 \times 2888.6 \times 1.114 \times 0.802 = 2581.6(\text{kN} \cdot \text{m})$$

参考《简明钢筋混凝土结构计算手册（第 2 版）》，P1 墩右肢的抗力可以表示为：

$$\left.\begin{aligned}\gamma_0 N_d &\leq \alpha f_{cd} A \left(1 - \frac{\sin 2\pi\alpha}{2\pi\alpha}\right) + (\alpha - \alpha_t) f_{sd} A_s \\ \gamma_0 N_d \eta e_0 &\leq \frac{2}{3} f_{cd} Ar \frac{\sin^3 \pi\alpha}{\pi} + f_{sd} A_s r_s \frac{\sin\pi\alpha + \sin\pi\alpha_t}{\pi}\end{aligned}\right\} \quad (5\text{-}5)$$

取 $\alpha = 0.4043$，$\alpha_t = 0.4413$，综上 $N_n = \min(N_{n1}, N_{n2}) = 5940.0\text{kN}$，即 $\gamma_0 \times N_d \leq N_n$，故偏心受压满足验算要求。

P1～P4 桥墩的轴心抗压和偏心抗压验算过程与上述步骤类似，本算例桥墩在 E1 地震作用效应和永久作用组合后，轴心抗压与偏心抗压验算见表 5-12。

顺桥向各桥墩关键截面抗弯承载能力验算表 表5-12

墩名	轴力(kN)	M_y(kN·m)	M_z(kN·m)	N_n(kN)	验算
P1 右肢	-2888.6	—	—	23971.6	OK
	-2888.6	-2316.9	—	5940.1	OK
	-2888.6	—	-1643.5	7923.5	OK
	-1561.1	2171.4	—	3336.8	OK
	-2888.6	-2316.9	—	5940.1	OK
	-1561.1	—	1731.7	4476.1	OK
	-2888.6	—	-1643.5	7923.5	OK
P1 左肢	-2888.6	—	—	23971.6	OK
	-2888.6	-2316.9	—	5940.1	OK
	-2888.6	—	-1731.7	8320.2	OK
	-1561.1	2171.4	—	3336.8	OK
	-2888.6	1643.5	—	5940.1	OK
	-1561.1	—	1643.5	4236.5	OK
	-2888.6	—	-1731.7	8320.2	OK
P2 右肢	-5235.3	—	—	24157.9	OK
	-5235.3	-2430.0	—	10105.6	OK
	-5235.3	—	-2037.4	11611.7	OK
	-3515.5	2471.2	—	6876.1	OK
	-5235.3	-2430.0	—	10105.6	OK
	-3515.5	—	2001.8	8438.3	OK
	-5235.3	—	-2037.4	11611.7	OK
P2 左肢	-5235.3	—	—	23971.6	OK
	-5235.3	-2430.0	—	9943.7	OK
	-5235.3	—	-2001.8	11592.8	OK
	-3515.5	2471.2	—	6787.7	OK
	-5235.3	-2430.0	—	9943.7	OK
	-3515.5	—	2037.4	8179.3	OK
	-5235.3	—	-2001.8	11592.8	OK
P3 右肢	-5196.8	—	—	24064.1	OK
	-5196.8	-2518.8	—	9667.8	OK
	-5196.8	—	-1954.0	11851.3	OK
	-3527.1	2471.2	—	6854.4	OK
	-5196.8	-2518.8	—	9667.8	OK
	-3527.1	—	1917.5	8740.0	OK
	-5196.8	—	-1954.0	11851.3	OK

续上表

墩名	轴力(kN)	M_y(kN·m)	M_z(kN·m)	N_n(kN)	验算
P3 左肢	-5196.8	—	—	24064.1	OK
	-5196.8	-2518.8	—	9667.8	OK
	-5196.8	—	-1917.5	12034.6	OK
	-3527.1	2471.2	—	6854.4	OK
	-5196.8	-2518.8	—	9667.8	OK
	-3527.1	—	1954.0	8590.9	OK
	-5196.8	—	-1917.5	12034.6	OK
P4 右肢	-2792.4	—	—	24185.4	OK
	-2792.4	-2241.8	—	6014.2	OK
	-2792.4	—	-1528.3	8771.5	OK
	-1593.0	2386.8	—	3107.9	OK
	-2792.4	-2241.8	—	6014.2	OK
	-1593.0	—	1436.4	5327.8	OK
	-2792.4	—	-1528.3	8771.5	OK
P4 左肢	-2792.4	—	—	24185.4	OK
	-2792.4	-2241.8	—	6014.2	OK
	-2792.4	—	-1436.4	9274.9	OK
	-1593.0	2386.8	—	3107.9	OK
	-2792.4	-2241.8	—	6014.2	OK
	-1593.0	—	1528.3	4990.7	OK
	-2792.4	—	-1436.4	9274.9	OK

利用 MIDAS/Civil Designer 进行结构验算,验算模型如图 5-15 所示。

图 5-15　桥梁结构验算模型图

图 5-16 给出了 P1~P4 桥墩在 E1 地震作用效应和永久作用组合后桥墩强度验算结果。从图 5-16 中可以看出,E1 地震作用下,P1~P4 桥墩处于弹性阶段。

图 5-16　E1 地震作用桥墩强度验算结果

5.4　E2 地震作用下地震反应分析与抗震验算

5.4.1　墩柱有效抗弯刚度分析

在 E2 地震作用下,首先假定桥梁结构仍处于弹性状态,按照前述 E1 地震作用下桥墩强度验算步骤,进行 E2 地震作用(弹性)验算。如果桥墩强度仍处于弹性状态,则不需要对有限元模型进行截面折减;否则,需要按照《规范》第 6.1.9 条对进入塑性的构件进行截面折减。

图 5-17 给出了 P1~P4 桥墩在 E2 地震作用(弹性)验算结果,从图中可以看出,E2 地震作用下,P1~P4 桥墩屈服,进入塑性阶段。

图 5-17　E2 地震作用(弹性)桥墩强度验算结果

在进行桥梁抗震分析时,E1 地震作用下,常规桥梁的所有构件抗弯刚度均应按全截面计算;采用等效线弹性方法计算时,延性构件的有效截面抗弯刚度应按《规范》第 6.1.9 条计算,但其他构件抗弯刚度仍应按全截面计算。

$$E_c I_{\text{eff}} = \frac{M_y}{\Phi_y} \tag{5-6}$$

式中:E_c——桥墩混凝土的弹性模量(MPa);

I_{eff}——桥墩有效截面的抗弯惯性矩(m^4);

M_y——等效屈服弯矩(kN·m);

Φ_y——等效屈服曲率(m^{-1})。

按《规范》附录 A,墩箍筋配筋率为 1.27%,根据轴压比大小,计算得到 P1~P4 桥墩墩底的 N-M-Φ 曲线。根据《规范》第 6.1.9 条,表 5-13 给出了各个桥墩等效屈服弯矩、等效屈服曲率和有效截面的抗弯惯性矩。

P1~P4 桥墩有效截面特性表　　　　表 5-13

墩名	M_y(kN/m)	Φ_y(m^{-1})	I_{yy}(m^4)	I_{zz}(m^4)	I_{yy}刚度比	I_{zz}刚度比
P1 右肢	5327.4	0.003035	0.058	0.058	0.305	0.305
P1 左肢	5327.4	0.003035	0.058	0.058	0.305	0.305
P2 右肢	6113.9	0.003113	0.065	0.065	0.346	0.346
P2 左肢	6113.9	0.003113	0.065	0.065	0.346	0.346
P3 右肢	6109.4	0.003112	0.065	0.065	0.346	0.346
P3 左肢	6109.4	0.003112	0.065	0.065	0.346	0.346
P4 右肢	5313.9	0.003033	0.057	0.057	0.305	0.305
P4 左肢	5313.9	0.003033	0.057	0.057	0.305	0.305

注:表中的"刚度比"为有效截面惯性矩与毛截面惯性矩的比值。

采用有效截面计算的桥梁结构前 6 阶模态特性见表 5-14 和图 5-18。

结构自振周期与振型特征(有效截面)　　　　表 5-14

阶数	频率(Hz)	周期(s)	振型特征
1	0.314	3.184	纵向振动
2	0.593	1.687	横向振动
3	0.720	1.389	竖向振动
4	1.831	0.546	纵向振动
5	1.895	0.528	纵向振动

5.4.2 地震反应分析

E2 地震作用下,基于建立的延性构件采用有效截面特性的空间有限元动力计算模型,对桥梁结构进行反应谱分析。

P1~P4 墩的恒荷载+设计最大地震作用效应组合的变形和内力如图 5-19 所示。

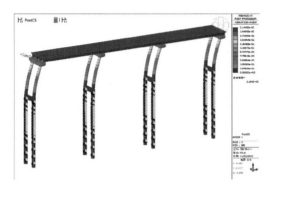

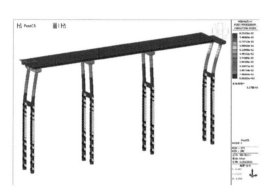

图 5-18 桥梁结构振型图(有效截面)

a) 变形图   b) F_z 轴力图

图 5-19

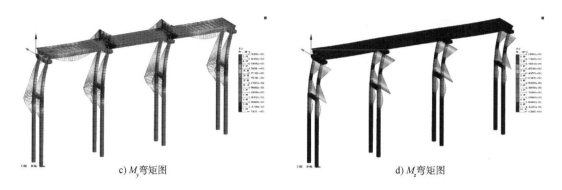

c) M_y弯矩图　　　　　　　　d) M_z弯矩图

图5-19　恒荷载+设计最大地震作用效应组合变形和内力

P1~P4墩的恒荷载-设计最大地震作用效应组合的变形和内力如图5-20所示。

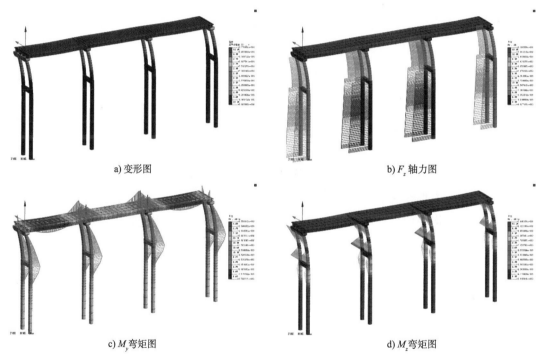

a) 变形图　　　　　　　　b) F_z轴力图

c) M_y弯矩图　　　　　　　　d) M_z弯矩图

图5-20　恒荷载-设计最大地震作用效应组合变形和内力

桥墩墩顶顺桥向和横桥向位移见表5-15。

P1~P4桥墩顺桥向和横桥向墩顶位移　　　表5-15

墩名	顺桥向(m)	横桥向(m)	墩名	顺桥向(m)	横桥向(m)
P1右肢	0.2317	0.0930	P3右肢	0.2345	0.0895
P1左肢	0.2317	0.0930	P3左肢	0.2345	0.0895
P2右肢	0.2376	0.0995	P4右肢	0.2228	0.0683
P2左肢	0.2376	0.0995	P4左肢	0.2228	0.0683

5.4.3 墩柱的变形验算

按照《规范》第7.4.3条,E2地震作用下,应验算顺桥向和横桥向桥墩墩顶的位移或桥墩潜在塑性铰区域塑性转动能力：

$$\Delta_d \leq \Delta_u, \theta_p \leq \theta_u \tag{5-7}$$

式中：Δ_d——E2地震作用下墩顶的位移(cm),当采用弹性方法计算E2地震作用下的墩顶位移时,则应乘以《规范》第7.4.2条规定的地震位移修正系数 R_d；

Δ_u——桥墩容许位移,按《规范》第7.4.4和第7.4.6条计算；

θ_p——E2地震作用下潜在塑性铰区的塑性转角；

θ_u——塑性铰区的最大容许转角。

1)顺桥向

在进行桥墩位移验算时,按弹性方法计算出的地震位移应乘以考虑弹塑性效应的地震位移修正系数 R_d,地震位移修正系数 R_d 可按下式计算：

$$R_d = \left(1 - \frac{1}{\mu_\Delta}\right)\frac{T^*}{T} + \frac{1}{\mu_\Delta} \geq 1.0 \quad \left(\frac{T^*}{T} > 1.0\right) \tag{5-8}$$

$$R_d = 1.0 \quad \left(\frac{T^*}{T} \leq 1.0\right) \tag{5-9}$$

$$T^* = 1.25 T_g \tag{5-10}$$

式中：T——计算方向的结构第一阶自振周期；

T_g——反应谱特征周期；

μ_Δ——桥墩构件位移延性系数,可按照《规范》附录D计算,或近似取0.6。

《规范》第7.4.6条规定,对于双柱墩、排架墩,其顺桥向的容许位移按《规范》第7.4.4条单柱墩容许位移相关规定计算。

根据《规范》第7.4.4和第7.4.5条规定计算双柱墩顺桥向容许位移,这里以P3排架墩为例说明墩柱容许位移的计算过程。P3桥墩纵筋和箍筋所用材料均为HRB400普通钢筋,混凝土强度等级为C30。由《规范》附录A中给出公式计算圆形截面屈服曲率 Φ_y 与极限曲率 Φ_u。

$$\Phi_y D = 2.213\varepsilon_y \tag{5-11}$$

式中：Φ_y——截面屈服曲率(m^{-1})；

ε_y——相应于钢筋屈服时的应变；

D——圆形截面的直径(m)。

$$\Phi_u D = (2.826 \times 10^{-3} + 6.850\varepsilon_{cu}) - (8.575 \times 10^{-3} + 18.638\varepsilon_{cu})\left(\frac{P}{f_{ck}A_g}\right)$$

$$\Phi_u D = (1.635 \times 10^{-3} + 1.179\varepsilon_s) + (28.739\varepsilon_s^2 + 0.656\varepsilon_s + 0.010)\left(\frac{P}{f_{ck}A_g}\right) \tag{5-12}$$

式中：P——截面所受到的轴力(kN)；

f_{ck}——混凝土抗压强度标准值(kN/m^2);
A_g——混凝土截面面积(m^2);
ε_s——钢筋极限拉应变,可取$\varepsilon_s = 0.09$;
ε_{cu}——约束混凝土的极限压应变。

ε_{cu}可按下式计算:

$$\varepsilon_{cu} = 0.004 + \frac{1.4\rho_s f_{kh} \varepsilon_{su}^R}{f'_{cc}} \tag{5-13}$$

ρ_s——约束钢筋的体积含筋率;
f_{kh}——箍筋抗拉强度标准值(kN/m^2);
f'_{cc}——约束混凝土的峰值应力(kN/m^2),一般可取1.25倍的混凝土抗压强度标准值;
ε_{su}^R——约束钢筋的折减极限应变,可取$\varepsilon_{su}^R = 0.09$。

等效塑性铰长度L_p可根据《规范》第7.4.4条计算。

塑性铰区的最大容许转角θ_u根据极限破坏状态的曲率能力计算如下:

$$\theta_u = \frac{L_p(\Phi_u - \Phi_y)}{K_{ds}} \tag{5-14}$$

式中:K_{ds}——延性安全系数,可取2.0。

桥墩容许位移可以表示为:

$$\Delta_u = \frac{1}{3}H^2 \Phi_y + \left(H - \frac{L_p}{2}\right)\theta_u \tag{5-15}$$

针对P3右肢桥墩,由地震输入的相关参数可确定:$T = 3.184s$,$T_g = 0.4s$,取$R_d = 1.0$;纵筋抗拉强度标准值为400MPa,弹性模量为2.0×10^5MPa,圆形截面的直径$D = 1.4m$,代入式(5-11)和式(5-12)可得$\Phi_y = 0.00323$,$\Phi_u = 0.0310$;代入式(5-14)可得等效塑性铰长度$L_p = 0.93m$;代入式(5-13)可得塑性铰区的最大容许转角$\theta_u = 0.012978$;代入式(5-16)可得墩顶容许位移为$\Delta_u = 0.345m$,计算结果见表5-16。

P1~P4桥墩墩顶顺桥向容许位移　　　　表5-16

墩名	Φ_y	Φ_u	L_p	θ_u	Δ_u
P1右肢	0.00312	0.0382	0.93	0.016380	0.381
P1左肢	0.00312	0.0382	0.93	0.016380	0.381
P2右肢	0.00324	0.0308	0.93	0.012842	0.343
P2左肢	0.00324	0.0308	0.93	0.012842	0.343
P3右肢	0.00323	0.0310	0.93	0.012978	0.345
P3左肢	0.00323	0.0310	0.93	0.012978	0.345
P4右肢	0.00311	0.0391	0.93	0.016795	0.386
P4左肢	0.00311	0.0391	0.93	0.016795	0.386

2)横桥向

当计算双柱墩横桥向的容许位移时,按照《规范》第7.4.6条,结合第6.7.5条进行计算分析。

(1)首先建立如图5-21所示的非线性静力计算模型,盖梁及墩柱利用梁单元模拟。

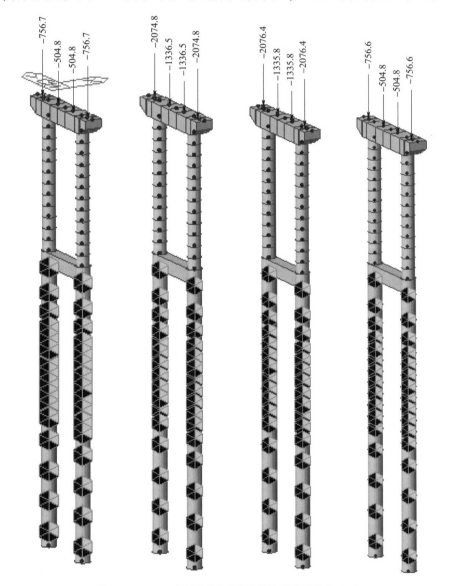

图5-21 P1~P4桥墩横桥向容许位移计算模型(单位:kN)

(2)由于在进行横向框架的非线性静力分析(Pushover分析)过程中,墩柱的轴力是不断变化的,因此,这里采用在墩顶及墩底添加 $P\text{-}M$ 塑性铰形式考虑轴力和弯矩的相互作用。

(3)根据《公路钢筋混凝土及预应力混凝土桥涵设计规范》(JTG 3363—2019)的相关规定,按照截面实配钢筋,可以计算出该墩柱截面的轴力-弯矩($P\text{-}M$)相关曲线,如图5-22

所示。

(4)根据《规范》附录 A 的相关公式,可以得到圆形墩柱截面在不同轴力下的屈服曲率和极限曲率,并计算各个轴力下塑性铰区域的最大容许转角 θ_u。图 5-23 给出了该墩柱截面的轴力 P 与最大容许转角 θ_u 的关系曲线。

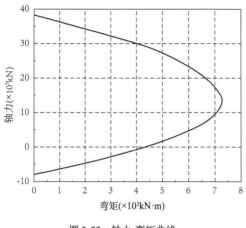

图 5-22 轴力-弯矩曲线　　　　图 5-23 轴力-最大容许转角曲线

(5)进行对重力荷载工况分析(考虑主梁等上部结构传递给横向框架的重力荷载),得到墩柱初始的恒载内力状态。

(6)在盖梁处施加水平力,进行非线性静力分析,当墩柱的任一塑性铰达到其最大容许转角时,盖梁处的横向水平位移即为容许位移。

本例利用 MIDAS/Civil 2020 中的 Pushover 功能进行非线性静力分析,假设在盖梁中心处施加 100kN 的水平力。在模型中定义 Pushover 荷载工况利用位移控制进行分析,模型中采用三折线模型设定墩柱塑性铰力学模型。《规范》中规定,最大容许曲率为极限破坏状态的曲率能力除以安全系数,安全系数值取 2,考虑安全系数的曲率为最后极限曲率除以安全系数:

$$\Phi = 0.02430/2 = 0.0121$$

计算得到的容许位移为 $\Delta_u = 0.20\text{m}$,该墩墩顶横桥向位移为 $\delta = 0.0563\text{m}$,计入地震位移修正系数 $R_d = 1$,$\Delta_d = R_d \times \delta = 0.0563\text{m}$。由于 $\Delta_d \leq \Delta_u$,故 P3 右肢墩顶横向位移满足验算要求。

表 5-17 给出了采用 Pushover 方法计算的 P1~P4 桥墩墩顶横桥向容许位移。

横桥向 E2 地震作用各墩墩顶容许位移　　　　表 5-17

墩名	横向容许位移(cm)	墩名	横向容许位移(cm)
P1 右肢/P1 左肢	20.00	P3 右肢/P3 左肢	20.00
P2 右肢/P2 左肢	20.00	P4 右肢/P4 左肢	18.01

图 5-24 给出了 P1~P4 桥墩塑性铰区抗剪强度验算结果。

图 5-24 桥墩墩顶位移验算结果

5.4.4 能力保护构件-墩柱塑性铰区域抗剪强度验算

根据《规范》第 7.3 节的规定,顺桥向和横桥向 E2 地震作用下效应和永久作用组合后,需要对墩柱塑性铰区域的斜截面抗剪强度进行验算,保证墩柱作为能力保护构件不发生剪切破坏。墩柱塑性铰区域沿顺桥向和横桥向的斜截面抗剪强度按照本书第 4.4.1 节进行验算。

1) 顺桥向

单柱墩或双柱墩顺桥向只可能在底部形成一个塑性铰,此时塑性铰区域顺桥向剪力设计值可以表示为:

$$V_{c0} = \frac{M_n}{H_n} = \Phi^0 \frac{M_u}{H_n} \qquad M_n = \Phi^0 M_u \tag{5-16}$$

式中:V_{c0}——剪力设计值(kN);

M_n——顺桥向超强弯矩;

M_u——按截面实配钢筋,采用材料强度标准值,在最不利轴力作用下计算出的截面纵桥向和横桥向极限弯矩;

H_n——墩顶到墩底塑性铰中心距离;

Φ^0——桥墩极限弯矩超强系数,Φ^0 取 1.2。

桥墩的截面极限弯矩 M_u 由 MIDAS/Civil 中截面特性选项卡中的弯矩-曲率曲线功能进行计算,将最不利轴力输入后,计算得到的理想化屈服弯矩即为 M_u,在恒载与地震力作用组合下的 P3 墩右肢墩底最不利轴力为 6439.0kN。

由第 4.4.3 节可知,等效塑性铰长度 $L_p = 0.93$m,故计算得墩底塑性铰区域剪力设计值为:

$$V_{c0} = \frac{M_n}{H_n} = \frac{8131.96}{12.53} = 648.83 \text{(kN)}$$

顺桥向剪力设计值为 $V_{c0} = 648.83$kN,截面为圆形。斜截面抗剪强度计算过程为:

$$A_e = \frac{\pi}{4} \times (D' - 2D_c)^2 = \frac{\pi}{4} \times (140 - 2 \times 6)^2 = 12867.96(\text{cm}^2);$$

$$\rho_s = \frac{4A_{sp}}{sD'} = 4 \times 4.52/(10 \times 131.70) = 0.01 \leqslant 2.4/f_{yh} = 2.4/330 = 0.01, 取 \rho_s = 0.01;$$

$$\lambda = \frac{\rho_s f_{yh}}{10} + 0.38 - 0.1\mu_\Delta = 0.007 \times 330/10 + 0.38 - 0.1 \times 1.29 = 0.482, 因为 \lambda \geqslant 0.3, 所以取 \lambda = 0.30;$$

$$A_g = \frac{\pi}{4} \times D^2 = \frac{\pi}{4} \times 140^2 = 15393.80(\text{cm}^2);$$

$$v_c = \lambda \left(1 + \frac{P_c}{1.38A_g}\right)\sqrt{f_{cd}} = 0.30 \times [1 + 5805.7/(1.38 \times 15393.80)] \times \sqrt{13.8} = 1.419,$$

$$v_c \leqslant \min \begin{cases} 0.355 \sqrt{f_{cd}} \\ 1.47\lambda \sqrt{f_{cd}} \end{cases} = 1.32(\text{MPa}), 所以 v_c = 1.32\text{MPa};$$

$$V_c = 0.1 v_c A_e = 0.1 \times 1.32 \times 12867.96 = 1696.98(\text{kN});$$

$$V_s = 0.1 \times \frac{\pi A_{sp} f_{yh} D'}{2 s} = 0.1 \times \frac{\pi}{2} \times 4.52 \times 330 \times 131.70/10 = 3088.46;$$

$$V_s \leqslant 0.08 \sqrt{f_{cd}} A_e = 0.08 \times \sqrt{13.8} \times 12867.96 = 3824.19(\text{kN}), 所以 V_s = 3088.46\text{kN};$$

$$V_{c0} \leqslant \Phi(V_c + V_s) = 0.85 \times (1696.96 + 3088.46) = 4067.63(\text{kN}), 验算通过。$$

2）横桥向

按《规范》第 6.7.5 条,横桥向超强弯矩和剪力设计值可按下列步骤计算：

(1) 假设墩柱轴力为恒载轴力。

(2) 按截面实配钢筋,采用材料强度标准值,按《规范》式(6.7.2)计算出各墩柱塑性铰区域截面超强弯矩。

(3) 计算各墩柱相应于其超强弯矩的剪力值,并按下式计算各墩柱剪力值之和 Q：

$$Q = \sum_i^N Q_i \tag{5-17}$$

式中：Q_i——各墩柱相应于塑性铰区域截面的超强弯矩的剪力值(kN)。

(4) 将 Q 按正、负方向分别施加于盖梁质心处,计算各墩柱所产生的轴力。

(5) 将合剪力 Q 产生的轴力与恒载轴力组合后,采用组合的轴力,返回步骤 2 进行迭代计算,直到相邻 2 次计算各墩柱剪力之和相差在 10% 以内。

(6) 采用上述组合中的轴力最大压力组合,按步骤 2 计算各墩柱塑性区域截面超强弯矩。

(7) 按第 3 步计算双柱墩和多柱墩塑性铰区域剪力设计值。

横桥向在墩顶和墩底同时出现塑性铰,则此时 H_n 取墩顶塑性铰中心到墩底塑性铰中心距离,$H_n = H - L_p = 12.07\text{m}$,以 P3 墩右肢为例,迭代过程如下：

(1) 墩顶塑性铰区迭代计算,结果见表 5-18。

墩顶塑性铰区迭代计算结果　　　　　　　　　　　　　　　　　表 5-18

初次	左边墩	右边墩
初始轴力(kN)	3872.20	3872.20
超强弯矩(kN·m)	7124.63	7124.63
墩高(m)	12.07	12.07
单墩等效剪力(kN)	590.28	590.28
作用盖梁质心力(kN)	1180.55	
迭代后		
第一次迭代	左边墩	右边墩
轴力(kN)	2918.30	5805.70
超强弯矩(kN·m)	6707.82	7899.91
墩高(m)	12.07	12.07
单墩等效剪力(kN)	555.74	654.51
作用盖梁质心力(kN)	1210.25	
较前次迭代差异	-2.516%	

(2)墩底塑性铰区迭代计算结果见表 5-19。

墩底塑性铰区迭代计算结果　　　　　　　　　　　　　　　　　表 5-19

初次	左边墩	右边墩
初始轴力(kN)	4362.00	4362.00
超强弯矩(kN·m)	7331.30	7331.30
墩高(m)	12.07	12.07
单墩等效剪力(kN)	607.57	607.40
作用盖梁质心力(kN)	1214.96	
迭代后		
第一次迭代	左边墩	右边墩
轴力(kN)	2876.20	5847.80
超强弯矩(kN·m)	6688.78	7915.64
墩高(m)	12.07	12.07
单墩等效剪力(kN)	554.17	655.81
作用盖梁质心力(kN)	1209.98	
较前次迭代差异	0.411%	

采用上述组合中的轴力最大压力组合进行超强弯矩的计算：
(1)墩顶塑性铰区：

$$M_n = \Phi^0 M_u = 1.2 \times 6583.2624 = 7899.91(kN \cdot m)$$

相应的墩顶塑性铰区域剪力设计值为：

$$V_{c0} = \frac{M_n}{H_n} = \frac{7899.91}{12.07} = 654.51(\text{kN})$$

（2）墩底塑性铰区：
$$M_n = \Phi^0 M_u = 1.2 \times 6596.3645 = 7915.64(\text{kN} \cdot \text{m})$$

相应的墩底塑性铰区域剪力设计值为：
$$V_{c0} = \frac{M_n}{H_n} = \frac{7915.64}{12.07} = 655.81(\text{kN})$$

对于本章算例中配筋均匀的圆柱形 P3 桥墩，横桥向桥墩延性系数 $\mu_\Delta = 0$，则有：
$$\lambda = \frac{\rho_s f_{yh}}{10} + 0.38 - 0.1\mu_\Delta = 0.007 \times 330/10 + 0.38 - 0.1 \times 0 = 0.611$$

因为 $\lambda \geq 0.3$，所以取 $\lambda = 0.30$。

$A_g = \frac{\pi}{4} \times D^2 = \frac{\pi}{4} \times 140^2 = 15393.80(\text{cm}^2)$；

$v_c = \lambda \left(1 + \frac{P_c}{1.38 A_g}\right) \sqrt{f_{cd}} = 0.30 \times [1 + 5805.7/(1.38 \times 15393.80)] \times \sqrt{13.8} = 1.419$，

$v_c \leq \min \begin{cases} 0.355 \sqrt{f_{cd}} \\ 1.47\lambda \sqrt{f_{cd}} \end{cases} = 1.32(\text{MPa})$，所以 $v_c = 1.32\text{MPa}$。

$V_c = 0.1 v_c A_e = 0.1 \times 1.32 \times 12867.96 = 1696.98(\text{kN})$；

$V_s = 0.1 \times \frac{\pi}{2} \cdot \frac{A_{sp} f_{yh} D'}{s} = 0.1 \times \frac{\pi}{2} \times 4.52 \times 330 \times 131.70/10 = 3088.46$；

$V_s \leq 0.08 \sqrt{f_{cd}} A_e = 0.08 \times \sqrt{13.8} \times 12867.96 = 3824.19(\text{kN})$，所以 $V_s = 3088.46\text{kN}$；

$V_{c0} \leq \Phi(V_c + V_s) = 0.85 \times (1696.96 + 3088.46) = 4067.63(\text{kN})$，验算通过。

图 5-25 给出了 P1~P4 桥墩塑性铰区抗剪强度验算结果。

图 5-25　塑性铰区抗剪强度验算结果

5.4.5　能力保护构件——桩基础抗震验算

根据墩柱可能出现塑性铰处截面超强弯矩及其对应剪力、墩柱恒载轴力，并考虑承台的贡献来计算。下面以 P3 桥墩为例,介绍其最不利单桩内力的计算和验算过程。根据《公路钢筋混凝土及预应力混凝土桥涵设计规范》(JTG 3362—2018)的相关规定,考虑最不利组合,即在单桩轴力最小时,根据实际的桩基础截面配筋,计算桩身的抗弯承载力,从而验算最不利单桩抗弯强度。

《规范》第 3.6.1 条规定公路桥梁抗震设计应考虑以下作用效应:
(1)永久作用,包括结构重力(恒载)、预应力、土压力、水压力。
(2)地震作用,包括地震动的作用和地震土压力、动水压力等。
(3)在进行支座等墩梁连接构件抗震验算时,还应计入 50% 的均匀温度作用效应。

作用效应组合应包括《规范》第 3.6.1 条的各种作用效应的最不利组合。作用效应的组合系数应取 1.0,当有特殊规定时,组合系数应按相关规定取值。

《规范》第 6.6.9 条规定,根据能力保护原则计算出作用于承台顶的内力,其计算公式为:

$$M = \sum M_{y0} \qquad V = \frac{\sum M_{y0}}{H} \tag{5-18}$$

式中:M——作用于承台顶的弯矩,即墩底塑性铰区域的超强弯矩之和;

$\sum M_{y0}$——所有塑性铰区域的超强弯矩之和,对于纵桥向即所有墩底截面塑性铰区域的超强弯矩之和,对于横桥向为所有墩底墩顶截面塑性铰区域的超强弯矩之和;

H——墩柱的计算高度,对于纵桥向应取墩底至支座顶的距离,横桥向取墩柱的净高度;

V——作用于承台顶的剪力。

永久作用效应和设计最大地震作用效应组合为:

$$M = \sum M_{y0} = 2 \times 7351.21 = 14702.43(\text{kN} \cdot \text{m})$$

$$V = \frac{\sum M_{y0}}{H} = \frac{14702.43}{13.697 + 1.6 + 0.25} = 945.68(\text{kN})$$

承台自身的水平地震惯性力为:

$$F_t = m_t A = 309.4 \times 0.3g = 909.63(\text{kN})$$

作用于承台底的恒载作用力为:

$$N = 4375 \times 2 + 309.4 \times 9.8 = 11782.12(\text{kN})$$

因此,承台底的组合轴力、剪力和弯矩分别为:

$$N = 11782.12 \text{kN}$$

$$V = F_t + V = 909.63 + 945.68 = 1855.31(\text{kN})$$

$$M = 909.63 \times 0.7 + 14702.43 + 945.68 \times 1.4 = 13742.81(\text{kN} \cdot \text{m})$$

按照《公路桥涵地基与基础设计规范》(JTG 3362—2019),可以计算得到桥墩纵桥向单桩最不利内力值为:

$$N_{\min} = -4523.88 \text{kN} \quad N_{\max} = -6116.33 \text{kN} \quad V = 485.93 \text{kN} \quad M = 5555.46 \text{kN} \cdot \text{m}$$

5.4.6 能力保护构件——支座抗震验算

支座应按照能力保护构件设计,根据《规范》第7.5条,板式橡胶支座的抗震验算包括支座厚度和支座抗滑稳定性验算两个部分。本小节以 P3 墩边支座为例,给出支座抗震验算过程,验算过程如图 5-26 所示。

图 5-26 板式橡胶支座厚度和抗滑稳定性验算结果

1) 支座厚度验算

板式橡胶支座厚度按照下列公式验算:

$$\sum t \geqslant \frac{X_B}{\tan\gamma} = X_B$$

$$X_B = X_D + X_H + 0.5X_T \tag{5-19}$$

式中:$\sum t$——橡胶层的总厚度(m);

$\tan\gamma$——橡胶片剪切角正切值,取 $\tan\gamma = 1$;

X_B——支座水平地震设计力产生的支座水平位移、永久作用效应以及均匀温度作用效应组合后的橡胶支座水平位移(m);

X_D——水平地震设计力产生的支座水平位移(m);

X_H——永久作用产生的支座水平位移(m);

X_T——均匀温度作用产生的支座水平位移(m)。

(1) 顺桥向。

在 E2 地震作用下,作用效应组合后的橡胶支座水平位移为:

$X_B = X_D + X_H + 0.5X_T = 9.598 + 0.481 + 0.5 \times 0.717 = 10.437(\text{mm})$,$X_B \leqslant \sum t = 49\text{mm}$,故支座厚度验算满足要求。

(2) 横桥向。

在 E2 地震作用下,作用效应组合后的橡胶支座水平位移为:

$X_B = X_D + X_H + 0.5X_T = 9.598 + 2.501 + 0.5 \times 0.012 = 12.104(\text{mm})$,$X_B \leqslant \sum t = 49\text{mm}$,故支座厚度验算满足要求。

2) 支座抗滑稳定性验算

板式橡胶支座抗滑稳定性按照下列公式验算:

$$\left.\begin{array}{r}\mu_d R_b \geqslant E_{hzh} \\ E_{hzh} = E_{hze} + E_{hzd} + 0.5E_{hzT}\end{array}\right\} \qquad (5\text{-}20)$$

式中：μ_d——支座的动摩阻因数，橡胶支座与混凝土表面的动摩阻因数采用 0.25，与钢板的动摩阻因数采用 0.20；

E_{hzh}——支座水平地震设计力、永久作用效应以及均匀温度作用效应组合后的橡胶支座水平力（kN）；

E_{hze}——支座水平地震设计力（kN）；

E_{hzd}——永久作用产生的支座水平力（kN）；

E_{hzT}——均匀温度作用产生的支座水平力（kN）。

（1）顺桥向。

$E_{hzh} = E_{hze} + E_{hzd} + 0.5E_{hzT} = 176.00 + 0.52 + 0.5 \times 3.08 = 178.1(\text{kN})$，单个支座在恒载作用下的竖向反力为：$R_b = 2074.78\text{kN}$，$\mu_d R_b = 0.25 \times 2074.78 = 518.695 > E_{hzh}$，故支座顺桥向抗滑稳定性满足要求。

（2）横桥向。

$E_{hzh} = E_{hze} + E_{hzd} + 0.5E_{hzT} = 325.88 - 10.55 + 0.5 \times 0.05 = 315.4(\text{kN})$，单个支座在恒载作用下的竖向反力为 $R_b = 2074.78\text{kN}$，$\mu_d R_b = 0.25 \times 2074.78 = 518.695 > E_{hzh}$，故支座横桥向抗滑稳定性满足要求。

第 6 章
Chapter Six

非规则梁桥减隔震设计验算

根据桥梁地震响应的复杂程度,常规桥梁可分为规则桥梁和非规则桥梁两类。在地形、地貌变化较大的地区,桥梁结构在线路中往往占很大比例,由于抗震烈度的增加,桥梁结构在设计建造中需要考虑使用减隔震支座以确保桥梁安全,这类使用减隔震支座的桥梁属于非规则桥梁。本章对使用减隔震支座的非规则桥梁进行验算,并与使用普通橡胶支座的同一桥梁进行对比分析。

6.1 工程概况与地震动输入

6.1.1 工程概况

某连续梁桥共2联:4×30m+4×30m。桥梁立面布置如图6-1所示。上部结构采用预应力混凝土(后张)小箱梁,先简支后连续,下部结构桥台采用肋板台,桥墩采用双柱式排架墩,横断面如图6-2所示。墩台采用桩基础,桥梁路线与水流方向正交。

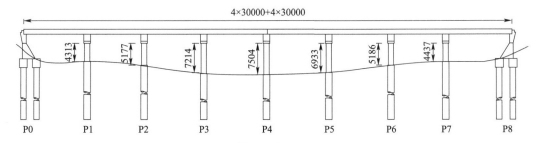

图6-1 桥梁立面图(尺寸单位:mm)

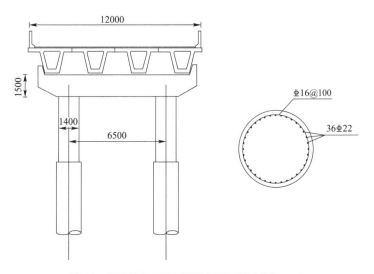

图6-2 桥梁横断面图和桥墩配筋图(尺寸单位:mm)

桥梁支座采用GYZF4四氟板式橡胶支座及GYZ板式橡胶支座。墩顶均采用GYZ400×99型板式橡胶支座,每个墩上设置16个支座,两边桥台和P4墩采用GYZF4400×99型四氟滑板式橡胶支座,桥墩横向均设置混凝土挡块。

盖梁为矩形截面,平均高度1.5m,宽1.7m,支座和垫石总高0.25m;立柱为圆形截面,直径1.4m,中心间距6.5m,2号墩墩高5.5m,3号4号墩均为12.0m,配筋率均为1.37%,桥墩配筋如图6-2所示。

上部结构、墩柱、基础分别采用C50、C40、C30混凝土,根据《公路钢筋混凝土及预应力混凝土桥涵设计规范》(JTG 3362—2018),可以得到所用的钢筋和混凝土的材料特性,见表6-1。

混凝土和钢筋材料特性表　　　　　　表6-1

材料	强度标准值(MPa)	强度设计值(MPa)	弹性模量(MPa)
C30混凝土	20.1	13.8	3.00×10^4
C40混凝土	26.8	18.4	3.25×10^4
C50混凝土	32.4	22.4	3.45×10^4
HRB400普通钢筋	400	330	2.00×10^5

6.1.2 地震动输入

根据《规范》第3.1.1条规定,该桥是位于交通枢纽位置上的桥梁,按公路桥梁抗震设防分类为B类。根据《规范》第3.3.2条规定,B类桥梁在Ⅶ度设防区应采用Ⅰ类抗震设计方法。根据《中国地震动参数区划图》(GB 18306—2015),桥梁所处地区的设计基本加速度峰值为$A=0.15g$,该场地类别为Ⅱ类场地,设计加速度反应谱特征周期为$T_g=0.35s$。

根据《规范》第5.1.2条规定,一般条件下,公路桥梁可只考虑水平向地震作用,直线桥可分别考虑顺桥向X和横桥向Y的地震作用。

根据《规范》第5.2.1条规定,设计加速度反应谱$S(T)$由本书第1.2.2节中的式(1-1)计算确定。

设计加速度反应谱最大值$S_{\max}$应由本书第3.4.1节中的式(3-82)计算确定。

设计加速度反应谱最大值$S_{\max}$计算式中的阻尼调整系数C_d应按本书第3.4.1节中的式(3-83)计算确定。

根据《规范》第3.1.3条规定,B类桥梁E1和E2地震作用下的桥梁抗震重要性系数C_i分别取0.43和1.30。

根据《规范》第5.2.2条规定,Ⅱ类场地,抗震设防烈度Ⅶ度,水平向和竖向场地系数C_s分别为1.00和0.60。

根据《规范》第5.2.3条规定,设计加速度反应谱特征周期T_g应根据场地类别调整,水平向和竖向分量特征周期应分别按《规范》表5.2.3.1和表5.2.3.2取值。Ⅱ类场地,水平向和竖向设计加速度反应谱的特征周期T_g分别调整为0.35s和0.25s。

水平向地震作用下,对于 E1 地震作用,$S_{max} = 2.5 \times 0.43 \times 1.00 \times 1.00 \times 0.15g = 0.1613g$;对于 E2 地震作用,$S_{max} = 2.5 \times 1.30 \times 1.00 \times 1.00 \times 0.3g = 0.4875g$。E1 和 E2 地震加速度反应谱如图 6-3 所示。

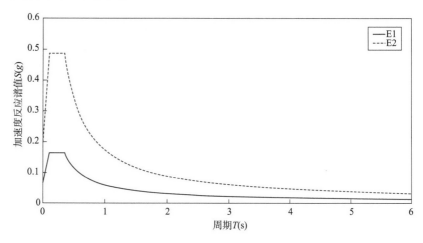

图 6-3　E1 和 E2 地震加速度反应谱

6.2　计算模型与动力特性

该桥墩属于非规则桥梁,根据《规范》第 6.2.2 条规定建立空间动力计算模型进行抗震分析。

6.2.1　计算模型

首先按《规范》第 6.2 节的要求建立计算模型,如图 6-4 所示。模型中上部结构、支座连接条件、桥墩及基础刚度等模拟如下。

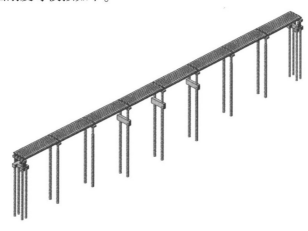

图 6-4　空间有限元计算模型

1)梁体、盖梁和桥墩模拟

主梁、盖梁和桥墩采用空间梁单元模拟。主梁混凝土强度等级 C50,桥墩、盖梁混凝土强度等级 C40,主梁、盖梁和桥墩的毛截面特性见表6-2。

主梁、盖梁和桥墩的毛截面特性表　　表6-2

截面类型	面积 (m^2)	抗扭惯性矩 (m^4)	绕z轴抗弯惯性矩 (m^4)	绕y轴抗弯惯性矩 (m^4)
主梁(单箱)	1.10	0.44	0.41	0.35
盖梁	2.55	0.90	0.61	0.48
桥墩	1.53	0.38	0.19	0.19

注:y轴、z轴对于主梁和主缆截面分别代表竖轴、横轴,对于桥墩分别代表顺桥向和横桥向。

桥墩作为延性构件,在进行 E2 地震作用分析时,应按《规范》第6.1.8 条要求,采用有效截面抗弯刚度,按《规范》第6.1.9 条计算出桥墩的有效截面刚度为:

$$E_c I_{eff} = \frac{M_y}{\Phi_y} \tag{6-1}$$

式中:E_c——桥墩混凝土的弹性模量(MPa);

I_{eff}——桥墩有效截面的抗弯惯性矩(m^4);

M_y——等效屈服弯矩(kN·m);

Φ_y——等效屈服曲率(m^{-1})。

计算得到各墩柱有效截面特性见表6-3。

各墩柱有效截面特性表　　表6-3

排架号	有效截面的抗弯惯性矩(m^4)	原截面的抗弯惯性矩(m^4)	刚度折减系数
P1	0.072	0.19	0.38
P2	0.072	0.19	0.38
P3	0.072	0.19	0.38
P4	0.072	0.19	0.38
P5	0.072	0.19	0.38
P6	0.072	0.19	0.38
P7	0.072	0.19	0.38

2)支座连接条件模拟

在建立计算模型时,假设在桥墩上设置的横桥向混凝土挡块足够强,在地震作用下,梁体与桥墩在水平横向为刚性连接。支座连接条件模拟如图6-5 和表6-4 所示,其中板式橡胶支座的水平刚度可采用线弹簧模拟,线弹簧的刚度取板式橡胶的剪切刚度,单个支座的剪切刚度为:

$$K_{支座} = \frac{G_d A_r}{\sum t} = \frac{1200 \times 0.39^2 \times \pi/4}{0.049} \times 71 = 2.02 \times 10^3 \text{(kN/m)}$$

其中，G_d 为板式橡胶支座的动剪切模量，取 1200kN/m^2；A_r 表示橡胶支座的剪切面积；$\sum t$ 为单个板式橡胶支座橡胶层的总厚度。

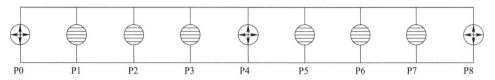

图 6-5 支座布置图

支座连接条件表　　　　　　　　　　　　　　　　　　　　表 6-4

墩台号	Δx	Δy	Δz	θ_x	θ_y	θ_z
P0	0	0	1	1	0	1
P1	S	1	1	1	0	1
P2	S	1	1	1	0	1
P3	S	1	1	1	0	1
P4	0	0	1	1	0	1
P5	S	1	1	1	0	1
P6	S	1	1	1	0	1
P7	S	1	1	1	0	1
P8	0	0	1	1	0	1

注：x,y,z 分别表示顺桥向、横桥向和竖向；0 表示自由，1 表示固结，S 表示考虑支座的弹性刚度。

6.2.2 动力特性

基于上述特性建立空间动力模型，应用 MIDAS/Civil 有限元程序进行动力特性分析，得到所有构件采用毛截面桥梁结构振动周期与振型特征。MIDAS/Civil 的操作流程是：将自重转换为质量；将二期恒载转换为质量；定义动力特性分析的特征值，采用多重 Ritz 向量法，初始向量数量要保证各个方向振型参与质量要大于 90%。

计算出的结构自振周期与振型特征见表 6-5，振型如图 6-6 所示。

结构自振周期与振型特征　　　　　　　　　　　　　　　　表 6-5

阶数	周期 $T(\text{s})$	频率 $f(\text{Hz})$	阶数	周期 $T(\text{s})$	频率 $f(\text{Hz})$
1	1.43	4.39	6	1.15	5.49
2	1.38	4.54	7	0	13.85
3	1.35	4.65	8	0.45	13.91
4	1.34	4.70	9	0.34	18.40
5	1.17	5.38			

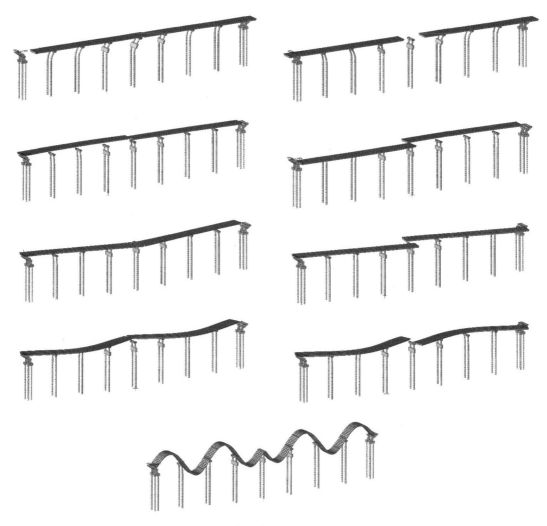

图 6-6 桥梁结构振型图(毛截面)

6.3 板式橡胶支座抗震分析

6.3.1 E1 分析结果

图 6-7 为桥梁结构在恒荷载作用下的变形图和内力图。恒荷载作用下墩底关键截面内力表见表 6-6,E1 地震荷载工况见表 6-7。

荷载组合列表:

cLCB1:基本 1.000(SQ) + 1.000(HQ);

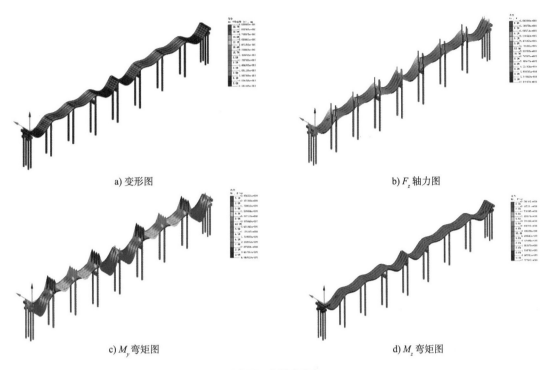

图 6-7 恒荷载响应

恒荷载作用下墩底关键截面内力表　　　　　　　　　表 6-6

墩名	轴力(kN)	F_y(kN)	F_z(kN)	M_y(kN·m)	M_z(kN·m)
P1 右肢	-2224.8	-5.3	4.8	-72.8	44.1
P1 左肢	-2224.8	-5.3	4.8	-72.8	-44.1
P2 右肢	-4375.4	-1.1	-1.4	20.6	-17.8
P2 左肢	-4375.4	-1.1	-1.4	20.6	17.8
P3 右肢	-4361.9	-1.2	1.6	-23.8	-18.3
P3 左肢	-4361.9	-1.2	1.6	-23.8	18.3
P4 右肢	-2192.7	-5.9	-5.0	72.5	-46.0
P4 左肢	-2192.7	-5.9	-5.0	72.5	46.0

E1 地震荷载工况　　　　　　　　　表 6-7

序号	工况名称	描述	序号	工况名称	描述
1	二期恒载	D1	4	顺桥向	SQ
2	自重	D	5	横桥向	HQ
3	水平力	D2	6	cLCB1	cLCB1

cLCB2:偶然 1.000(D) + 1.000(D1) + 1.000(D2) + 1.000(cLCB1);

cLCB3:偶然 1.000(D) + 1.000(D1) + 1.000(D2) - 1.000(cLCB1)。

抗震验算过程与第5章相同,在此不再赘述。由于桥梁分两联属对称结构,故取半结构进行分析,桥墩强度验算结果见表6-8。

E1 桥墩强度验算结果　　　　　　表6-8

构件	组成	结果	安全系数	γN_d (kN)	N_n (kN)
P1 左肢	轴心 F_x-min	OK	9.272	3187.619	29556.168
	偏心 F_x-min(M_y)	OK	7.252	3187.619	23115.762
	偏心 F_x-min(M_z)	OK	9.197	3187.619	29317.928
	偏心 M_y-max(F_x)	OK	7.861	2813.167	22113.372
	偏心 M_y-min(F_x)	OK	7.252	3187.619	23115.762
	偏心 M_z-max(F_x)	OK	8.610	2813.167	24220.220
	偏心 M_z-min(F_x)	OK	9.197	3187.619	29317.928
P1 右肢	轴心 F_x-min	OK	9.271	3188.010	29556.168
	偏心 F_x-min(M_y)	OK	7.251	3188.010	23116.952
	偏心 F_x-min(M_z)	OK	7.930	3188.010	25280.116
	偏心 M_y-max(F_x)	OK	7.861	2813.028	22112.918
	偏心 M_y-min(F_x)	OK	7.251	3188.010	23116.952
	偏心 M_z-max(F_x)	OK	10.367	2813.028	29161.498
	偏心 M_z-min(F_x)	OK	7.930	3188.010	25280.116
P2 左肢	轴心 F_x-min	OK	7.828	3775.586	29556.168
	偏心 F_x-min(M_y)	OK	5.541	3775.586	20919.496
	偏心 F_x-min(M_z)	OK	7.846	3775.586	29623.850
	偏心 M_y-max(F_x)	OK	5.882	3352.012	19716.734
	偏心 M_y-min(F_x)	OK	5.541	3775.586	20919.496
	偏心 M_z-max(F_x)	OK	6.493	3352.012	21766.040
	偏心 M_z-min(F_x)	OK	7.846	3775.586	29623.850
P2 右肢	轴心 F_x-min	OK	7.827	3776.058	29556.168
	偏心 F_x-min(M_y)	OK	5.540	3776.058	20920.728
	偏心 F_x-min(M_z)	OK	6.083	3776.058	22969.332
	偏心 M_y-max(F_x)	OK	5.882	3352.070	19716.912
	偏心 M_y-min(F_x)	OK	5.540	3776.058	20920.728
	偏心 M_z-max(F_x)	OK	8.844	3352.070	29644.310
	偏心 M_z-min(F_x)	OK	6.083	3776.058	22969.332
P3 左肢	轴心 F_x-min	OK	9.781	3021.713	29556.168
	偏心 F_x-min(M_y)	OK	1.144	3021.713	3457.177
	偏心 F_x-min(M_z)	OK	7.651	3021.713	23118.046
	偏心 M_y-max(F_x)	OK	1.112	2407.556	2677.360
	偏心 M_y-min(F_x)	OK	1.144	3021.713	3457.177

续上表

构件	组成	结果	安全系数	γN_d(kN)	N_n(kN)
P3 左肢	偏心 M_z-max(F_x)	OK	6.043	2407.556	14549.440
	偏心 M_z-min(F_x)	OK	7.651	3021.713	23118.046
P3 右肢	轴心 F_x-min	OK	9.784	3020.948	29556.168
	偏心 F_x-min(M_y)	OK	1.144	3020.948	3456.170
	偏心 F_x-min(M_z)	OK	5.943	3020.948	17952.202
	偏心 M_y-max(F_x)	OK	1.112	2406.828	2676.453
	偏心 M_y-min(F_x)	OK	1.144	3020.948	3456.170
	偏心 M_z-max(F_x)	OK	9.053	2406.828	21788.504
	偏心 M_z-min(F_x)	OK	5.943	3020.948	17952.202
P4 左肢	轴心 F_x-min	OK	8.171	3617.064	29556.168
	偏心 F_x-min(M_y)	OK	6.999	3617.064	25315.946
	偏心 F_x-min(M_z)	OK	8.482	3617.064	30678.304
	偏心 M_y-max(F_x)	OK	7.506	3287.686	24678.132
	偏心 M_y-min(F_x)	OK	6.999	3617.064	25315.946
	偏心 M_z-max(F_x)	OK	8.192	3287.686	26933.852
	偏心 M_z-min(F_x)	OK	8.482	3617.064	30678.304
P4 右肢	偏心 F_x-min(M_y)	OK	7.014	3606.612	25297.326
	偏心 F_x-min(M_z)	OK	7.619	3606.612	27477.294
	偏心 M_y-max(F_x)	OK	7.488	3298.758	24701.994
	偏心 M_y-min(F_x)	OK	7.014	3606.612	25297.326
	偏心 M_z-max(F_x)	OK	9.301	3298.758	30682.656
	偏心 M_z-min(F_x)	OK	7.619	3606.612	27477.294

注:γN_d-桥墩在最不利荷载作用下所受轴力,N_n-桥墩截面的抗压能力。

6.3.2 E2 分析结果

1)E2 桥墩抗震验算结果

在程序中将抗震反应谱更改为 E2,再进行桥墩强度验算,验算结果见表6-9。

E2 桥墩强度验算结果　　表6-9

构件	验算位置	组合名称	验算方向	结果	安全系数	M(kN·m)	M_s(kN·m)
P1	0.000[1587]	cLCB2	顺桥向(M_y)	OK	30.504	152.991	4666.877
	0.000[1587]	cLCB3	横桥向(M_z)	OK	5.243	-823.701	4318.405
	0.200[1588]	cLCB2	顺桥向(M_y)	OK	17.817	262.786	4682.145
	0.200[1588]	cLCB3	横桥向(M_z)	OK	7.720	-559.370	4318.405
	0.400[1589]	cLCB2	顺桥向(M_y)	OK	12.405	378.651	4697.051

续上表

构件	验算位置	组合名称	验算方向	结果	安全系数	$M(kN \cdot m)$	$M_s(kN \cdot m)$
P1	0.400[1589]	cLCB3	横桥向(M_z)	OK	14.749	-292.799	4318.405
	0.600[1590]	cLCB2	顺桥向(M_y)	OK	9.449	498.679	4711.986
	0.600[1590]	cLCB3	横桥向(M_z)	OK	23.364	-184.833	4318.405
	0.800[1591]	cLCB2	顺桥向(M_y)	OK	7.608	621.321	4726.961
	0.800[1591]	cLCB2	横桥向(M_z)	OK	16.651	259.347	4318.405
	1.000[1591]	cLCB2	顺桥向(M_y)	OK	6.362	745.380	4741.836
	1.000[1591]	cLCB2	横桥向(M_z)	OK	8.072	535.017	4318.405
P2	0.000[1582]	cLCB2	顺桥向(M_y)	OK	30.504	152.991	4666.864
	0.000[1582]	cLCB2	横桥向(M_z)	OK	5.598	771.421	4318.405
	0.200[1583]	cLCB2	顺桥向(M_y)	OK	17.817	262.786	4682.131
	0.200[1583]	cLCB2	横桥向(M_z)	OK	8.274	521.952	4318.405
	0.400[1584]	cLCB2	顺桥向(M_y)	OK	12.405	378.651	4697.019
	0.400[1584]	cLCB2	横桥向(M_z)	OK	15.839	272.637	4318.405
	0.600[1585]	cLCB2	顺桥向(M_y)	OK	9.449	498.679	4711.936
	0.600[1585]	cLCB2	横桥向(M_z)	OK	21.935	196.877	4318.405
	0.800[1586]	cLCB2	顺桥向(M_y)	OK	7.608	621.321	4726.895
	0.800[1586]	cLCB3	横桥向(M_z)	OK	16.750	-257.823	4318.405
	1.000[1586]	cLCB2	顺桥向(M_y)	OK	6.362	745.380	4741.751
	1.000[1586]	cLCB3	横桥向(M_z)	OK	8.300	-520.278	4318.405
P3	0.000[1671]	cLCB2	顺桥向(M_y)	OK	28.394	170.486	4840.813
	0.000[1671]	cLCB3	横桥向(M_z)	OK	4.124	-977.120	4030.015
	0.143[1672]	cLCB2	顺桥向(M_y)	OK	16.602	292.491	4856.033
	0.143[1672]	cLCB3	横桥向(M_z)	OK	5.545	-726.738	4030.015
	0.286[1673]	cLCB2	顺桥向(M_y)	OK	11.541	422.071	4871.060
	0.286[1673]	cLCB3	横桥向(M_z)	OK	8.538	-472.017	4030.015
	0.429[1674]	cLCB2	顺桥向(M_y)	OK	8.764	557.542	4886.158
	0.429[1674]	cLCB3	横桥向(M_z)	OK	18.774	-214.655	4030.015
	0.571[1675]	cLCB3	顺桥向(M_y)	OK	7.025	697.661	4901.221
	0.571[1675]	cLCB3	横桥向(M_z)	OK	24.013	-167.828	4030.015
	0.714[1676]	cLCB2	顺桥向(M_y)	OK	5.842	841.501	4916.247
	0.714[1676]	cLCB2	横桥向(M_z)	OK	12.879	312.918	4030.015
	0.857[1677]	cLCB2	顺桥向(M_y)	OK	4.989	988.321	4931.244
	0.857[1677]	cLCB2	横桥向(M_z)	OK	6.968	578.384	4030.015
	1.000[1677]	cLCB2	顺桥向(M_y)	OK	4.348	1137.507	4946.143
	1.000[1677]	cLCB2	横桥向(M_z)	OK	4.769	845.115	4030.015

续上表

构件	验算位置	组合名称	验算方向	结果	安全系数	$M(kN \cdot m)$	$M_s(kN \cdot m)$
P4	0.000[1664]	cLCB2	顺桥向(M_y)	OK	28.394	170.486	4840.838
	0.000[1664]	cLCB2	横桥向(M_z)	OK	4.359	924.511	4030.015
	0.143[1665]	cLCB2	顺桥向(M_y)	OK	16.602	292.491	4856.057
	0.143[1665]	cLCB2	横桥向(M_z)	OK	5.869	686.638	4030.015
	0.286[1666]	cLCB2	顺桥向(M_y)	OK	11.541	422.071	4871.078
	0.286[1666]	cLCB2	横桥向(M_z)	OK	9.072	444.202	4030.015
	0.429[1667]	cLCB2	顺桥向(M_y)	OK	8.764	557.542	4886.172
	0.429[1667]	cLCB2	横桥向(M_z)	OK	19.907	202.437	4030.015
	0.571[1668]	cLCB2	顺桥向(M_y)	OK	7.025	697.661	4901.230
	0.571[1668]	cLCB2	横桥向(M_z)	OK	23.082	174.598	4030.015
	0.714[1669]	cLCB2	顺桥向(M_y)	OK	5.842	841.501	4916.252
	0.714[1669]	cLCB3	横桥向(M_z)	OK	13.068	-308.394	4030.015
	0.857[1670]	cLCB2	顺桥向(M_y)	OK	4.989	988.321	4931.244
	0.857[1670]	cLCB3	横桥向(M_z)	OK	7.160	-562.870	4030.015
	1.000[1670]	cLCB2	顺桥向(M_y)	OK	4.348	1137.507	4946.141
	1.000[1670]	cLCB3	横桥向(M_z)	OK	4.922	-818.822	4030.015

按照《规范》第6.7.1条,计算弯矩$M \leq$屈服弯矩M_s,满足规范要求。桥墩屈服判断结论表见表6-10。

桥墩屈服判断结论表 表6-10

构件名称	是否屈服	构件名称	是否屈服
P1	否	P3	否
P2	否	P4	否

2)盖梁抗震验算

如图6-8所示的顺桥向编号顺序,选择3号与4号盖梁进行验算,结果见表6-11、表6-12。

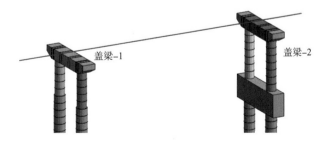

图6-8 盖梁构件编号

盖梁抗弯强度验算 表 6-11

构件	验算位置	最小/最大	组合名称	组成	结果	安全系数	γM_u (kN·m)	M_n (kN·m)	受压区高度验算结果
盖梁-3	0.000[2391]	max	cLCB2	M_y-max	OK	3.478	−710.560	2471.297	OK
	0.000[2391]	min	cLCB3	M_y-min	OK	1.449	−1705.82	2471.297	OK
	0.273[2391]	max	cLCB2	M_y-max	OK	2.048	1206.84	2471.297	OK
	0.273[2391]	min	cLCB3	M_y-min	OK	2.767	893.067	2471.297	OK
	0.352[2392]	max	cLCB2	M_y-max	OK	1.675	1475.47	2471.297	OK
	0.352[2392]	min	cLCB3	M_y-min	OK	1.955	1264.35	2471.297	OK
	0.648[2393]	max	cLCB2	M_y-max	OK	1.518	1627.97	2471.297	OK
	0.648[2393]	min	cLCB3	M_y-min	OK	2.223	1111.740	2471.297	OK
	0.727[2394]	max	cLCB2	M_y-max	OK	1.931	1279.824	2471.297	OK
	0.727[2394]	min	cLCB3	M_y-min	OK	3.014	819.896	2471.297	OK
	1.000[2395]	max	cLCB2	M_y-max	OK	3.268	−756.330	2471.297	OK
	1.000[2395]	min	cLCB3	M_y-min	OK	1.488	−1660.47	2471.297	OK
盖梁-4	0.000[2402]	max	cLCB2	M_y-max	OK	3.298	−749.298	2471.297	OK
	0.000[2402]	min	cLCB3	M_y-min	OK	1.265	−1953.97	2471.297	OK
	0.273[2402]	max	cLCB2	M_y-max	OK	1.663	1486.18	2471.297	OK
	0.273[2402]	min	cLCB3	M_y-min	OK	2.257	1095.07	2471.297	OK
	0.352[2403]	max	cLCB2	M_y-max	OK	1.382	1788.56	2471.297	OK
	0.352[2403]	min	cLCB3	M_y-min	OK	1.607	1538.330	2471.297	OK
	0.648[2404]	max	cLCB2	M_y-max	OK	1.262	1958.54	2471.297	OK
	0.648[2404]	min	cLCB3	M_y-min	OK	1.807	1367.92	2471.297	OK
	0.727[2405]	max	cLCB2	M_y-max	OK	1.570	1573.62	2471.297	OK
	0.727[2405]	min	cLCB3	M_y-min	OK	2.454	1007.03	2471.297	OK
	1.000[2406]	max	cLCB2	M_y-max	OK	3.116	−792.977	2471.297	OK
	1.000[2406]	min	cLCB3	M_y-min	OK	1.293	−1911.62	2471.297	OK

注：γM_u-最不利荷载作用下盖梁所受的弯矩作用；M_n-盖梁截面的抗弯能力。

盖梁抗剪强度验算 表 6-12

构件	验算位置	最小/最大	组合名称	组成	结果	安全系数	γV_d (kN)	V_n (kN)	截面验算	构造验算
盖梁-3	0.000[2391]	Z-max	cLCB2	F_z-max	OK	2.596	−1139.821	2959.433	OK	验算
	0.000[2391]	Z-min	cLCB3	F_z-min	OK	1.890	−1565.608	2959.433	OK	验算
	0.273[2391]	Z-max	cLCB2	F_z-max	OK	6.362	−465.204	2959.433	OK	验算
	0.273[2391]	Z-min	cLCB3	F_z-min	OK	2.054	−1440.920	2959.433	OK	验算
	0.352[2392]	Z-max	cLCB2	F_z-max	OK	33.00	89.659	2959.433	OK	验算
	0.352[2392]	Z-min	cLCB3	F_z-min	OK	3.633	−814.639	2959.433	OK	验算

续上表

构件	验算位置	最小/最大	组合名称	组成	结果	安全系数	γV_d（kN）	V_n（kN）	截面验算	构造验算
盖梁-3	0.648[2393]	Z-max	cLCB2	F_z-max	OK	3.980	743.538	2959.433	OK	验算
	0.648[2393]	Z-min	cLCB3	F_z-min	OK	33.03	-89.596	2959.433	OK	验算
	0.727[2394]	Z-max	cLCB2	F_z-max	OK	2.122	1394.355	2959.433	OK	验算
	0.727[2394]	Z-min	cLCB3	F_z-min	OK	5.517	536.415	2959.433	OK	验算
	1.000[2395]	Z-max	cLCB2	F_z-max	OK	1.948	1519.043	2959.433	OK	验算
	1.000[2395]	Z-min	cLCB3	F_z-min	OK	2.494	1186.577	2959.433	OK	验算
盖梁-4	0.000[2402]	Z-max	cLCB2	F_z-max	OK	2.240	-1321.195	2959.433	OK	验算
	0.000[2402]	Z-min	cLCB3	F_z-min	OK	1.623	-1823.226	2959.433	OK	验算
	0.273[2402]	Z-max	cLCB2	F_z-max	OK	5.523	-535.843	2959.433	OK	验算
	0.273[2402]	Z-min	cLCB3	F_z-min	OK	1.742	-1698.538	2959.433	OK	验算
	0.352[2403]	Z-max	cLCB2	F_z-max	OK	24.63	120.111	2959.433	OK	验算
	0.352[2403]	Z-min	cLCB3	F_z-min	OK	3.098	-955.432	2959.433	OK	验算
	0.648[2404]	Z-max	cLCB2	F_z-max	OK	3.370	878.119	2959.433	OK	验算
	0.648[2404]	Z-min	cLCB3	F_z-min	OK	24.68	-119.887	2959.433	OK	验算
	0.727[2405]	Z-max	cLCB2	F_z-max	OK	1.799	1644.711	2959.433	OK	验算
	0.727[2405]	Z-min	cLCB3	F_z-min	OK	4.823	613.602	2959.433	OK	验算
	1.000[2406]	Z-max	cLCB2	F_z-max	OK	1.673	1769.398	2959.433	OK	验算
	1.000[2406]	Z-min	cLCB3	F_z-min	OK	2.151	1375.558	2959.433	OK	验算

注：γV_d-最不利荷载作用下盖梁所受剪力；V_n-盖梁截面抗剪能力。

3）墩顶位移验算

顺桥向即根据《规范》第7.4.4条和第7.4.5条规定计算双柱墩容许位移，与第5章的计算过程相同，此处不再赘述。双柱墩横桥向的位移计算需依据《规范》第7.4.6条结合第6.7.5条进行Pushover分析来确定。

由于该桥梁结构具有对称性，故仅需对P1墩、P2墩、P3墩、P4墩进行Pushover分析。利用初始模型提取各个桥墩模型，如图6-9所示。

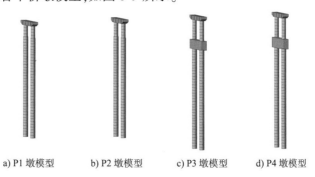

a) P1墩模型   b) P2墩模型   c) P3墩模型   d) P4墩模型

图6-9 单桥墩模型

求恒载轴力:进行上部结构和自重的荷载组合,运行程序查看反力组合结果。恒载作用下各墩初始轴力及理想屈服弯矩(等效弯矩)结果见表6-13。

恒载作用下各墩轴力 表6-13

桥墩	P1墩		P2墩		P3墩		P4墩	
	左墩	右墩	左墩	右墩	左墩	右墩	左墩	右墩
轴力(kN)	3452.5	3452.5	3000.4	3000.5	3563.9	3563.9	2714.3	2714.2
等效弯矩(kN·m)	4915.4	4915.4	4743.4	4743.4	4960.7	4960.7	4610.6	4610.6

通过 $M\text{-}\Phi$ 曲线查看初次迭代(恒载作用下)的理想屈服弯矩,根据理想屈服弯矩计算初次迭代水平力。建立新的荷载组合(包含自重、上部荷载、迭代水平力),运行程序,查看组合结果,求解新的理想屈服弯矩和水平力,修改模型中的迭代水平力,反复迭代直至相邻两次计算各墩柱剪力之和相差在10%以内。

其中,水平力计算按照以下公式计算:

$$V_{c0} = \Phi^0 \frac{M_{hc}^X + M_{hc}^S}{H_n} \tag{6-2}$$

式中:M_{hc}^X、M_{hc}^S——墩柱上下端截面按照实际配筋,采用材料强度标准值和最不利轴力计算的横桥向正截面抗弯承载力所对应的弯矩值(kN·m);

H_n——一般取为墩柱的净长度,但是对于单柱墩横桥向计算时应取梁体截面型芯到墩柱底截面的垂直距离(m);

Φ^0——桥墩正截面抗弯承载能力超强系数,$\Phi^0 = 1.2$。

选取0.0015m为等分步长,以盖梁中间结点位移作为控制点,以水平力与恒载组合作为荷载工况进行静力弹塑性分析,至该控制节点Y方向位移达到0.15m为止。由MIDAS的Pushover铰结果的变形表格读出任意墩柱截面达到极限曲率的一半时的步骤,再查看梁单元位移图找到对应步骤的盖梁水平位移即横桥向容许位移,整体迭代过程如第5章规则桥梁抗震设计一致。此处直接给出容许位移的计算结果,见表6-14、表6-15。

各墩横桥向容许位移 表6-14

桥墩	P1	P2	P3	P4
允许位移(m)	0.047	0.056	0.084	0.098

规则桥梁墩顶位移验算 表6-15

构件	变形方向	验算	Δd(m)	Δu(m)
1	顺桥向(z)	NG	0.1332	0.0255
	横桥向(y)	OK	0.0063	0.0525
2	顺桥向(z)	NG	0.1332	0.0255
	横桥向(y)	OK	0.0065	0.0525
3	横桥向(y)	OK	0.007	0.054

续上表

构件	变形方向	验算	$\Delta d(m)$	$\Delta u(m)$
3	顺桥向(z)	OK	0.0233	0.036
4	顺桥向(z)	OK	0.0233	0.036
	横桥向(y)	OK	0.0073	0.054
5	横桥向(y)	OK	0.0008	0.0645
	顺桥向(z)	OK	0.0172	0.036
6	横桥向(y)	OK	0.0002	0.0645
	顺桥向(z)	OK	0.0172	0.036
7	顺桥向(z)	NG	0.024	0.0217
	横桥向(y)	OK	0.0029	0.0285
8	顺桥向(z)	NG	0.024	0.0217
	横桥向(y)	OK	0.0011	0.0285
9	横桥向(y)	OK	0.0008	0.0645
	顺桥向(z)	OK	0.0173	0.0209
10	横桥向(y)	OK	0.0001	0.0645
	顺桥向(z)	OK	0.0173	0.0209
11	顺桥向(z)	OK	0.0142	0.0362
	横桥向(y)	OK	0.0009	0.054
12	横桥向(y)	OK	0.0013	0.054
	顺桥向(z)	OK	0.0142	0.0362
13	顺桥向(z)	NG	0.1067	0.0269
	横桥向(y)	OK	0.0019	0.0525
14	顺桥向(z)	NG	0.1067	0.0269
	横桥向(y)	OK	0.002	0.0525

注:NG-数据超过限值;OK-数据未超过限值;Δd-规则梁桥墩顶位移计算值;Δu-规则梁桥墩顶位移最大允许值。

4)基础抗震验算

选取 P1 墩的基础进行验算,结果见表 6-16。

规则桥梁基础抗震验算　　　　　　　　　表 6-16

构件	验算位置	组合名称	结果	安全系数（轴）	P（kN/m²）	F_a（kN/m²）	安全系数（偏）	P_{max}（kN/m²）	γF_a（kN/m²）
基础1	0.000[1592]	cLCB3	OK	2.3543	1614.07	3800	1.4177	3350.54	4750
	0.028[1593]	cLCB3	OK	2.3184	1639.07	3800	1.7427	2725.62	4750
	0.056[1594]	cLCB3	OK	2.2828	1664.63	3800	2.2063	2152.96	4750
	0.083[1595]	cLCB3	OK	2.2483	1690.19	3800	2.4686	1924.13	4750
	0.111[1596]	cLCB3	OK	2.2148	1715.73	3800	2.6511	1791.73	4750

续上表

构件	验算位置	组合名称	结果	安全系数（轴）	P (kN/m²)	F_a (kN/m²)	安全系数（偏）	P_{max} (kN/m²)	γF_a (kN/m²)
基础1	0.139[1597]	cLCB3	OK	2.1823	1741.27	3800	2.7215	1745.39	4750
	0.167[1598]	cLCB3	OK	2.1508	1766.8	3800	2.6387	1800.13	4750
	0.194[1599]	cLCB3	OK	2.1202	1792.32	3800	2.5984	1828.03	4750
	0.222[1600]	cLCB3	OK	2.0904	1817.83	3800	2.5756	1844.21	4750
	0.250[1600]	cLCB3	OK	2.0615	1843.33	3800	2.5525	1860.89	4750
	0.278[1602]	cLCB3	OK	2.0334	1868.81	3800	2.5364	1872.75	4750
	0.306[1602]	cLCB3	OK	2.006	1894.29	3800	2.507	1894.67	4750
	0.333[1604]	cLCB3	OK	1.9794	1919.75	3800	2.4742	1919.83	4750
	0.361[1604]	cLCB3	OK	1.9535	1945.2	3800	2.4418	1945.25	4750
	0.389[1606]	cLCB3	OK	1.9283	1970.63	3800	2.4104	1970.65	4750
	0.417[1606]	cLCB3	OK	1.9038	1996.06	3800	2.3797	1996.06	4750
	0.444[1608]	cLCB3	OK	1.8798	2021.46	3800	2.3498	2021.46	4750
	0.472[1608]	cLCB3	OK	1.8565	2046.85	3800	2.3206	2046.85	4750
	0.500[1609]	cLCB3	OK	1.8338	2072.23	3800	2.2922	2072.23	4750
	0.528[1611]	cLCB3	OK	1.8116	2097.59	3800	2.2645	2097.59	4750
	0.556[1612]	cLCB3	OK	1.79	2122.93	3800	2.2375	2122.93	4750
	0.583[1612]	cLCB3	OK	1.7689	2148.25	3800	2.2111	2148.26	4750
	0.611[1613]	cLCB3	OK	1.7483	2173.56	3800	2.1853	2173.59	4750
	0.639[1615]	cLCB3	OK	1.7282	2198.84	3800	2.1602	2198.87	4750
	0.667[1616]	cLCB3	OK	1.7085	2224.11	3800	2.1357	2224.12	4750
	0.694[1616]	cLCB3	OK	1.6894	2249.36	3800	2.1117	2249.37	4750
	0.722[1617]	cLCB3	OK	1.6706	2274.59	3800	2.0883	2274.63	4750
	0.750[1618]	cLCB3	OK	1.6523	2299.8	3800	2.0653	2299.88	4750
	0.778[1620]	cLCB3	OK	1.6344	2324.99	3800	2.043	2325.06	4750
	0.806[1621]	cLCB3	OK	1.6169	2350.16	3800	2.0211	2350.2	4750
	0.833[1621]	cLCB3	OK	1.5998	2375.31	3800	1.9997	2375.32	4750
	0.861[1622]	cLCB3	OK	1.583	2400.44	3800	1.9788	2400.44	4750
	0.889[1624]	cLCB3	OK	1.5667	2425.55	3800	1.9583	2425.55	4750
	0.917[1625]	cLCB3	OK	1.5506	2450.63	3800	1.9382	2450.67	4750
	0.944[1625]	cLCB3	OK	1.5349	2475.7	3800	1.9186	2475.8	4750
	0.972[1626]	cLCB3	OK	1.5196	2500.74	3800	1.8994	2500.83	4750
	1.000[1627]	cLCB3	OK	1.5045	2525.76	3800	1.8801	2526.52	4750

注：OK-数据未超过限值；P-规则梁桥基础所受轴心压力值；F_a-规则梁桥基础轴心压力最大允许值；P_{max}-规则梁桥基础所受最大偏压值；γF_a-规则梁桥基础偏压最大允许值。

5）支座验算

（1）板式橡胶支座厚度验算结果。

E2（弹性）地震作用下，板式橡胶支座厚度验算按照《规范》第7.2.3条规定验算：

$$\begin{cases} \sum t \geqslant \dfrac{X_E}{\tan\gamma} = X_E \\ X_E = \alpha_d X_D + X_H + 0.5 X_T \end{cases} \tag{6-3}$$

式中：X_E——考虑地震作用、均匀温度作用和永久作用组合后的橡胶支座位移；

$\sum t$——橡胶层的总厚度；

$\tan\gamma$——橡胶片剪切角正切值；

X_D——在 $E2$ 地震作用下橡胶支座的水平位移；

X_H——永久作用产生的橡胶支座的水平位移；

X_T——均匀温度作用产生的橡胶支座的水平位移；

α_d——支座调整系数，一般取2.3。

考虑最不利支座处，$\sum t = 0.06\text{m}, X_D = 0.01\text{m}, X_H = 0.009\text{m}, X_T = 0.005\text{m}, X_E = 0.01 \times 2.3 + 0.009 + 0.0025 = 0.0345\text{m} < 0.06\text{m}$，故满足规范要求。

板式橡胶支座 GYZ400×84 厚度验算结果见表6-17。

板式橡胶支座 GYZ400×84 厚度验算结果 表6-17

支座编号	荷载组合	验算	顺桥向变形（m）	横桥向变形（m）	橡胶层总厚度（m）
1	cLCB4	OK	0.0191	0.0007	0.06
2	cLCB4	OK	0.0191	0.0009	0.06
3	cLCB4	OK	0.0035	0.0007	0.06
4	cLCB4	OK	0.0035	0.0009	0.06
5	cLCB4	OK	0.0034	0.0008	0.06
6	cLCB4	OK	0.0034	0.0009	0.06
7	cLCB4	OK	0.0051	0.0013	0.06
8	cLCB4	OK	0.0051	0.0015	0.06
9	cLCB4	OK	0.0034	0.0007	0.06
10	cLCB4	OK	0.0034	0.0009	0.06
11	cLCB4	OK	0.0025	0.0006	0.06
12	cLCB4	OK	0.0025	0.0008	0.06
13	cLCB4	OK	0.0157	0.0006	0.06
14	cLCB4	OK	0.0157	0.0007	0.06
15	cLCB4	NG	0.257	0.262	0.06
16	cLCB4	NG	0.257	0.262	0.06
17	cLCB4	NG	0.2568	0.2631	0.06
18	cLCB4	NG	0.2568	0.263	0.06

续上表

支座编号	荷载组合	验算	顺桥向变形(m)	横桥向变形(m)	橡胶层总厚度(m)
19	cLCB4	NG	0.2568	0.258	0.06
20	cLCB4	NG	0.257	0.2628	0.06
21	cLCB4	NG	0.257	0.2628	0.06
22	cLCB4	NG	0.2568	0.258	0.06
23	cLCB4	NG	0.3159	0.2574	0.06
24	cLCB4	NG	0.3159	0.2573	0.06
25	cLCB4	NG	0.3019	0.2586	0.06
26	cLCB4	NG	0.3019	0.2586	0.06
27	cLCB4	NG	0.3261	0.2699	0.06
28	cLCB4	NG	0.3262	0.2686	0.06
29	cLCB4	NG	0.3262	0.2686	0.06
30	cLCB4	NG	0.3261	0.2699	0.06
31	cLCB4	NG	0.3157	0.2583	0.06
32	cLCB4	NG	0.3261	0.2651	0.06
33	cLCB4	NG	0.3261	0.2696	0.06
34	cLCB4	NG	0.3261	0.2696	0.06
35	cLCB4	NG	0.3261	0.2652	0.06
36	cLCB4	NG	0.3265	0.2712	0.06
37	cLCB4	NG	0.3265	0.2712	0.06
38	cLCB4	NG	0.3265	0.2723	0.06
39	cLCB4	NG	0.3265	0.2723	0.06
40	cLCB4	NG	0.3265	0.2673	0.06
41	cLCB4	NG	0.3266	0.2721	0.06
42	cLCB4	NG	0.3266	0.2722	0.06
43	cLCB4	NG	0.3265	0.2674	0.06
44	cLCB4	NG	0.3157	0.2583	0.06
45	cLCB4	NG	0.3017	0.2595	0.06
46	cLCB4	NG	0.3017	0.2595	0.06
47	cLCB4	NG	0.3156	0.2518	0.06
48	cLCB4	NG	0.3157	0.2518	0.06
49	cLCB4	NG	0.3016	0.2531	0.06
50	cLCB4	NG	0.3016	0.2531	0.06
51	cLCB4	NG	0.3158	0.2578	0.06
52	cLCB4	NG	0.3158	0.2578	0.06
53	cLCB4	NG	0.3018	0.259	0.06

续上表

支座编号	荷载组合	验算	顺桥向变形(m)	横桥向变形(m)	橡胶层总厚度(m)
54	cLCB4	NG	0.3018	0.259	0.06
55	cLCB4	NG	0.3124	0.2716	0.06
56	cLCB4	NG	0.3124	0.2716	0.06
57	cLCB4	NG	0.3125	0.2728	0.06
58	cLCB4	NG	0.3125	0.2727	0.06
59	cLCB4	NG	0.3125	0.2678	0.06
60	cLCB4	NG	0.3126	0.2726	0.06
61	cLCB4	NG	0.3126	0.2726	0.06
62	cLCB4	NG	0.3125	0.2679	0.06
63	cLCB4	NG	0.3183	0.2707	0.06
64	cLCB4	NG	0.3183	0.2707	0.06
65	cLCB4	NG	0.3183	0.2721	0.06
66	cLCB4	NG	0.3183	0.2721	0.06
67	cLCB4	NG	0.3183	0.2672	0.06
68	cLCB4	NG	0.3183	0.2719	0.06
69	cLCB4	NG	0.3183	0.2719	0.06
70	cLCB4	NG	0.3183	0.2672	0.06
71	cLCB4	NG	0.2675	0.2581	0.06
72	cLCB4	NG	0.2677	0.2623	0.06
73	cLCB4	NG	0.2678	0.2622	0.06
74	cLCB4	NG	0.2676	0.2633	0.06
75	cLCB4	NG	0.2675	0.2633	0.06
76	cLCB4	NG	0.2676	0.2581	0.06
77	cLCB4	NG	0.2678	0.2631	0.06
78	cLCB4	NG	0.2677	0.2631	0.06
79	cLCB4	OK	0	0	0.06
80	cLCB4	OK	0	0	0.06
81	cLCB4	OK	0	0	0.06
82	cLCB4	OK	0	0	0.06
83	cLCB4	NG	0.349	0.2504	0.06
84	cLCB4	NG	0.349	0.2504	0.06
85	cLCB4	NG	0.349	0.2504	0.06
86	cLCB4	NG	0.349	0.2504	0.06
87	cLCB4	NG	0.3491	0.25	0.06
88	cLCB4	NG	0.3491	0.25	0.06

续上表

支座编号	荷载组合	验算	顺桥向变形(m)	横桥向变形(m)	橡胶层总厚度(m)
89	cLCB4	NG	0.349	0.2445	0.06
90	cLCB4	NG	0.349	0.2445	0.06
91	cLCB4	NG	0.3349	0.2432	0.06
92	cLCB4	NG	0.3349	0.2432	0.06
93	cLCB4	NG	0.335	0.2492	0.06
94	cLCB4	NG	0.335	0.2492	0.06
95	cLCB4	NG	0.3349	0.2491	0.06
96	cLCB4	NG	0.3349	0.2491	0.06
97	cLCB4	NG	0.3351	0.2488	0.06
98	cLCB4	NG	0.3351	0.2488	0.06

(2)板式橡胶支座抗滑稳定性验算结果。

E2(弹性)地震作用下,板式橡胶支座抗滑稳定性验算按照《规范》第7.2.3条规定验算:

$$\begin{cases} \mu R \geqslant E_{hzh} \\ E_{hzh} = \alpha_d E_{hze} + E_{hzd} + 0.5 E_{hzT} \end{cases} \quad (6-4)$$

式中:μ——支座的动摩阻因数;

E_{hzh}——支座水平组合地震力;

R——上部结构重力在支座上产生的反力;

E_{hze}——在 E2 地震作用下,橡胶支座的水平地震力;

E_{hzd}——永久作用产生的橡胶支座水平力;

E_{hzT}——均匀温度引起的橡胶支座水平力;

α_d——支座调整系数,一般取 2.3。

考虑最不利支座处,$\mu R = 1550 \text{kN}$,$E_{hze} = 400 \text{kN}$,$E_{hzd} = 350 \text{kN}$,$E_{hzT} = 100 \text{kN}$,$E_{hzh} = 400 \times 2.3 + 350 + 50 = 1320 \text{kN} < 1550 \text{kN}$,故满足规范要求。

板式橡胶支座 GYZ400x84 抗滑稳定性验算结果见表 6-18。

板式橡胶支座 GYZ400x84 抗滑稳定性验算结果　　　　表 6-18

支座编号	荷载组合	验算	顺桥向水平力(N)	横桥向水平力(N)	水平力容许值(N)
1	cLCB4	NG	2223443	682911.5	1850991
2	cLCB4	NG	2223439	604311.9	1850760
3	cLCB4	OK	279969.3	686010.3	1552911
4	cLCB4	OK	279969.3	620018	1552943
5	cLCB4	OK	349875.2	860931.5	1852136
6	cLCB4	OK	349875.2	639836.1	1851830

续上表

支座编号	荷载组合	验算	顺桥向水平力(N)	横桥向水平力(N)	水平力容许值(N)
7	cLCB4	NG	379219.8	1384039	1349608
8	cLCB4	OK	379226.9	1079634	1350033
9	cLCB4	OK	348100.5	862652.4	1852138
10	cLCB4	OK	348100.5	630963.8	1851769
11	cLCB4	OK	267929.7	710940.9	1552940
12	cLCB4	OK	267929.7	619476.2	1552994
13	cLCB4	NG	2315238	704673.8	1850869
14	cLCB4	NG	2315235	598106.2	1850727
15	cLCB4	NG	553447.2	0	463869.2
16	cLCB4	NG	553487.7	0	448139.2
17	cLCB4	NG	553168.1	0	443157.6
18	cLCB4	NG	553055.1	0	428847.6
19	cLCB4	NG	553131.7	556203.3	443872.6
20	cLCB4	NG	553550.8	0	447795.7
21	cLCB4	NG	553512.3	0	463627.3
22	cLCB4	NG	553029.8	556159.2	429002.1
32	cLCB4	NG	0	571881.7	368356.5
35	cLCB4	NG	0	572049.1	357886.5
40	cLCB4	NG	0	576197.6	443953.5
43	cLCB4	NG	0	576342	429942
47	cLCB4	NG	0	542996.6	153501.9
48	cLCB4	NG	0	542995.2	160784.8
49	cLCB4	NG	0	545756.7	153603.5
50	cLCB4	NG	0	545755.3	160774.8
59	cLCB4	NG	0	576809.1	443446.6
62	cLCB4	NG	0	576959.1	429795.2
67	cLCB4	NG	0	575527.6	367996.7
70	cLCB4	NG	0	575684.1	358347.4
71	cLCB4	NG	575859.9	555418	429368.4
72	cLCB4	NG	576344.2	0	464251.8
73	cLCB4	NG	576383.3	0	447228.6
74	cLCB4	NG	575982.2	0	443262.5
75	cLCB4	NG	575862	0	429174.7
76	cLCB4	NG	575979	555469.3	443792
77	cLCB4	NG	576384.8	0	447165.5

续上表

支座编号	荷载组合	验算	顺桥向水平力(N)	横桥向水平力(N)	水平力容许值(N)
78	cLCB4	NG	576345.9	0	463913.1
79	cLCB4	OK	357607.9	112082.5	374610
80	cLCB4	OK	357547	112173.8	374610
81	cLCB4	NG	383178.8	320314.6	370327.5
82	cLCB4	NG	383119.8	320301.6	370327.5
89	cLCB4	NG	0	525827.1	154925.5
90	cLCB4	NG	0	525827.1	160551.3
91	cLCB4	NG	0	523031.2	160619.6
92	cLCB4	NG	0	523031.2	154986.2

6.4 铅芯橡胶支座抗震分析

本桥的铅芯橡胶支座选用 J4Q 矩形铅芯隔震橡胶支座，支座平面尺寸为 570mm × 670mm，承载力为 3000kN，容许位移量为 ±75mm，外接钢板为 780mm × 820mm，铅芯屈服力为 193kN，剪切模量为 0.8MPa，屈服前刚度为 12.1kN/mm，屈服后刚度为 1.9kN/mm，水平等效刚度为 2.9kN/mm。

使用滑板支座、减隔震支座等属于非规则桥梁。采用减隔震设计的桥梁，可只进行 E2 地震作用下的抗震设计和验算，但宜同时对相应的非减隔震桥梁进行抗震分析，检验是否适合采用减隔震设计以及减隔震效果。计算减隔震桥梁地震作用效应时，宜取全桥模型进行分析，并考虑伸缩装置、桩土相互作用等因素的影响。对于采用铅芯橡胶支座的非规则桥梁，依据《规范》，进行 E1 地震作用下的反应谱分析和时程分析，以及 E2 地震作用下的时程分析。

铅芯橡胶支座、高阻尼橡胶支座的恢复力模型如图 6-10 所示。

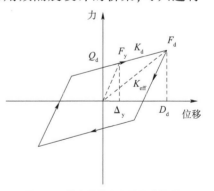

图 6-10 铅芯橡胶支座恢复力模型

$$K_{\text{eff}} = \frac{F_d}{D_d} = \frac{Q_d}{D_d} + K_d \tag{6-5}$$

$$\xi_{\text{eff}} = \frac{2Q_d(D_d - \Delta_y)}{\pi D_d^2 K_{\text{eff}}} \tag{6-6}$$

式中：D_d——减隔震支座的水平设计位移(m)；

Δ_y——减隔震支座的屈服位移(m);

Q_d——减隔震支座的特征强度(kN),即滞回曲线正向与剪力轴交叉值;

K_{eff}——减隔震支座的等效刚度(kN/m);

K_d——减隔震支座的屈后刚度(kN/m);

ξ_{eff}——减隔震支座的等效阻尼比。

在程序中根据《公路桥梁铅芯隔震橡胶支座》(JT/T 822—2011)中相关支座参数,通过【边界】→【一般连接】→【一般连接特性值】→【添加】,选择特性值类型为铅芯橡胶支座隔振装置,如图6-11所示。

图6-11 MIDAS/Civil中铅芯橡胶支座参数输入界面

需要定义:

(1)自重:程序定义边界条件仅定义连接特性,对于支座本身的质量在此处考虑。

(2)结构分析的线性特性值:反应谱分析即调用此处的线性特性值,K_{eff}等效刚度的值在这里输入。

(3)非线性特性值:时程分析的直接积分法,程序可以通过非线性特性值中的内容确定结构的阻尼情况,有效阻尼的概念类似有效刚度,主要用于非线性单元中线性自由度方向阻尼属性。两个剪切方向成分相互关联且具有双轴塑性特性,其中轴向、扭转、两个方向的弯曲成分均为线性且相互独立。

6.4.1　E1 分析结果

使用减隔震支座结构中对墩柱底进行强度验算,荷载工况见表 6-7,验算结果见表 6-19。

E1 桥墩强度验算结果(铅芯橡胶支座)　　　　　表 6-19

构件	组合名称	组成	结果	安全系数	γN_d(kN)	N_n(kN)
P1 左肢	cLCB3	轴心 F_x-min	OK	8.344	3542.188	29556.168
	cLCB3	偏心 F_x-min(M_y)	OK	7.659	3542.188	27129.460
	cLCB3	偏心 F_x-min(M_z)	OK	9.186	3542.188	32538.302
	cLCB2	偏心 M_y-max(F_x)	OK	7.903	3367.392	26613.538
	cLCB3	偏心 M_y-min(F_x)	OK	7.659	3542.188	27129.460
	cLCB2	偏心 M_z-max(F_x)	OK	8.461	3367.392	28490.946
	cLCB3	偏心 M_z-min(F_x)	OK	9.186	3542.188	32538.302
P1 右肢	cLCB3	轴心 F_x-min	OK	8.344	3542.434	29556.168
	cLCB3	偏心 F_x-min(M_y)	OK	7.659	3542.434	27129.782
	cLCB3	偏心 F_x-min(M_z)	OK	8.092	3542.434	28665.018
	cLCB2	偏心 M_y-max(F_x)	OK	7.904	3367.144	26613.154
	cLCB3	偏心 M_y-min(F_x)	OK	7.659	3542.434	27129.782
	cLCB2	偏心 M_z-max(F_x)	OK	9.658	3367.144	32519.810
	cLCB3	偏心 M_z-min(F_x)	OK	8.092	3542.434	28665.018
P2 左肢	cLCB3	轴心 F_x-min	OK	9.519	3104.863	29556.168
	cLCB3	偏心 F_x-min(M_y)	OK	8.243	3104.863	25592.370
	cLCB3	偏心 F_x-min(M_z)	OK	10.247	3104.863	31816.606
	cLCB2	偏心 M_y-max(F_x)	OK	8.800	2889.637	25429.278
	cLCB3	偏心 M_y-min(F_x)	OK	8.243	3104.863	25592.370
	cLCB2	偏心 M_z-max(F_x)	OK	9.217	2889.637	26634.780
	cLCB3	偏心 M_z-min(F_x)	OK	10.247	3104.863	31816.606
P2 右肢	cLCB3	轴心 F_x-min	OK	9.519	3104.831	29556.168
	cLCB3	偏心 F_x-min(M_y)	OK	8.243	3104.831	25592.320
	cLCB3	偏心 F_x-min(M_z)	OK	8.694	3104.831	26992.550
	cLCB2	偏心 M_y-max(F_x)	OK	8.800	2889.670	25429.364
	cLCB3	偏心 M_y-min(F_x)	OK	8.243	3104.831	25592.320
	cLCB2	偏心 M_z-max(F_x)	OK	10.985	2889.670	31743.908
	cLCB3	偏心 M_z-min(F_x)	OK	8.694	3104.831	26992.550
P3 左肢	cLCB3	轴心 F_x-min	OK	8.005	3692.357	29556.168
	cLCB3	偏心 F_x-min(M_y)	OK	6.964	3692.357	25714.030
	cLCB3	偏心 F_x-min(M_z)	OK	8.825	3692.357	32584.896

续上表

构件	组合名称	组成	结果	安全系数	γN_d(kN)	N_n(kN)
P3 左肢	cLCB2	偏心 M_y-max(F_x)	OK	7.595	3439.530	26124.522
	cLCB3	偏心 M_y-min(F_x)	OK	6.964	3692.357	25714.030
	cLCB2	偏心 M_z-max(F_x)	OK	7.202	3439.530	24770.078
	cLCB3	偏心 M_z-min(F_x)	OK	8.825	3692.357	32584.896
P3 右肢	cLCB3	轴心 F_x-min	OK	8.005	3692.357	29556.168
	cLCB3	偏心 F_x-min(M_y)	OK	6.964	3692.357	25714.026
	cLCB3	偏心 F_x-min(M_z)	OK	6.838	3692.357	25249.918
	cLCB2	偏心 M_y-max(F_x)	OK	7.595	3439.528	26124.512
	cLCB3	偏心 M_y-min(F_x)	OK	6.964	3692.357	25714.026
	cLCB2	偏心 M_z-max(F_x)	OK	9.467	3439.528	32562.800
	cLCB3	偏心 M_z-min(F_x)	OK	6.838	3692.357	25249.918
P4 左肢	cLCB3	轴心 F_x-min	OK	10.188	2901.177	29556.168
	cLCB3	偏心 F_x-min(M_y)	OK	7.333	2901.177	21275.912
	cLCB3	偏心 F_x-min(M_z)	OK	9.614	2901.177	27892.538
	cLCB2	偏心 M_y-max(F_x)	OK	7.885	2525.441	19912.408
	cLCB3	偏心 M_y-min(F_x)	OK	7.333	2901.177	21275.912
	cLCB2	偏心 M_z-max(F_x)	OK	7.937	2525.441	20045.292
	cLCB3	偏心 M_z-min(F_x)	OK	9.614	2901.177	27892.538
P4 右肢	cLCB3	轴心 F_x-min	OK	10.188	2901.178	29556.168
	cLCB3	偏心 F_x-min(M_y)	OK	7.333	2901.178	21275.912
	cLCB3	偏心 F_x-min(M_z)	OK	7.372	2901.178	21386.480
	cLCB2	偏心 M_y-max(F_x)	OK	7.885	2525.443	19912.414
	cLCB3	偏心 M_y-min(F_x)	OK	7.333	2901.178	21275.912
	cLCB2	偏心 M_z-max(F_x)	OK	10.826	2525.443	27340.400
	cLCB3	偏心 M_z-min(F_x)	OK	7.372	2901.178	21386.480

注:γN_d-最不利荷载组合作用下墩柱底所受轴力;N_n-墩柱底截面的承载力。

6.4.2 E2 分析结果

1)桥墩抗震验算结果

盖梁标号如图 6-8 所示,减隔震结构下的 E2 强度验算见表 6-20。

E2 桥墩强度验算结果(铅芯橡胶支座) 表 6-20

构件	验算位置	组合名称	验算方向	结果	安全系数	M(kN·m)	M_s(kN·m)
P1	0.000[1587]	cLCB3	轴心 F_x-min	OK	30.504	152.991	4666.877
	0.000[1587]	cLCB3	偏心 F_x-min(M_y)	OK	5.243	-823.701	4318.405

续上表

构件	验算位置	组合名称	验算方向	结果	安全系数	$M(\text{kN}\cdot\text{m})$	$M_s(\text{kN}\cdot\text{m})$
P1	0.000[1587]	cLCB3	偏心 F_x-min(M_z)	OK	17.817	262.786	4682.145
	0.000[1587]	cLCB2	偏心 M_y-max(F_x)	OK	7.720	−559.370	4318.405
	0.000[1587]	cLCB3	偏心 M_y-min(F_x)	OK	12.405	378.651	4697.051
	0.000[1587]	cLCB2	偏心 M_z-max(F_x)	OK	14.749	−292.799	4318.405
	0.000[1587]	cLCB3	偏心 M_z-min(F_x)	OK	9.449	498.679	4711.986
	0.200[1588]	cLCB3	轴心 F_x-min	OK	23.364	−184.833	4318.405
	0.200[1588]	cLCB3	偏心 F_x-min(M_y)	OK	7.608	621.321	4726.961
	0.200[1588]	cLCB3	偏心 F_x-min(M_z)	OK	16.651	259.347	4318.405
	0.200[1588]	cLCB2	偏心 M_y-max(F_x)	OK	6.362	745.380	4741.836
	0.200[1588]	cLCB3	偏心 M_y-min(F_x)	OK	8.072	535.017	4318.405
P2	0.200[1588]	cLCB2	偏心 M_z-max(F_x)	OK	30.504	152.991	4666.864
	0.200[1588]	cLCB3	偏心 M_z-min(F_x)	OK	5.598	771.421	4318.405
	0.400[1589]	cLCB3	轴心 F_x-min	OK	17.817	262.786	4682.131
	0.400[1589]	cLCB3	偏心 F_x-min(M_y)	OK	8.274	521.952	4318.405
	0.400[1589]	cLCB3	偏心 F_x-min(M_z)	OK	12.405	378.651	4697.019
	0.400[1589]	cLCB2	偏心 M_y-max(F_x)	OK	15.839	272.637	4318.405
	0.400[1589]	cLCB3	偏心 M_y-min(F_x)	OK	9.449	498.679	4711.936
	0.400[1589]	cLCB2	偏心 M_z-max(F_x)	OK	21.935	196.877	4318.405
	0.400[1589]	cLCB3	偏心 M_z-min(F_x)	OK	7.608	621.321	4726.895
	0.600[1590]	cLCB3	轴心 F_x-min	OK	16.750	−257.823	4318.405
	0.600[1590]	cLCB3	偏心 F_x-min(M_y)	OK	6.362	745.380	4741.751
	0.600[1590]	cLCB3	偏心 F_x-min(M_z)	OK	8.300	−520.278	4318.405
P3	0.600[1590]	cLCB2	偏心 M_y-max(F_x)	OK	28.394	170.486	4840.813
	0.600[1590]	cLCB3	偏心 M_y-min(F_x)	OK	4.124	−977.120	4030.015
	0.600[1590]	cLCB2	偏心 M_z-max(F_x)	OK	16.602	292.491	4856.033
	0.600[1590]	cLCB3	偏心 M_z-min(F_x)	OK	5.545	−726.738	4030.015
	0.800[1591]	cLCB3	轴心 F_x-min	OK	11.541	422.071	4871.060
	0.800[1591]	cLCB3	偏心 F_x-min(M_y)	OK	8.538	−472.017	4030.015
	0.800[1591]	cLCB3	偏心 F_x-min(M_z)	OK	8.764	557.542	4886.158
	0.800[1591]	cLCB2	偏心 M_y-max(F_x)	OK	18.774	−214.655	4030.015
	0.800[1591]	cLCB3	偏心 M_y-min(F_x)	OK	7.025	697.661	4901.221
	0.800[1591]	cLCB2	偏心 M_z-max(F_x)	OK	24.013	−167.828	4030.015
	0.800[1591]	cLCB3	偏心 M_z-min(F_x)	OK	5.842	841.501	4916.247
	1.000[1591]	cLCB3	轴心 F_x-min	OK	12.879	312.918	4030.015
	1.000[1591]	cLCB3	偏心 F_x-min(M_y)	OK	4.989	988.321	4931.244

续上表

构件	验算位置	组合名称	验算方向	结果	安全系数	$M(kN \cdot m)$	$M_s(kN \cdot m)$
P3	1.000[1591]	cLCB3	偏心 F_x-min(M_z)	OK	6.968	578.384	4030.015
	1.000[1591]	cLCB2	偏心 M_y-max(F_x)	OK	4.348	1137.507	4946.143
	1.000[1591]	cLCB3	偏心 M_y-min(F_x)	OK	4.769	845.115	4030.015
P4	1.000[1591]	cLCB2	偏心 M_z-max(F_x)	OK	28.394	170.486	4840.838
	1.000[1591]	cLCB3	偏心 M_z-min(F_x)	OK	4.359	924.511	4030.015
	0.000[1582]	cLCB3	轴心 F_x-min	OK	16.602	292.491	4856.057
	0.000[1582]	cLCB3	偏心 F_x-min(M_y)	OK	5.869	686.638	4030.015
	0.000[1582]	cLCB3	偏心 F_x-min(M_z)	OK	11.541	422.071	4871.078
	0.000[1582]	cLCB2	偏心 M_y-max(F_x)	OK	9.072	444.202	4030.015
	0.000[1582]	cLCB3	偏心 M_y-min(F_x)	OK	8.764	557.542	4886.172
	0.000[1582]	cLCB2	偏心 M_z-max(F_x)	OK	19.907	202.437	4030.015
	0.000[1582]	cLCB3	偏心 M_z-min(F_x)	OK	7.025	697.661	4901.230
	0.200[1583]	cLCB3	轴心 F_x-min	OK	23.082	174.598	4030.015
	0.200[1583]	cLCB3	偏心 F_x-min(M_y)	OK	5.842	841.501	4916.252
	0.200[1583]	cLCB3	偏心 F_x-min(M_z)	OK	13.068	-308.394	4030.015
	0.200[1583]	cLCB2	偏心 M_y-max(F_x)	OK	4.989	988.321	4931.244
	0.200[1583]	cLCB3	偏心 M_y-min(F_x)	OK	7.160	-562.870	4030.015
	0.200[1583]	cLCB2	偏心 M_z-max(F_x)	OK	4.348	1137.507	4946.141
	0.200[1583]	cLCB3	偏心 M_z-min(F_x)	OK	4.922	-818.822	4030.015

2)盖梁抗震验算

使用减隔震支座结构的盖梁抗弯强度验算(铅芯橡胶支座)结果见表6-21、表6-22。

盖梁抗弯强度验算(铅芯橡胶支座) 表6-21

构件	验算位置	最小/最大	组合名称	组成	结果	安全系数	γM_u (kN·m)	M_n (kN·m)	受压区高度验算结果
盖梁-3	0.000[2391]	max	cLCB2	M_y-max	OK	9.4493	-504465	4766835	OK
	0.000[2391]	min	cLCB3	M_y-min	OK	2.3663	-2×10^6	4766835	OK
	0.273[2391]	max	cLCB2	M_y-max	OK	3.5367	1347815	4766835	OK
	0.273[2391]	min	cLCB3	M_y-min	OK	6.1293	777711	4766835	OK
	0.352[2392]	max	cLCB2	M_y-max	OK	2.8985	1644603	4766835	OK
	0.352[2392]	min	cLCB3	M_y-min	OK	4.3371	1099093	4766835	OK
	0.648[2393]	max	cLCB2	M_y-max	OK	2.8984	1644651	4766835	OK
	0.648[2393]	min	cLCB3	M_y-min	OK	4.3373	1099039	4766835	OK
	0.727[2394]	max	cLCB2	M_y-max	OK	3.5365	1347878	4766835	OK
	0.727[2394]	min	cLCB3	M_y-min	OK	6.1297	777661	4766835	OK

第 6 章 非规则梁桥减隔震设计验算

续上表

构件	验算位置	最小/最大	组合名称	组成	结果	安全系数	γM_u (kN·m)	M_n (kN·m)	受压区高度验算结果
盖梁-3	1.000[2395]	max	cLCB2	M_y-max	OK	9.4486	-504502	4766835	OK
	1.000[2395]	min	cLCB3	M_y-min	OK	2.3663	-2×10^6	4766835	OK
盖梁-4	0.000[2402]	max	cLCB2	M_y-max	OK	9.0699	-525566	4766835	OK
	0.000[2402]	min	cLCB3	M_y-min	OK	2.0508	-2×10^6	4766835	OK
	0.273[2402]	max	cLCB2	M_y-max	OK	2.9015	1642902	4766835	OK
	0.273[2402]	min	cLCB3	M_y-min	OK	4.9786	957466	4766835	OK
	0.352[2403]	max	cLCB2	M_y-max	OK	2.4313	1960580	4766835	OK
	0.352[2403]	min	cLCB3	M_y-min	OK	3.5869	1328966	4766835	OK
	0.648[2404]	max	cLCB2	M_y-max	OK	2.4313	1960590	4766835	OK
	0.648[2404]	min	cLCB3	M_y-min	OK	3.5869	1328952	4766835	OK
	0.727[2405]	max	cLCB2	M_y-max	OK	2.9014	1642934	4766835	OK
	0.727[2405]	min	cLCB3	M_y-min	OK	4.9787	957449	4766835	OK
	1.000[2406]	max	cLCB2	M_y-max	OK	9.0696	-525583	4766835	OK
	1.000[2406]	min	cLCB3	M_y-min	OK	2.0508	-2×10^6	4766835	OK

注：γM_u-最不利荷载组合作用下盖梁所受的弯矩作用；M_n-盖梁截面的抗弯能力。

盖梁抗剪强度验算（铅芯橡胶支座） 表 6-22

构件	验算位置	最小/最大	组合名称	组成	结果	安全系数	γV_d (kN)	V_n (kN)	截面验算	构造验算
盖梁-3	0.000[2391]	Z-max	cLCB2	F_z-max	OK	2.7576	-1×10^6	3026204	OK	验算
	0.000[2391]	Z-min	cLCB3	F_z-min	OK	1.7995	-2×10^6	3026204	OK	验算
	0.273[2391]	Z-max	cLCB2	F_z-max	OK	6.4046	-472506	3026204	OK	验算
	0.273[2391]	Z-min	cLCB3	F_z-min	OK	1.9436	-2×10^6	3026204	OK	验算
	0.352[2392]	Z-max	cLCB2	F_z-max	OK	13.7939	219388	3026204	OK	验算
	0.352[2392]	Z-min	cLCB3	F_z-min	OK	3.9555	-765071	3026204	OK	验算
	0.648[2393]	Z-max	cLCB2	F_z-max	OK	3.956	764957	3026204	OK	验算
	0.648[2393]	Z-min	cLCB3	F_z-min	OK	13.794	-219385	3026204	OK	验算
	0.727[2394]	Z-max	cLCB2	F_z-max	OK	1.9437	1556956	3026204	OK	验算
	0.727[2394]	Z-min	cLCB3	F_z-min	OK	6.4035	472586	3026204	OK	验算
	1.000[2395]	Z-max	cLCB2	F_z-max	OK	1.7996	1681643	3026204	OK	验算
	1.000[2395]	Z-min	cLCB3	F_z-min	OK	2.7575	1097433	3026204	OK	验算
盖梁-4	0.000[2402]	Z-max	cLCB2	F_z-max	OK	2.3662	-1×10^6	3026204	OK	验算
	0.000[2402]	Z-min	cLCB3	F_z-min	OK	1.5435	-2×10^6	3026204	OK	验算
	0.273[2402]	Z-max	cLCB2	F_z-max	OK	5.7422	-527012	3026204	OK	验算

续上表

构件	验算位置	最小/最大	组合名称	组成	结果	安全系数	γV_d (kN)	V_n (kN)	截面验算	构造验算
盖梁-4	0.273[2402]	Z-min	cLCB3	F_z-min	OK	1.6483	-2×10^6	3026204	OK	验算
	0.352[2403]	Z-max	cLCB2	F_z-max	OK	11.4343	264659	3026204	OK	验算
	0.352[2403]	Z-min	cLCB3	F_z-min	OK	3.5485	-852809	3026204	OK	验算
	0.648[2404]	Z-max	cLCB2	F_z-max	OK	3.5488	852751	3026204	OK	验算
	0.648[2404]	Z-min	cLCB3	F_z-min	OK	11.4344	-264657	3026204	OK	验算
	0.727[2405]	Z-max	cLCB2	F_z-max	OK	1.6483	1835986	3026204	OK	验算
	0.727[2405]	Z-min	cLCB3	F_z-min	OK	5.742	527033	3026204	OK	验算
	1.000[2406]	Z-max	cLCB2	F_z-max	OK	1.5435	1960674	3026204	OK	验算
	1.000[2406]	Z-min	cLCB3	F_z-min	OK	2.3662	1278954	3026204	OK	验算

注:γV_d-最不利荷载组合作用下盖梁所受的剪力作用;V_n-盖梁截面的抗剪能力。

3)基础抗震验算

使用减隔震支座结构中P1墩的基础验算(铅芯橡胶支座)结果见表6-23。

基础验算(铅芯橡胶支座) 表6-23

构件	验算位置	组合名称	结果	安全系数(轴)	P (kN/m²)	F_a (kN/m²)	安全系数(偏)	P_{max} (kN/m²)	γF_a (kN/m²)
基础1	0.000[1592]	cLCB3	OK	2299.14	1.6528	3800	1066.26	4.4548	4750
	0.028[1593]	cLCB3	OK	2264.88	1.6778	3800	1383.07	3.4344	4750
	0.056[1594]	cLCB3	OK	2231.16	1.7031	3800	1935.97	2.4536	4750
	0.083[1595]	cLCB3	OK	2198.44	1.7285	3800	2349.03	2.0221	4750
	0.111[1596]	cLCB3	OK	2166.67	1.7538	3800	2569.73	1.8484	4750
	0.139[1597]	cLCB3	OK	2135.8	1.7792	3800	2660.64	1.7853	4750
	0.167[1598]	cLCB3	OK	2105.81	1.8045	3800	2571.61	1.8471	4750
	0.194[1599]	cLCB3	OK	2076.65	1.8299	3800	2533.29	1.875	4750
	0.222[1600]	cLCB3	OK	2048.3	1.8552	3800	2515.03	1.8886	4750
	0.250[1600]	cLCB3	OK	2020.71	1.8805	3800	2497.77	1.9017	4750
	0.278[1602]	cLCB3	OK	1993.87	1.9058	3800	2485.92	1.9108	4750
	0.306[1602]	cLCB3	OK	1967.73	1.9312	3800	2459.04	1.9316	4750
	0.333[1604]	cLCB3	OK	1942.28	1.9565	3800	2427.72	1.9566	4750
	0.361[1604]	cLCB3	OK	1917.49	1.9818	3800	2396.78	1.9818	4750
	0.389[1606]	cLCB3	OK	1893.33	2.007	3800	2366.64	2.0071	4750
	0.417[1606]	cLCB3	OK	1869.78	2.0323	3800	2337.22	2.0323	4750

续上表

构件	验算位置	组合名称	结果	安全系数(轴)	P (kN/m²)	F_a (kN/m²)	安全系数(偏)	P_{max} (kN/m²)	γF_a (kN/m²)
基础1	0.444[1608]	cLCB3	OK	1846.81	2.0576	3800	2308.51	2.0576	4750
	0.472[1608]	cLCB3	OK	1824.41	2.0829	3800	2280.51	2.0829	4750
	0.500[1609]	cLCB3	OK	1802.56	2.1081	3800	2253.2	2.1081	4750
	0.528[1611]	cLCB3	OK	1781.23	2.1334	3800	2226.54	2.1334	4750
	0.556[1612]	cLCB3	OK	1760.41	2.1586	3800	2200.51	2.1586	4750
	0.583[1612]	cLCB3	OK	1740.08	2.1838	3800	2175.09	2.1838	4750
	0.611[1613]	cLCB3	OK	1720.22	2.209	3800	2150.25	2.209	4750
	0.639[1615]	cLCB3	OK	1700.82	2.2342	3800	2126.01	2.2342	4750
	0.667[1616]	cLCB3	OK	1681.87	2.2594	3800	2102.32	2.2594	4750
	0.694[1616]	cLCB3	OK	1663.34	2.2846	3800	2079.17	2.2846	4750
	0.722[1617]	cLCB3	OK	1645.22	2.3097	3800	2056.5	2.3098	4750
	0.750[1618]	cLCB3	OK	1627.5	2.3349	3800	2034.32	2.3349	4750
	0.778[1620]	cLCB3	OK	1610.17	2.36	3800	2012.66	2.3601	4750
	0.806[1621]	cLCB3	OK	1593.21	2.3851	3800	1991.49	2.3852	4750
	0.833[1621]	cLCB3	OK	1576.62	2.4102	3800	1970.77	2.4102	4750
	0.861[1622]	cLCB3	OK	1560.38	2.4353	3800	1950.47	2.4353	4750
	0.889[1624]	cLCB3	OK	1544.48	2.4604	3800	1930.59	2.4604	4750
	0.917[1625]	cLCB3	OK	1528.9	2.4854	3800	1911.11	2.4855	4750
	0.944[1625]	cLCB3	OK	1513.65	2.5105	3800	1892	2.5106	4750
	0.972[1626]	cLCB3	OK	1498.71	2.5355	3800	1873.33	2.5356	4750
	0.000[1592]	cLCB3	OK	2299.14	1.6528	3800	1066.26	4.4548	4750

6.4.3 时程分析

1）地震波的选取

本次时程分析采用地震波生成软件生成3条相互独立的地震波，具体操作为：将反应谱导入地震波生成软件，然后设定周期、时程总持续时间、峰值加速度和反应谱阻尼比等参数，软件根据输入的反应谱进行拟合，生成3条相互独立的地震波。图6-12与图6-13为反应谱拟合结果和地震波波形图。

2）地震荷载的输入

在"荷载—地震作用—时程分析数据—荷载工况"中进行时程荷载工况分析中，分析类型选择"非线性"，分析方法选择"直接积分法"，时程类型选择"瞬态"，分析时间选择"40sec"，分析时间步长选择"0.05sec"。对于因子计算中的频率/周期，利用多重Ritz向量法进行特征值分析，根据振型参与质量较大的模态号，选取频率/周期填入因子计算空格中，完成地震荷载的输入，如图6-14所示。

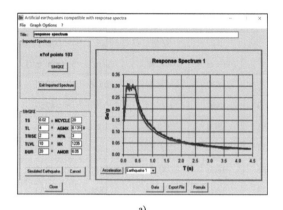

a)

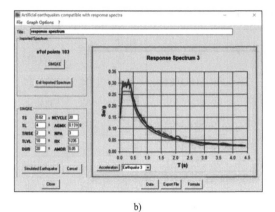

b)

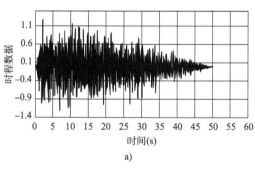

c)

图 6-12　反应谱拟合结果

a)

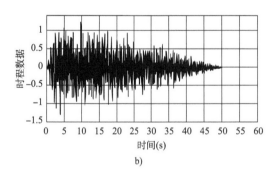

b)

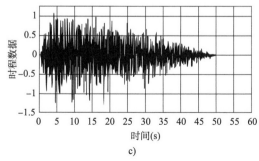

c)

图 6-13　地震波波形图

图 6-14 地震荷载的输入

3）时程分析结果

表 6-24 为利用时程分析法得到的地震作用下桥墩关键截面内力值。

地震作用下桥墩关键截面内力 表 6-24

截面位置	动轴力 （kN）	最大横向剪力 （kN）	最大纵向剪力 （kN）	最大横向弯矩 （kN·m）	最大纵向弯矩 （kN·m）
1号墩柱顶	−1572.61	359.98	359.89	523.28	789.14
	−978.78	272.42	136.46	1389.94	558.38
2号墩柱顶	−1400.63	323.95	309.05	455.55	930.34
	−887.45	254.45	104.24	1375.32	690.76
3号墩柱顶	−1581.33	373.13	370.02	564.78	664.85
	−1252.46	282.08	214.93	1278.86	751.60
4号墩柱顶	−873.02	560.54	492.48	598.96	1186.19
	751.60	500.60	256.31	1454.84	1276.57

4）非弹性铰状态

使用纤维截面塑性铰进行计算分析,将分布铰定义为纤维形式时,选择纤维单元的名称,无须选择滞回骨架模型,铰特性值定义界面如图 6-15 所示。

图 6-15　MIDAS/Civil 铰特性值定义界面

不同计算模型中非弹性铰状态如图 6-16～图 6-18 所示。

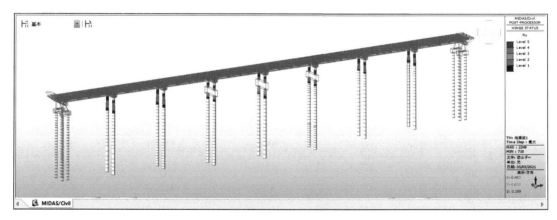

图 6-16　地震波 1 作用下非弹性铰状态

5）考虑材料弹塑性-E2 地震非线性时程分析

在基于平截面假定的前提下,考虑材料弹塑性的纤维铰模型可以准确模拟受弯构件的力学性能,可以考虑截面内纤维的局部损伤状态,以及轴力和弯矩、两个方向弯矩之间的相

互影响,因此,是评价截面弹塑性状态的精细化分析方法。考虑材料弹塑性的纤维铰模型有两个基本假定:

(1)满足平截面假定,即变形过程中截面保持平面状态并与构件纵轴垂直,不考虑钢筋与混凝土之间的黏结滑移。

(2)单元位置截面形心连线为直线。

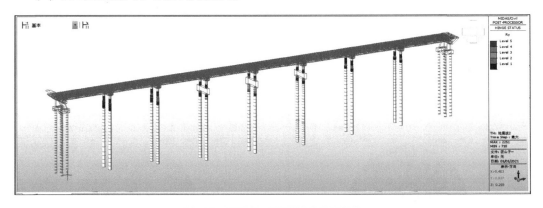

图 6-17　地震波 2 作用下非弹性铰状态

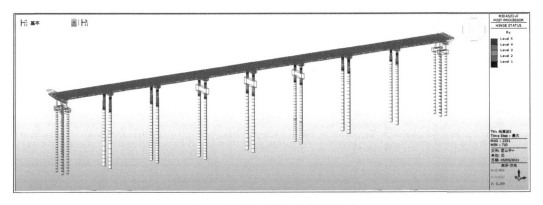

图 6-18　地震波 3 作用下非弹性铰状态

纤维铰模型的计算思路为:纤维模型在分布型模型的各积分点上将截面分割为纤维束或层,并假定在相同的纤维或层内应力相同。各纤维可选择不同的材料,同一截面内可定义六种不同的材料(同一截面中可定义约束混凝土和非约束混凝土),且 MIDAS 程序支持任意形状截面。截面内力(弯矩、轴力)通过对各纤维的应力进行积分获得,截面的刚度通过对截面的柔度矩阵取逆获得,单元的刚度可通过对积分点(集中型或分布型)进行积分获得。各纤维的轴向应变对应的纤维应力和纤维的切线刚度可通过纤维材料的本构关系计算,并由此判断纤维状态。将一个截面内所有纤维的应力进行积分可获得截面的轴力和弯矩,对各纤维的切线刚度进行积分可获得截面的柔度矩阵,对单元内所有积分点上的截面的柔度进行积分可获得单元柔度。在计算过程中使用牛顿-拉普森迭代方法计算至满足收敛条件。纤维铰模型中单元的非线性特性表现在纤维的非线性应力-应变(材料本构关系)上。

墩柱截面 E2 地震下截面弯矩超过截面初始屈服弯矩,对其截面进行纤维化分割。通过建立考虑材料弹塑性-E2 地震非线性时程分析模型,在地震波 1~3 作用下,墩柱截面顺桥向截面曲率和截面最终状态如图 6-19~图 6-22 所示。

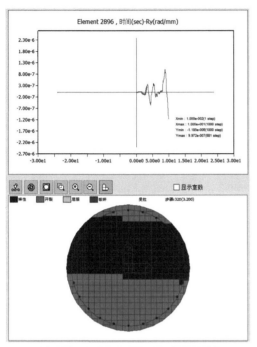

a) 地震波 1 作用下 P1 墩墩底截面曲率及状态

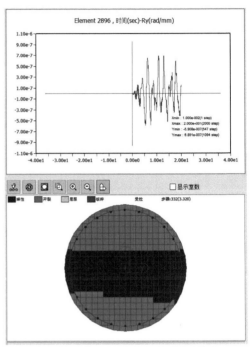

b) 地震波 2 作用下 P1 墩墩底截面曲率及状态

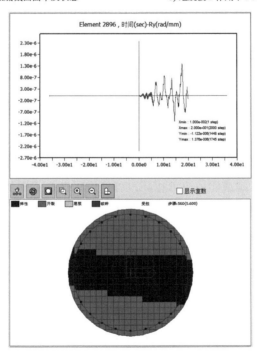

c) 地震波 3 作用下 P1 墩墩底截面曲率及状态

图 6-19 地震波作用下 P1 墩纤维截面结果

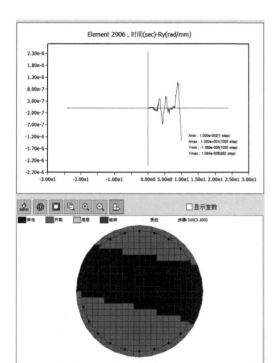

a) 地震波 1 作用下 P2 墩墩底截面曲率及状态

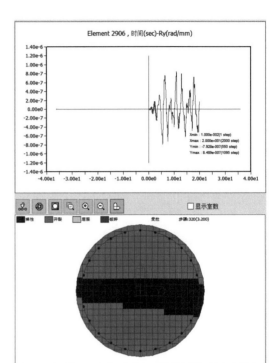

b) 地震波 2 作用下 P2 墩墩底截面曲率及状态

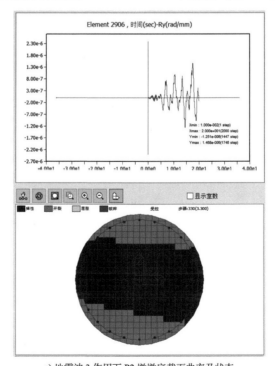

c) 地震波 3 作用下 P2 墩墩底截面曲率及状态

图 6-20　地震波作用下 P2 墩纤维截面结果

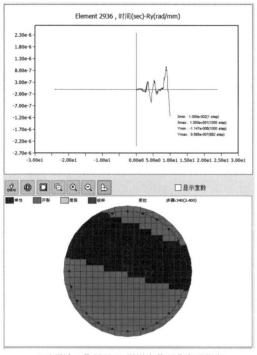
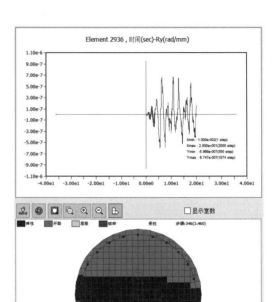

a) 地震波1作用下P3墩墩底截面曲率及状态　　　　b) 地震波2作用下P3墩墩底截面曲率及状态

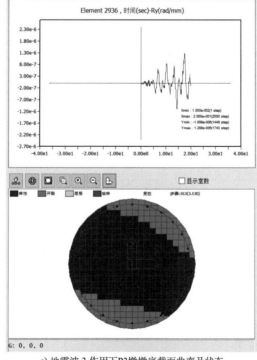

c) 地震波3作用下P3墩墩底截面曲率及状态

图6-21　地震波作用下P3墩纤维截面结果

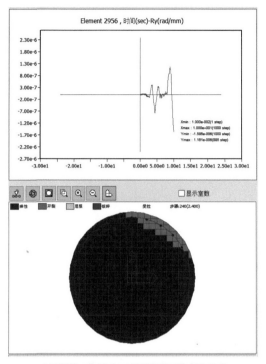

a) 地震波1作用下P4墩墩底截面曲率及状态

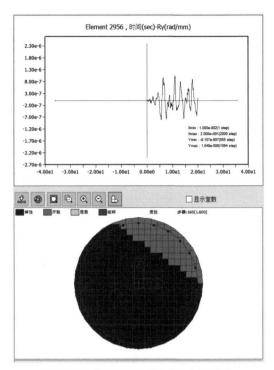

b) 地震波2作用下P4墩墩底截面曲率及状态

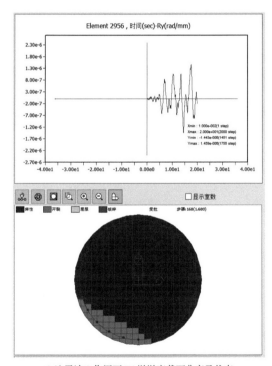

c) 地震波3作用下P4墩墩底截面曲率及状态

图6-22 地震波作用下P4墩纤维截面结果

第 7 章
Chapter Seven

钢管混凝土拱桥抗震设计验算

钢管混凝土拱桥属于钢-混凝土组合结构中的一种。钢管混凝土拱桥是在钢管内填充混凝土,钢管的径向约束会限制受压混凝土的膨胀,使混凝土处于三向受压状态,从而显著提高混凝土的抗压强度。钢管兼有纵向主筋和横向套箍的作用,同时可作为施工模板,方便混凝土浇筑。施工过程中,钢管可作为劲性承重骨架,其焊接工作简单,吊装重量轻,从而能简化施工工艺,缩短施工工期。钢管混凝土拱桥在我国发展非常迅猛,近十几年在西部地区的建设呈井喷式发展,而我国西部地区也是地震活跃地区之一,给公路、铁路和城市交通的桥梁工程带来了巨大的危害,因此,对桥梁工程和钢管混凝土拱桥的抗震与评估具有重要的意义。

随着施工技术的进步,钢管混凝土拱桥的跨径不断增大,要求其具有更高的抗震能力。目前对大跨径上承式钢管混凝土变截面桁架拱桥的抗震分析较少。本章利用 MIDAS/Civil 软件,对一上承式钢管混凝土拱桥进行地震响应反应谱分析与时程分析,以期认识钢管混凝土拱桥的动力特性和在地震作用下的受力特点,并为该类桥梁的抗震设计提供参考。

7.1 工程概况与地震动输入

7.1.1 工程概况

某上承式钢管混凝土拱桥,计算跨径362m,矢高为70m,矢跨比为1/5.17,桥面纵坡0.8%。拱肋、联杆、立柱及系梁采用Q345钢材,主拱肋填充C50混凝土。桥墩墩高为62m,桥墩采用C40混凝土,纵向主筋4层,直径为Φ20mm,箍筋直径为Φ12mm,间距为100mm。桥梁总体布置如图7-1、图7-2所示,桥墩截面配筋图如图7-3所示。

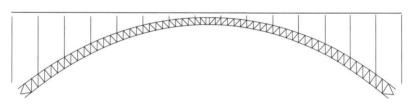

图7-1 桥梁立面图

根据《公路钢筋混凝土及预应力混凝土桥涵设计规范》(JTG D62—2004),可以得到所用的钢筋和混凝土材料特性,见表7-1。

7.1.2 地震动输入

根据《规范》第3.1.1条规定,该桥是单跨跨径超过150m的特大桥,按公路桥梁抗震设防分类为A类。根据《规范》第3.1.2条规定,A类桥梁应采用两水准抗震设防,进行E1和E2地震作用下的抗震分析和抗震验算,并满足桥梁抗震体系以及相关构造和抗震措施的要求。

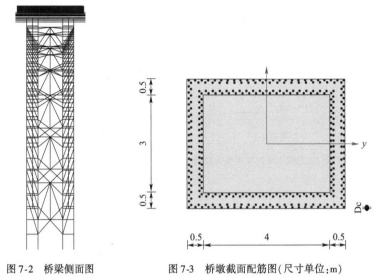

图 7-2 桥梁侧面图　　图 7-3 桥墩截面配筋图(尺寸单位:m)

混凝土和钢筋材料特性表　　　　　　　　　　　　　　　　表 7-1

材料	强度标准值(MPa)	强度设计值(MPa)	强度模量(MPa)
C40 混凝土	26.8	18.4	3.25×10^4
C50 混凝土	32.4	22.4	3.45×10^4
HRB440	400	330	2.00×10^5

根据《中国地震动参数区划图》(GB 18306—2015),该地区的抗震设防烈度为Ⅶ度,设计基本加速度峰值为 $0.15g$,地震分区为第一区,该场地类别为Ⅱ类场地。根据《规范》第 5.1.2 条规定,A 类桥梁应同时考虑水平向和竖向地震作用,水平设计加速度反应谱特征周期为 $0.35\mathrm{s}$,竖向设计加速度反应谱特征周期为 $0.25\mathrm{s}$。根据《规范》第 5.2.2 条规定,A 类桥梁 E1 和 E2 的水平向地震峰值加速度 A 应考虑抗震重要性系数 C_i:E1 地震作用为 1.00,E2 地震作用为 1.70。根据《规范》第 5.2.2 条规定,A 类桥梁地震峰值加速度 A 应考虑场地系数 C_s:水平向地震作用为 1.00,竖向地震作用为 0.60。

根据《规范》第 5.2.1 条,设计加速度反应谱 $S(T)$ 按本书第 1.2.2 节中的式(1-1)计算确定。

设计加速度反应谱最大值 $S_{\max}$ 由本书第 3.4.1 节中的式(3-82)计算确定。

E1 地震作用和 E2 地震作用下的水平加速度反应谱如图 7-4 所示。

E1 地震作用和 E2 地震作用下的竖向加速度反应谱如图 7-5 所示。

根据《规范》第 9.3.6 条规定,进行 E1、E2 地震时程分析时,地震动时程采用设计反应谱为目标拟合设计加速度时程,拟合得到的 E1、E2 水平和竖向各 3 条时程曲线,如图 7-6 所示;根据《规范》第 9.3.6 条规定,采用 3 条地震加速度时程进行地震反应计算,最终的时程分析结果取各组计算结果最大值。由 E1、E2 水平和竖向各 3 条时程曲线得到的反应谱与设计反应谱的对比如图 7-7 所示。由图可知,加速度时程与设计加速度反应谱相匹配。

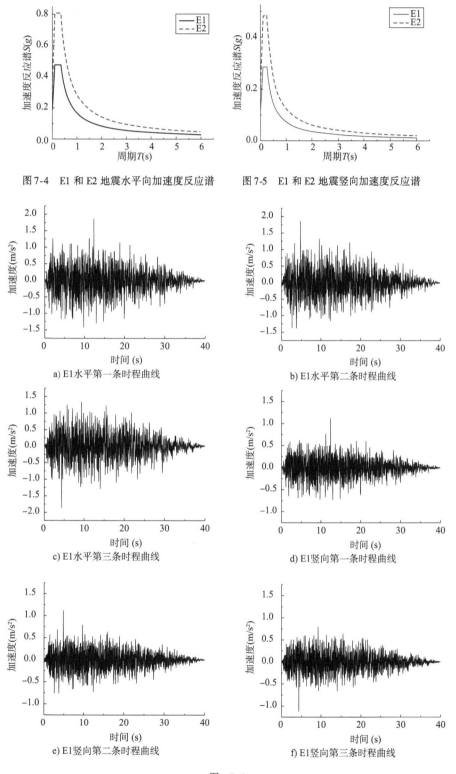

图 7-4　E1 和 E2 地震水平向加速度反应谱　　图 7-5　E1 和 E2 地震竖向加速度反应谱

a) E1 水平第一条时程曲线　　b) E1 水平第二条时程曲线

c) E1 水平第三条时程曲线　　d) E1 竖向第一条时程曲线

e) E1 竖向第二条时程曲线　　f) E1 竖向第三条时程曲线

图 7-6

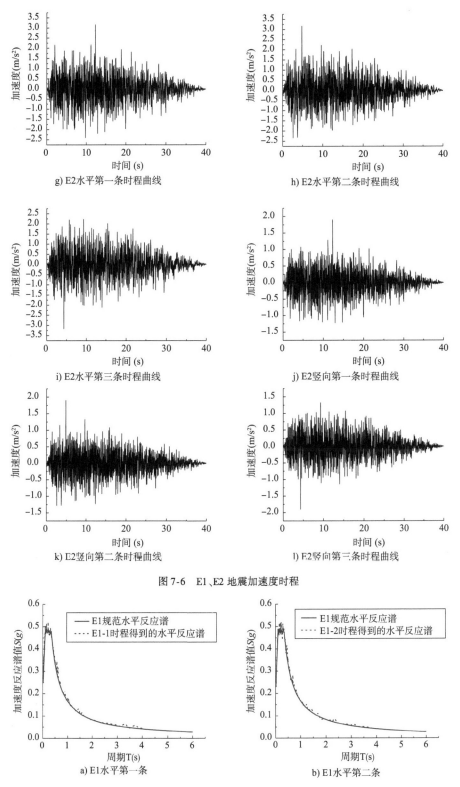

图 7-6 E1、E2 地震加速度时程

图 7-7

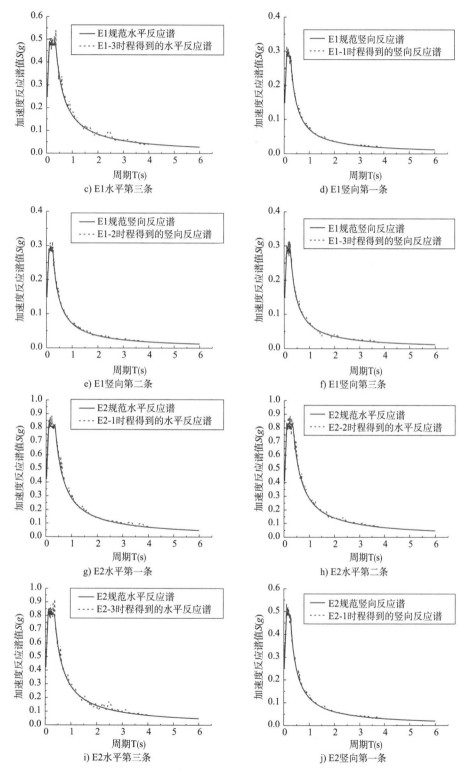

图 7-7

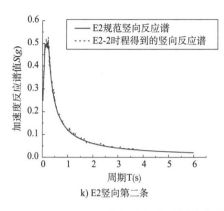
k) E2竖向第二条

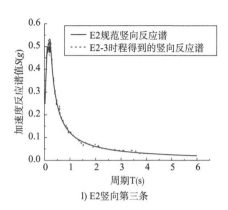
l) E2竖向第三条

图 7-7 E1、E2 时程曲线得到的反应谱与规范反应谱对比

根据《规范》第 3.6 节规定,公路桥梁抗震设计应考虑永久作用和地震作用,荷载工况见表 7-2。

荷载工况 表 7-2

序号	工况名称	描述	序号	工况名称	描述
1	自重	D	5	顺桥向地震作用	3
2	二期恒载	D1	6	cLCB1	cLCB1
3	横桥向地震作用	1	7	cLCB2	cLCB2
4	竖向地震作用	2	8	cLCB3	cLCB3

荷载组合:

cLCB1:1.000(1) + 1.000(2) + 1.000(3);

cLCB2:1.000(D) + 1.000(D1) + 1.000(cLCB1);

cLCB3:1.000(D) + 1.000(D1) + − 1.000(cLCB1)。

7.2 计算模型与动力特性

7.2.1 计算模型

1)主梁、桥墩、主拱、立柱模拟

采用空间杆系有限元法对桥梁进行离散,桥面系钢纵梁、主拱拱上弦杆、下弦杆、斜腹杆、直腹杆、拱上立柱等构件采用一般梁单元模拟,空钢管与核心采用共节点梁单元模拟,扣、背索采用桁架单元模拟,拱圈及立柱与主梁的联系按照实际约束情况进行模拟,桥面系纵梁截面及主拱圈钢管混凝土截面按照组合截面进行模拟。全桥共分为 90887 个单元、90888 个节点。主梁、桥墩、主拱、立柱等毛截面特性见表 7-3,桥梁空间有限元模型如图 7-8 所示。

主梁、桥墩、主拱、立柱等毛截面特性表　　　　表7-3

截面类型	面积(m^2)	抗扭惯性矩(m^4)	绕y轴抗弯惯性矩(m^4)	绕z轴抗弯惯性矩(m^4)
主拱肋1	0.128	0.043	0.0218	0.0218
主拱肋2	0.110	0.038	0.0189	0.0189
主拱肋3	0.096	0.031	0.0165	0.0165
主拱肋4	0.089	0.031	0.0153	0.0153
腹杆	0.033	0.002	0.0016	0.0009
斜撑	0.019	7.13×10^{-4}	3.56×10^{-4}	3.56×10^{-4}
横联	0.029	2.50×10^{-3}	1.25×10^{-3}	1.25×10^{-3}
立柱1	0.089	0.020	0.0266	0.0101
立柱2	0.083	0.016	0.0193	0.0091
立柱系梁	0.079	0.016	0.0073	0.0235
立柱盖梁	0.010	0.029	0.0266	0.0186
交界墩	8.000	31.008	17.667	25.667
主梁1	0.144	6.36×10^{-4}	6.58×10^{-2}	3.09×10^{-2}
主梁2	0.119	6.16×10^{-4}	4.45×10^{-2}	3.07×10^{-2}
扣塔	0.368	0.518	0.2668	0.7712

图7-8　有限元模型

2)边界条件模拟

在建立线性计算模型时,边界条件见表7-4。

边界条件表　　　　表7-4

边界连接位置	Δ_x	Δ_y	Δ_z	θ_x	θ_y	θ_z
桥墩—大地	1	1	1	1	1	1
索—扣塔	1	1	1	1	1	1
主梁端部—盖梁	0	1	1	1	0	0
交界墩—盖梁	1	1	1	1	1	1
立柱—盖梁	1	1	1	1	1	1

注:1.x,y,z分别表示顺桥向、横桥向和竖向;

2.0表示自由,1表示固结。

7.2.2 动力特性

桥梁结构的自振特性是进行结构动力分析和抗震设计的重要参数。一般情况下,结构前若干阶自振频率和振型在抗震计算时起控制作用。采用 Ritz 向量法,利用 MIDAS/Civil 对模型进行自振特性分析,计算桥梁结构前 30 阶振型,此时各方向振型参与量已达到 90%,符合规范要求。

表 7-5 为前 10 阶自振频率和自振特性,图 7-9 ~ 图 7-12 分别为第 1 阶、第 2 阶、第 9 阶及第 10 阶振型模态。

结构自振周期与振型特征　　　　　　　　　　表 7-5

振型阶数	周期(s)	频率(Hz)	振型特征
1	3.824094	0.261500	拱梁横向 1 阶对称弯曲
2	2.466426	0.405445	拱上立柱、桥面系纵飘
3	1.966428	0.508536	桥墩 1 阶纵飘
4	1.942037	0.514923	拱梁竖向 1 阶反对称弯曲
5	1.804144	0.554279	桥墩 2 阶纵飘
6	1.605732	0.622769	拱梁竖向 2 阶对称弯曲
7	1.389213	0.719832	拱梁横向 2 阶反对称弯曲
8	1.174255	0.851604	拱梁横向 3 阶对称弯曲
9	0.988499	1.011635	拱梁横向 4 阶反对称弯曲
10	0.811738	1.231925	拱梁横向 5 阶对称弯曲

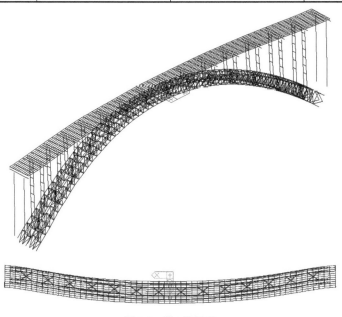

图 7-9　第 1 阶振型

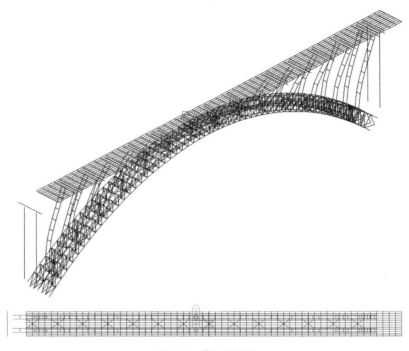

图 7-10　第 2 阶振型

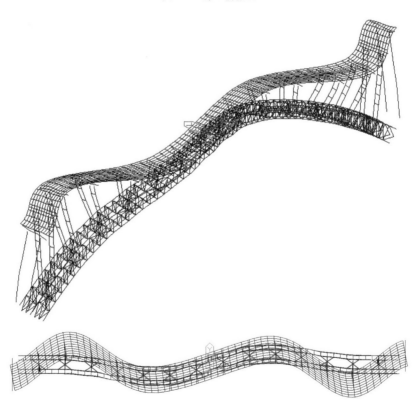

图 7-11　第 9 阶振型

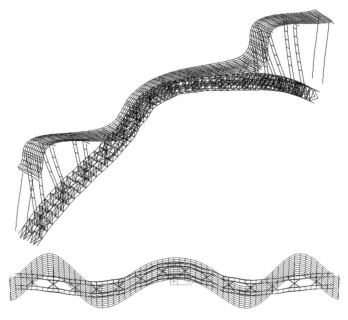

图 7-12 第 10 阶振型

7.3 E1 地震作用下反应谱分析与抗震验算

在全桥结构动力特性分析的基础上,采用反应谱法计算 E1 地震作用下的结构地震响应。按照《规范》要求,振型阶数在计算方向给出的有效振型参与质量不低于该方向结构总质量的 90%,振型组合方法采用 CQC 法。采用 Ritz 向量法进行模态计算,并取前 60 阶进行反应谱分析,其中振型组合采用 CQC 法。计算结构效应时采用恒载 + E1 组合。

约束混凝土定义混凝土极限压应变 ε_{cu},是为了定义极限破坏状态,根据《规范》第 7.4.8 条计算混凝土极限压应变 ε_{cu},计算公式如下:

$$\varepsilon_{cu} = 0.004 + \frac{1.4\rho_s f_{kh} \varepsilon_{su}^R}{f'_{cc}} \tag{7-1}$$

式中:f_{kh}——箍筋抗拉强度标准值(MPa);

f'_{cc}——约束混凝土的峰值应力(MPa),一般情况下可取混凝土抗压强度标准值的 1.25 倍;

ε_{su}^R——约束钢筋的折减极限应变,$\varepsilon_{su}^R = 0.09$;

ρ_s——约束钢筋的体积含筋率,对于矩形箍筋:

$$\rho_s = \rho_x + \rho_y \tag{7-2}$$

其中,ρ_x,ρ_y——顺桥向与横桥向箍筋体积含筋率。

根据上述公式,桥墩截面 Mander 模型中的混凝土极限压应变 ε_{cu} 计算结果为 0.028781。

7.3.1 地震反应

基于建立的所有构件的空间动力计算模型,对桥梁结构在 E1 地震作用下进行反应谱分析,计算结构在顺桥向、横桥向和竖向 E1 地震作用效应,得到结构关键截面的地震内力。

1）纵桥向

根据建立的静力计算模型,计算出在顺桥向施加地震力时,桥墩关键截面受力,结果见表7-6。

纵向地震力桥墩截面内力　　　　　　　　表 7-6

截面位置	轴力(kN)	剪力$-y$(kN)	剪力$-z$(kN)	弯矩$-y$(kN·m)	弯矩$-z$(kN·m)
墩顶	4151.13	21.27	688.1	626.48	1024.71
墩底	17099.1	20.79	1203.46	38679.97	446.46

2）横桥向

根据建立的静力计算模型,计算出在横桥向施加地震力时,桥墩关键截面受力结果见表7-7。

横向地震力桥墩截面内力　　　　　　　　表 7-7

截面位置	轴力(kN)	剪力$-y$(kN)	剪力$-z$(kN)	弯矩$-y$(kN·m)	弯矩$-z$(kN·m)
墩顶	1942.91	768.87	0.38	0.44	14400.59
墩底	14876.8	1087.16	0.56	5.74	33537.46

3）竖桥向

根据建立的静力计算模型,计算出在竖桥向施加地震力时,桥墩关键截面受力,结果见表7-8。

竖向地震力桥墩截面内力　　　　　　　　表 7-8

截面位置	轴力(kN)	剪力$-y$(kN)	剪力$-z$(kN)	弯矩$-y$(kN·m)	弯矩$-z$(kN·m)
墩顶	4158.83	2.44	1.16	1.52	1051.09
墩底	17115.2	10.41	1.87	19.66	71.91

7.3.2 桥墩强度验算

根据《规范》第9.4.1条规定,在 E1 地震作用下,结构应基本不发生损伤,保持在弹性范围内。利用软件对桥墩强度进行验算。将 MIDAS/Civil 模型导入到 Civil Designer 软件中,进行抗震验算,如图 7-13 所示。

图 7-13 验算结果

运行计算所得结果见表 7-9。

桥墩强度验算表 表 7-9

验算位置	组合名称	组成	结果	γN_d(kN)	N_n(kN)
0.000[1639]	cLCB3	轴心 F_x-min	OK	19365	162342
	cLCB3	偏心 F_x-min(M_y)	OK	19365	55520
	cLCB2	偏心 M_y-max(F_x)	OK	14877	38425
	cLCB3	偏心 M_y-min(F_x)	OK	19365	55520
0.394[1639]	cLCB3	轴心 F_x-min	OK	14260	162342
	cLCB3	偏心 F_x-min(M_y)	OK	14260	76005
	cLCB2	偏心 M_y-max(F_x)	OK	9771	49412
	cLCB3	偏心 M_y-min(F_x)	OK	14260	76005
0.672[1640]	cLCB3	轴心 F_x-min	OK	10646	162342
	cLCB3	偏心 F_x-min(M_y)	OK	10646	78909
	cLCB2	偏心 M_y-max(F_x)	OK	6176	53233
	cLCB3	偏心 M_y-min(F_x)	OK	10646	78909
0.675[298]	cLCB3	轴心 F_x-min	OK	10598	162342
	cLCB3	偏心 F_x-min(M_y)	OK	10598	78967
	cLCB2	偏心 M_y-max(F_x)	OK	6141	53241
	cLCB3	偏心 M_y-min(F_x)	OK	10598	78967
1.000[298]	cLCB3	轴心 F_x-min	OK	6387	162342
	cLCB3	偏心 F_x-min(M_y)	OK	6387	97545
	cLCB2	偏心 M_y-max(F_x)	OK	1943	112739
	cLCB3	偏心 M_y-min(F_x)	OK	6387	97545

注：γN_d-最不利荷载组合作用下桥墩截面所受轴力；N_n-桥墩截面的抗压能力。

结论：拱桥桥墩在 E1 地震作用下均能保持弹性，其正截面抗弯承载力满足规范要求。

7.4 E2 地震作用下反应谱分析与抗震验算

7.4.1 Pushover 分析

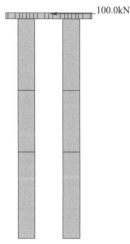

图 7-14 在盖梁中心施加横桥向水平力

根据《规范》第 7.4.6 条,对于双柱墩、排架墩,其顺桥向的容许位移可按《规范》中单柱墩的容许位移计算,横桥向的容许位移可在盖梁处施加水平力 F,进行非线性静力分析,当墩柱的任一塑性铰达到其最大容许转角时,盖梁处的横向水平位移即为容许位移。

此钢管混凝土拱桥的桥墩为双柱墩,应进行横桥向容许位移的计算。在 MIDAS/Civil 中,可通过 Pushover 分析实现该过程,如图 7-14 所示。

MIDAS/Civil 中 Pushover 分析操作流程为:定义 Pushover 整体控制参数,定义 Pushover 荷载工况,定义 Pushover 铰特性,分配铰特性,运行分析。

首先通过查找曲率对应步骤进行迭代,《规范》规定直到相邻两次计算各墩顶水平力之和相差在 10% 以内,则迭代满足要求。迭代过程见表 7-10。

桥墩 Pushover 迭代过程 表 7-10

迭代过程	第一次计算	第二次计算
轴力(kN)	32095	111907
$M\text{-}\varPhi$ 计算曲率	0.010378	0.010337
反查步数	97	98
反查步数曲率($\mathrm{m^{-1}}$)	0.010286	0.010376
曲率差	0.89%	-0.38%
反查轴力(kN)	111907	112472
轴力差异	248.70%	0.50%
墩顶水平力(kN)	33419	33649
水平力差异	—	0.68%

通过 Pushover 分析,当桥墩任一塑性铰达到其最大转角 θ_u 时,盖梁处的横向水平位移即容许位移,根据《规范》仍需考虑 $K=2$ 的安全系数,则桥墩极限容许曲率为 0.010376/2 = 0.005188。分析结果表明结果,当 Pushover 铰结果的变形到达第 40 步时,反查曲率为 0.005195,与计算结果接近,认为达到极限曲率,盖梁质心达到了容许位移 2.400m。桥墩墩

顶的横向容许位移以及墩顶、墩底截面轴力见表 7-11。

Pushover 分析结果 表 7-11

横向容许位移(m)	墩底最大轴力(kN)	墩底最小轴力(kN)	墩顶最大轴力(kN)	墩顶最小轴力(kN)
2.4	79615	−20530	70864	−28381

7.4.2 地震反应

基于建立的所有构件的空间动力计算模型,对桥梁结构在 E2 地震作用下进行反应谱分析,计算结构在顺桥向、横桥向和竖向 E2 地震作用效应下结构关键截面的地震内力。

1)纵桥向

根据建立的静力计算模型,计算出在顺桥向施加地震力时,桥墩关键截面受力结果,见表 7-12。

纵向地震力桥墩截面内力 表 7-12

截面位置	轴力(kN)	剪力−y(kN)	剪力−z(kN)	弯矩−y(kN·m)	弯矩−z(kN·m)
墩顶	4141.56	19.19	1169.77	1065.02	1035.11
墩底	17083.9	18.38	2045.88	65755.96	409.45

2)横桥向

根据建立的静力计算模型,计算出在横桥向施加地震力时,桥墩关键截面受力结果,见表 7-13。

横向地震力桥墩截面内力 表 7-13

截面位置	轴力(kN)	剪力−y(kN)	剪力−z(kN)	弯矩−y(kN·m)	弯矩−z(kN·m)
墩顶	387.59	1324.03	0.65	0.75	23774.11
墩底	13306	1865.13	0.95	9.77	57363.21

3)竖桥向

根据建立的静力计算模型,计算出在竖桥向施加地震力时,桥墩关键截面受力,结果见表 7-14。

竖向地震力桥墩截面内力 表 7-14

截面位置	轴力(kN)	剪力−y(kN)	剪力−z(kN)	弯矩−y(kN·m)	弯矩−z(kN·m)
墩顶	4154.66	12.81	1.98	2.58	1079.96
墩底	17111.3	34.66	3.18	33.42	471.78

7.4.3 抗震验算

1)桥墩强度验算

根据《规范》第 7.3.3 条规定,采用 A 类抗震设计方法设计的桥梁,E2 地震作用下应根据现行相关规范规定验算桥墩强度。在进行 E2 地震作用下抗震验算时，本桥的荷载组合主要是恒载与地震作用组合，算法与本章 E1 地震作用下桥墩强度验算相同。桥墩强度验算结果见表 7-15。

桥墩强度验算表　　　　　　　　　表 7-15

验算位置	组合名称	组成	结果	γN_d(kN)	N_n(kN)
0.000[1639]	cLCB3	轴心 F_x-min	OK	20935.56	229155.84
	cLCB3	偏心 F_x-min(M_y)	OK	20935.56	28296.48
	cLCB2	偏心 M_y-max(F_x)	OK	12305.82	13265.75
	cLCB3	偏心 M_y-min(F_x)	OK	20935.56	28296.48
0.394[1639]	cLCB3	轴心 F_x-min	OK	15830.41	229155.84
	cLCB3	偏心 F_x-min(M_y)	OK	15830.41	80898.10
	cLCB2	偏心 M_y-max(F_x)	OK	8200.67	15169.19
	cLCB3	偏心 M_y-min(F_x)	OK	15830.41	80898.10
0.672[1640]	cLCB3	轴心 F_x-min	OK	12210.22	229155.84
	cLCB3	偏心 F_x-min(M_y)	OK	12210.22	71194.00
	cLCB2	偏心 M_y-max(F_x)	OK	4611.70	10752.59
	cLCB3	偏心 M_y-min(F_x)	OK	12210.22	71194.00
0.675[298]	cLCB3	轴心 F_x-min	OK	12158.17	229155.84
	cLCB3	偏心 F_x-min(M_y)	OK	12158.17	71417.48
	cLCB2	偏心 M_y-max(F_x)	OK	4580.54	10736.91
	cLCB3	偏心 M_y-min(F_x)	OK	12158.17	71417.48
1.000[298]	cLCB3	轴心 F_x-min	OK	7942.07	229155.84
	cLCB3	偏心 F_x-min(M_y)	OK	7942.07	140389.52
	cLCB2	偏心 M_y-max(F_x)	OK	387.51	39565.33
	cLCB3	偏心 M_y-min(F_x)	OK	7942.07	140389.52

注：γN_d-在最不利荷载组合作用下桥墩截面所受轴力；N_n-桥墩截面的抗压能力。

结论：按照《公路钢筋混凝土及预应力混凝土桥涵设计规范》（JTG 3362—2018）第 5.1.2-1 条公式 $\gamma_0 S \leq R$ 验算，结构的重要性系数×作用效应的组合设计最大值≤构件承载力设计值，满足《规范》要求。

2）桥墩屈服判断

进行 E2 地震作用（弹性）验算桥墩屈服判断。选择不同截面控制单元，桥墩屈服判断表见表 7-16。

钢管混凝土拱桥抗震设计验算 第7章

桥墩屈服判断表 表7-16

验算位置	组合名称	验算方向	结果	$M(kN \cdot m)$	$M_s(kN \cdot m)$
0.000[1639]	cLCB3	顺桥向(M_y)	OK	65756	666631.90
	cLCB3	横桥向(M_z)	OK	58370.1	537682.01
0.394[1639]	cLCB3	顺桥向(M_y)	OK	35536.9	666634.00
	cLCB2	横桥向(M_z)	OK	23718.06	537682.01
0.672[1640]	cLCB3	顺桥向(M_y)	OK	24853.7	666635.42
	cLCB2	横桥向(M_z)	OK	14272.26	537682.01
0.675[298]	cLCB3	顺桥向(M_y)	OK	24710	666635.46
	cLCB2	横桥向(M_z)	OK	14239.49	537682.01
1.000[298]	cLCB3	顺桥向(M_y)	OK	1065.02	666637.18
	cLCB2	横桥向(M_z)	OK	23774.23	537682.01

结论:按照《规范》第6.7.1条公式 $M_y \leq M_{szc}$ 验算,在E2地震作用下计算弯矩 M 均不大于屈服弯矩 M_s,满足《规范》要求。

3) 桥墩塑性铰抗剪强度验算

E2(弹塑性)地震作用下,桥墩塑性铰斜截面抗剪强度验算按照《规范》第7.3.4条规定计算。墩柱塑性铰区域沿桥梁顺桥向和横桥向的斜截面抗剪强度应按本书第4.4.1节的方法计算。桥墩塑性铰抗剪强度验算结果见表7-17。

桥墩塑性铰抗剪强度验算表 表7-17

构件	验算位置	剪力方向	结果	$V_{c0}(kN)$	$V_n(kN)$
桥墩	0.000[1639]	顺桥向(F_z)	OK	133856.8	237469.2
		横桥向(F_y)	OK	216787.7	237469.2
	0.394[1639]	顺桥向(F_z)	OK	133856.8	237469.2
		横桥向(F_y)	OK	216787.7	237469.2
	0.672[1640]	顺桥向(F_z)	OK	133856.8	237469.2
		横桥向(F_y)	OK	216787.7	237469.2
	0.675[298]	顺桥向(F_z)	OK	133856.8	237469.2
		横桥向(F_y)	OK	216787.7	237469.2
	1.000[298]	顺桥向(F_z)	OK	133856.8	237469.2
		横桥向(F_y)	OK	216787.7	237469.2

注:V_{c0}-塑性铰区域可承受的最大剪力;V_n-塑性铰区域截面的名义抗剪能力。

结论:按照《规范》第7.3.4条公式 $V_{c0} \leq \varphi(V_c + V_s)$ 验算,其中,$V_n = \varphi(V_c + V_s)$。在E2

地震作用下满足规范要求。

4)桥墩墩顶位移验算

规则桥梁在地震作用下,桥墩墩顶位移验算按照《规范》第7.4.3条规定计算。

在E2(弹塑性)地震作用下,规则桥梁可按下式验算桥墩墩顶的位移:

$$\Delta_d \leq \Delta_u \tag{7-3}$$

式中:Δ_d——在E2地震作用下墩顶的位移;

Δ_u——桥墩容许位移。

桥墩墩顶位移验算结果见表7-18。

桥墩墩顶位移验算表　　表7-18

构件	剪力方向	结果	安全系数	Δ_d(m)	Δ_u(m)
桥墩	顺桥向(z)	OK	14.758	127.181	1876.955
	横桥向(y)	OK	38.408	62.487	2400.000

结论:按照《规范》第7.4.3条公式$\Delta_d \leq \Delta_u$验算,在E2地震作用下墩顶的位移均小于桥墩容许位移,满足《规范》要求。

7.5 非线性时程分析(E2地震作用)

反应谱法概念简单、计算方便,可以用较少的计算量获得结构的最大反应值。但是,反应谱法是线弹性分析方法,不能考虑各种非线性因素的影响,当非线性因素及多点非一致激励的影响显著时,反应谱法可能得不到正确的结果,或判断不出结构真正的薄弱部位。

根据《规范》第9.3.1条,特殊桥梁的地震反应分析可采用时程分析法。根据《规范》第9.3.6条,当采用3组设计地震动时程计算时,应取3组计算结果的最大值。当对每组地面运动时程进行抗震计算时,应同时输入该组2个或3个方向的地面运动时程分量。本节选择E2地震作用下的地震波进行时程分析。

根据《规范》第9.4节性能要求与抗震验算,在E2地震作用下拱桥桥墩、主拱圈等重要受力构件可发生局部轻微损伤,震后不需修复或经简单修复可继续使用。所以,计算结果应符合上述要求,否则,重新进行结构设计。

通过比较塔顶顺桥向3条地震波的位移(图7-15),发现地震波3的位移最大,所以选择地震波3作为设计地震动时程。

查看地震波3作用下时程分析的结果。

(1)查看桥墩控制截面的内力,结果见表7-19、表7-20。

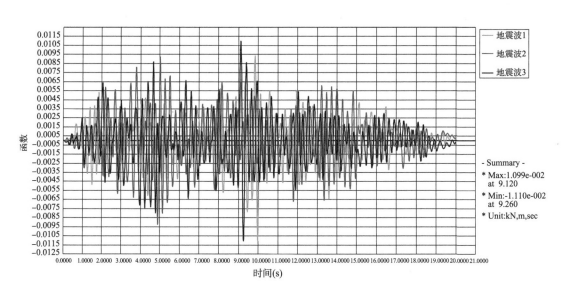

图 7-15 3 条地震波墩顶位移对比图

时程分析墩底内力 表 7-19

单元	荷载	轴力		剪力		弯矩	
		内力(kN)	时间(s)	内力(kN)	时间(s)	内力(kN·m)	时间(s)
1639[I]	地震波3(最大)	8455.45	0.01	9380.61	9.42	459975	9.42
	地震波3(最小)	-7510.29	0.05	-10261.5	9.27	-504834	9.27

时程分析墩顶内力 表 7-20

单元	荷载	轴力		剪力		弯矩	
		内力(kN)	时间(s)	内力(kN)	时间(s)	内力(kN·m)	时间(s)
928[J]	地震波3(最大)	174.89	0.01	28.63	11.72	149.12	13.3
	地震波3(最小)	-59.54	7.97	-28.81	6.41	-149.21	11.73

(2)查看拱桥关键节点位移,结果见表 7-21。

拱桥关键节点位移 表 7-21

断面位置	荷载	纵桥向 D_x(cm)	横桥向 D_y(cm)	竖向 D_z(cm)
墩顶	地震波3(最大)	2.074025	1.099455	0.004956
	地震波3(最小)	-2.26387	-1.10982	0.001514
跨中	地震波3(最大)	7.3346	25.5177	3.472318
	地震波3(最小)	-10.5828	-24.5328	0.050155

(3)查看各个纤维截面分析结果,纤维截面有弹性、开裂、钢筋屈服、破碎共4种状态,纤维截面分析结果如图7-16、表7-22所示。

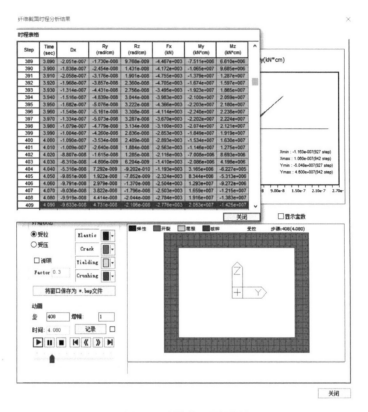

图7-16 纤维截面分析结果

纤维截面分析结果 表7-22

控制截面	结果	控制截面	结果
墩顶	全截面开裂	墩底	全截面开裂

结果表明,桥墩截面处于开裂状态,钢筋没有出现屈服。根据《规范》第9.4节性能要求与抗震验算,在E2地震作用下拱桥桥墩等重要受力构件可发生局部轻微损伤,震后不需修复或经简单修复可继续使用。结果表明,纤维截面只处于开裂状态,《规范》允许发生轻微损伤,所以满足《规范》要求。

(4)墩顶横桥向位移 D_y 时程曲线如图7-17所示。

由图7-17可知,墩顶横桥向位移最大值为1.099m,小于双柱墩允许位移2.4m,所以桥墩的墩顶位移满足要求。

(5)拱桥应力分析结果如图7-18所示。

由图7-18可知,主拱圈及立柱在E2地震作用下最大正应力为317MPa,满足Q345钢材的强度设计值。

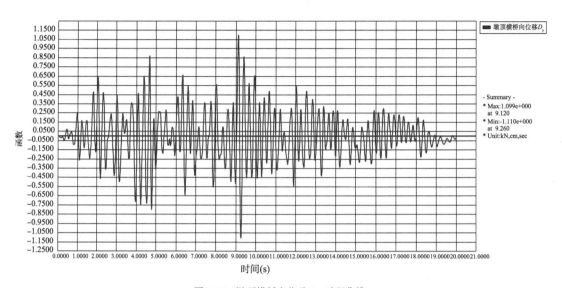

图 7-17 墩顶横桥向位移 D_y 时程曲线

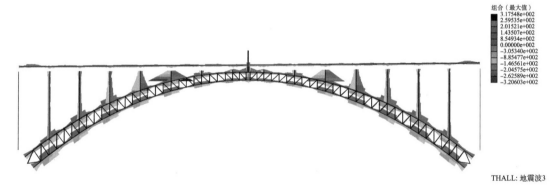

图 7-18 拱桥应力分析结果

第 8 章
Chapter Eight

特殊桥梁——斜拉桥抗震设计验算

在地形、地貌起伏范围较大的区域,桥梁结构在线路中的建设通常占到较大比例。斜拉桥是大跨径桥梁的最主要桥型,它是将主梁用许多拉索直接拉在桥塔上的一种桥梁,是由承压的塔、受拉的索和承弯的梁体组合起来的一种结构体系。其可看作是拉索代替支墩的多跨弹性支承连续梁。斜拉桥可使梁体内弯矩减小,降低建筑高度,减轻结构重量,节省材料。斜拉桥在300~1000m范围内与悬索桥相比具有较明显的优势,因此在大跨径桥梁设计时斜拉桥将被作为优先级选择对象。这类桥梁属于典型的非规则桥梁类型之一,其地震反应复杂,地震作用下潜在破坏位置不明确。本章将对某斜拉桥桥塔进行地震反应分析与验算,以期在认识该类桥梁在地震作用下的破坏特点,并对该类桥梁的抗震设计提供参考。

8.1 工程概况与地震动输入

8.1.1 工程概况

某三跨连续体系钢箱梁斜拉桥100m+160m+318m,桥梁总体布置图如图8-1所示。主梁为连续钢箱加劲梁;采用单塔双索面A字形索塔,索塔总高度为194.300m,斜拉索采用直径为7mm的高强度低松弛镀锌钢丝,斜拉索断面呈正六边形或缺角六边形紧密排列,经左旋轻度扭绞而成,桥梁立面图和侧面图如图8-2所示。

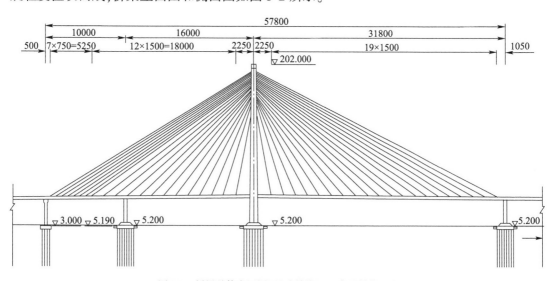

图8-1 桥梁总体布置图(尺寸单位:cm;高程单位:m)

下塔柱从塔柱底至横梁中点,其高度为26.343m,中塔柱从横梁中点至中、上塔柱转折点的高度为114.4m,上塔柱从中、上塔柱转折点至塔冠底的高度为48.557m。索塔包括塔柱、横梁以及索塔附属设施。塔冠、塔柱采用空心薄壁断面,塔冠横桥向尺寸为3.5m,顺桥向尺寸为6.5m,壁厚0.5m;上塔柱断面尺寸由6.5m×6.5m向下渐变至7.589m(顺桥向)×17.551m(横桥向),壁厚为1.2m(顺桥向)和0.8m(横桥向);中塔柱断面尺寸由7.589m(顺桥向)×5.0m(横桥向)向下渐变至9.943m(顺桥向)×6.618m(横桥向),壁厚为0.8m;下塔柱断面尺寸由9.943m(顺桥向)×6.618m(横桥向)向下渐变至10.5m(顺桥向)×7.0m(横桥向),壁厚为1.0m。由于塔柱受力较为复杂,塔柱在横梁处、人洞及塔柱交汇处等受力较大的区段设置加厚段,塔底设置8m实心段。塔柱竖向配置$\Phi32mm$的束筋和单筋,水平配置$\Phi16mm$的箍筋,箱型梁典型配筋图如图8-3所示。根据受力需要,索塔设置一道箱形断面横梁。横梁长度为36.12m(中心长度),断面尺寸为9.5m(宽度)×6.0m(高度),腹板及顶、底板厚为0.8m,其内设有三道0.7m厚的隔板。横梁为预应力混凝土结构,横梁共设置了28束15~22预应力钢束。

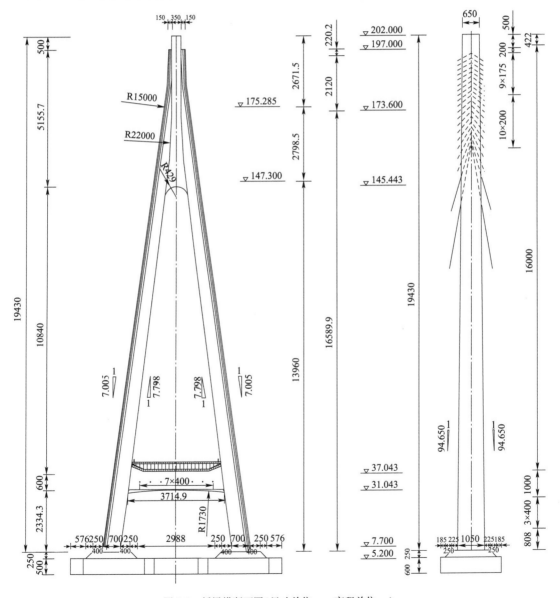

图8-2 桥梁横断面图(尺寸单位:cm;高程单位:m)

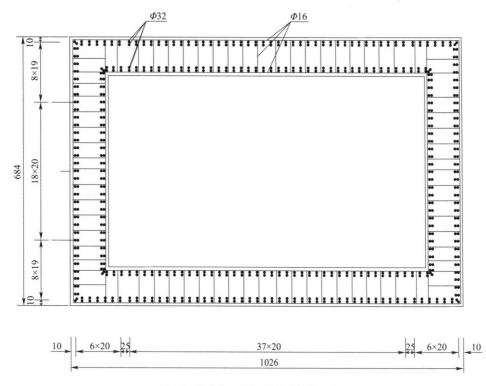

图 8-3 索塔截面配筋图(尺寸单位:cm)

索塔、塔座分别采用 C50、C30 混凝土。根据《公路钢筋混凝土及预应力混凝土桥涵设计规范》(JTG D62—2004),本桥所用的钢筋和混凝土材料特性见表 8-1。

混凝土和钢筋材料特性表　　　　表 8-1

材料	强度标准值(MPa)	强度设计值(MPa)	强度模量(MPa)
C30 混凝土	20.1	13.8	3.00×10^4
C50 混凝土	32.4	22.4	3.45×10^4
HRB440	400	330	2.00×10^5

8.1.2　地震动输入

根据《规范》第 3.1.1 条,该桥属单跨跨径超过 150m 的特大桥,按公路桥梁抗震设防分类为 A 类。根据《规范》第 3.1.2 条,A 类桥梁应采用两水准抗震设防,进行 E1 和 E2 地震作用下的抗震分析和抗震验算,并满足桥梁抗震体系以及相关构造和抗震措施的要求。

根据《中国地震动参数区划图》(GB 18306—2015),该地区的抗震设防烈度为Ⅵ度,设计基本加速度峰值为 $0.05g$,地震分区为第一区,该场地类别为Ⅱ类场地,设计加速度反应谱特征周期为 $0.35s$。根据《规范》第 5.1.2 条,A 类桥梁应同时考虑水平向和竖向地震作用。根据《规范》第 5.2.2 条,A 类桥梁 E1 和 E2 的水平向地震峰值加速度 A 应考虑抗震重要性系数 C_i:E1 地震作用为 1.00,E2 地震作用为 1.70。根据《规范》第 5.2.2 条,A 类桥梁地震

峰值加速度 A 应考虑场地系数 C_s：水平向地震作用为 1.00，竖向地震作用为 0.60。

根据《公路桥梁抗震设计规范》(JTG/T 2231-01—2020) 第 5.2.1 条规定，设计加速度反应谱 $S(T)$ 按 1.2.2 节中式(1-1)计算确定。

设计加速度反应谱最大值 S_{max} 由 3.4.1 节中的式(3-82)计算确定。

E1 地震作用和 E2 地震作用下的水平加速度反应谱如图 8-4 所示。

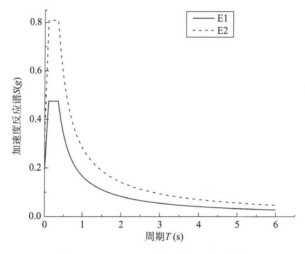

图 8-4　E1 和 E2 地震水平向加速度反应谱

E1 地震作用和 E2 地震作用下的竖向加速度反应谱如图 8-5 所示。

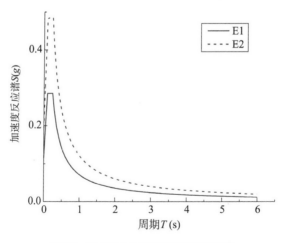

图 8-5　E1 和 E2 地震竖向加速度反应谱

根据《规范》第 9.3.6 条，进行 E1、E2 地震时程分析时，地震动时程采用设计反应谱为目标拟合设计加速度时程，拟合得到的 E1、E2 各 3 条时程曲线如图 8-6 所示；根据《规范》第 9.3.6 条，采用 3 条地震加速度时程进行地震反应计算，最终的时程分析结果取各组计算结果最大值。由 E1、E2 的 3 条时程曲线得到的反应谱与设计反应谱的对比如图 8-7 所示，由对比图可知，加速度时程与设计加速度反应谱相匹配。

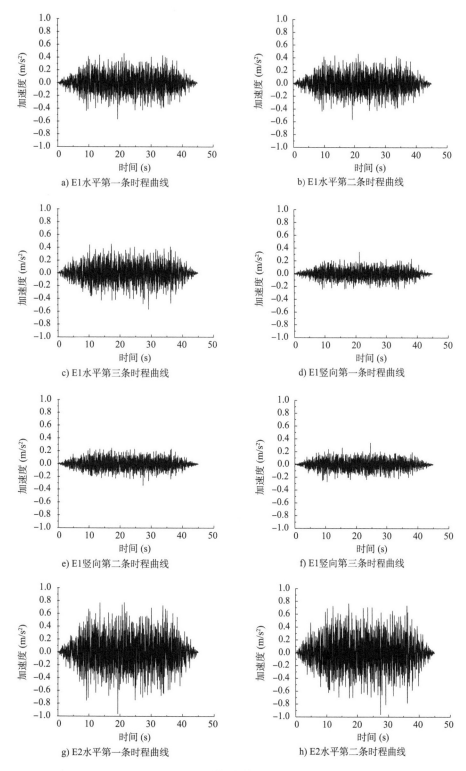

图 8-6

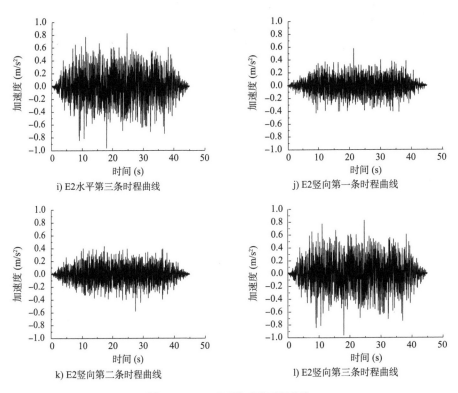

图 8-6　E1、E2 地震加速度时程曲线

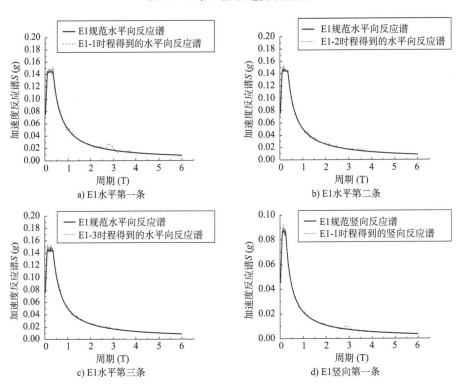

图　8-7

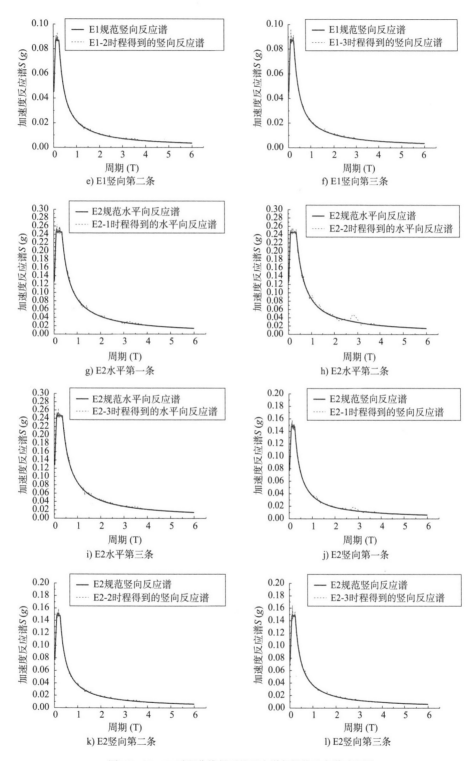

图 8-7 E1、E2 时程曲线得到的反应谱与规范反应谱对比图

根据《规范》第 3.6 节,公路桥梁抗震设计应考虑永久作用和地震作用,荷载工况见表 8-2。

此外,在进行支座等墩梁连接构件抗震验算时还应计入50%的均匀温度作用效应。

荷载工况表　　　　　　　　　　表8-2

序号	工况名称	描述	序号	工况名称	描述
1	钢束二次作用	TS	5	顺桥向地震作用	3
2	恒荷载地震作用	DL	6	cLCB1	cLCB1
3	横桥向地震作用	1	7	cLCB2	cLCB2
4	竖向地震作用	2	8	cLCB3	cLCB3

荷载组合列表:

cLCB1:1.000(1) + 1.000(2) + 1.000(3);

cLCB2:1.000(TS) + 1.000(DL) + 1.000(cLCB1);

cLCB3:1.000(TS) + 1.000(DL) + -1.000(cLCB1)。

8.2 计算模型与动力特性

根据《规范》第9.1.1条,悬索桥属于特殊桥梁,所以根据《规范》第9.3.3条建立空间动力计算模型进行抗震分析。

8.2.1 计算模型

首先按《规范》第9.3节的要求建立计算模型,如图8-8所示,模型主梁、桥塔、支座连接条件、斜拉索等模拟如下。

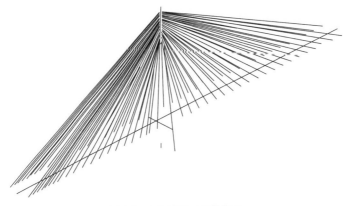

图8-8　空间有限元计算模型

1)索塔、主梁、斜拉索模拟

索塔和主梁采用空间单元梁单元模拟。索塔混凝土强度等级C50,弹性模量为3.45×10^4 MPa,主梁钢材为16Mn,弹性模量为2.1×10^5 MPa。斜拉索采用直径为7mm的高强度低松弛镀锌钢丝,弹性模量为 2.05×10^5 MPa。索塔、主梁、吊杆的毛截面特性见表 8-3。

索塔、主梁、吊杆的毛截面特性表　　　　表 8-3

截面类型	面积(m^2)	抗扭惯性矩(m^4)	绕 y 轴抗弯惯性(m^4)	绕 z 轴抗弯惯性(m^4)
索塔截面 1	73.5	704.59	675.28	300.13
索塔截面 2	30.2	387.35	388.32	195.57
索塔截面 3	23.18	274.36	272.21	138.03
索塔截面 4	18.64	141.47	143.75	71.05
索塔截面 5	28.08	153.06	173.40	80.38
索塔截面 6	62.74	1171.1	485.57	1905.02
索塔截面 7	491.36	335.96	180.53	224.22
主梁截面 1	1.75	8.22	3.53	2.16
主梁截面 2	1.81	8.67	3.71	2.19
主梁截面 3	1.85	9.04	3.89	2.22
主梁截面 4	1.95	1.06	4.08	2.07
主梁截面 5	2.05	9.50	4.15	2.35
主梁截面 6	1.82	8.21	3.59	2.21
吊杆截面 1	4.19×10^{-3}	2.80×10^{-6}	1.40×10^{-6}	1.40×10^{-6}
吊杆截面 2	4.65×10^{-3}	3.45×10^{-6}	1.72×10^{-6}	1.72×10^{-6}
吊杆截面 3	5.35×10^{-3}	4.55×10^{-6}	2.28×10^{-6}	2.28×10^{-6}
吊杆截面 4	6.27×10^{-3}	6.26×10^{-6}	3.13×10^{-6}	3.13×10^{-6}
吊杆截面 5	7.20×10^{-3}	8.24×10^{-6}	4.12×10^{-6}	4.12×10^{-6}
吊杆截面 6	7.66×10^{-3}	9.33×10^{-6}	4.67×10^{-6}	4.67×10^{-6}

注:y 轴、z 轴对于主梁和主缆截面分别代表竖轴、横轴,对于索塔和吊杆截面分别代表顺桥向轴和横桥向轴。

2)支座连接条件模拟

在建立线性计算模型时,支座连接条件见表 8-4。

支座连接条件表　　　　表 8-4

支座连接位置	Δ_x	Δ_y	Δ_z	θ_x	θ_y	θ_z
边跨过渡墩支座	0	1	1	1	0	0
辅助墩支座	0	0	1	1	0	0
索塔支座	1	1	1	1	1	1
中跨过渡墩支座	0	1	1	1	0	0

注:1. x,y,z 分别表示顺桥向、横桥向和竖向;

2.0 表示自由,1 表示固结。

索塔横梁处设有纵、横向限位装置,在边跨过渡墩和中跨过渡墩处设有横向阻尼限位装置和横向抗风支座,辅助墩处设有一对横向阻尼限位装置。

主梁设有2对横向抗风支座,分别设于东、西索塔横梁上。MIDAS/Civil程序中阻尼器、隔震器是用边界非线性连接单元模拟的。在定义一般连接特性时,边界非线性动力分析应该选用内力型。内力型包括黏弹性消能器、间隙、钩、滞后系统、铅芯橡胶支座隔震装置以及摩擦摆隔震装置6种类型。抗风支座的一般连接特性值的特性值类型选用间隙。间隙由6个弹簧构成,在单元坐标系的6个自由度上,当N_1和N_2两个节点间缩小的相对位移的绝对值超过了间隙单元内部的初始间隙时,该方向的刚度就将开始发生作用。抗风支座非线性特性值初始间隙设为0m,弹性刚度设为1217000kN/m。横向阻尼器的一般连接特性值的特性值类型选用黏弹性消能器,采用Maxwell模型,按照横向阻尼器实际最大阻尼力、参考速度、阻尼指数输入,本例参考速度为1m/s,阻尼指数为0.5,辅助墩采用消能器阻尼为1700kN,过渡墩采用消能器阻尼为1400kN。

8.2.2 动力特性

基于所有构件均采用毛截面特性建立的空间动力模型,应用MIDAS/Civil有限元程序进行动力特性分析,得到所有构件采用毛截面桥梁结构振动周期与振型特征如下。

MIDAS/Civil操作流程:将自重转换为质量;将二期恒载转换为质量;定义动力特性分析的特征值,采用多重Ritz向量法,初始向量数量要保证各个方向振型参与质量要大于90%。

采用毛截面计算出的结构前几阶自振周期与振型特性见表8-5。

结构自振周期与振型特征　　　　表8-5

振型阶数	周期(s)	振型特征	振型阶数	周期(s)	振型特征
1	2.846538	主梁竖向振动	4	1.362357	主梁横向振动
2	1.679455	桥塔横向振动	5	1.286036	主梁竖向振动
3	1.601586	桥塔顺桥向振动			

典型振型如图8-9~图8-11所示。

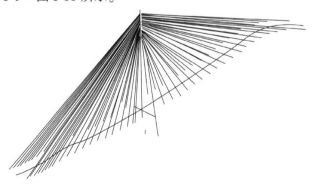

图8-9　结构第1阶振型图

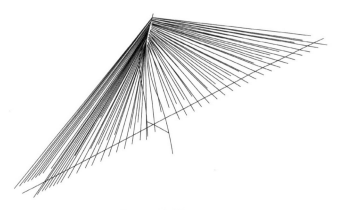

图 8-10　结构第 2 振型图

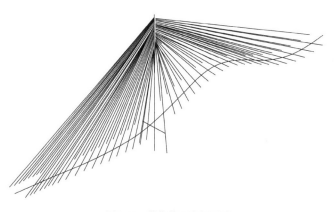

图 8-11　结构第 3 阶振型图

8.3　反应谱分析与抗震验算

根据《规范》第 9.3.1 条,特殊桥梁的地震反应分析可采用多振型反应谱法。根据《规范》第 9.3.5 条,进行多振型反应谱法分析时,应根据结构特点,考虑足够的振型,振型组合应采用 CQC 法。根据《规范》第 9.4 节性能要求与抗震验算,在 E1 地震作用下,结构基本不发生损伤,保持在弹性范围内;在 E2 地震作用下悬索桥索塔等重要受力构件可发生局部轻微损伤,震后不需修复或经简单修复可继续使用。所以计算结果应符合上述要求,否则,重新进行结构设计。

反应谱分析 MIDAS/Civil 操作流程如下:

(1)添加反应谱函数,取设计反应谱。

(2)添加反应谱荷载工况,模态组合控制的振型组合类型选择 CQC。

(3)定义索塔截面普通钢筋。

(4)定义弹塑性材料本构,钢材选用双折线模型,混凝土选用 Mander 模型,约束混凝土要定义混凝土极限压应变 ε_{cu}。

(5)定义弯矩曲率曲线,运行分析。

约束混凝土定义混凝土极限压应变 ε_{cu},是为了定义极限破坏状态,根据《公路桥梁抗震设计规范》(JTG/T 2231-01—2020)第7.4.8条计算混凝土极限压应变 ε_{cu},计算公式见式(4-17)。

各个截面Mander模型中的混凝土极限压应变 ε_{cu} 计算结果见表8-6。

混凝土极限压应变 ε_{cu} 表8-6

截面	1	2	3	4	5	6	7
混凝土极限压应变 ε_{cu}	0.0166	0.0289	0.0318	0.0336	0.0299	0.0291	0.0216

8.3.1 Pushover 分析

根据《公路悬索桥设计规范》(JTG/T D65-05—2015)第7.4.3条,索塔横桥向计算模型为由塔柱和横梁组成的平面框架。所以索塔横桥向为框架结构,类似于双柱墩,应该按照《规范》第7.4.6条的规定,进行横桥向容许位移计算。在MIDAS/Civil中,应该通过Pushover分析实现该过程。

Pushover分析 MIDAS/Civil 操作流程如下:定义Pushover整体控制参数,定义Pushover荷载工况,定义Pushover铰特性,分配铰特性,运行分析。

首先通过查找曲率对应步骤进行迭代,规范规定直到相邻两次计算各墩柱剪力之和相差在10%以内,则迭代满足要求。水平力迭代计算结果见表8-7。

水平力迭代计算结果   表8-7

指标	第一次计算		第二次计算		第三次计算	
	左塔柱	右塔柱	左塔柱	右塔柱	左塔柱	右塔柱
初始轴力(kN)	209308.7	209309.5	317922.8	313520.0	325053.4	320631.1
曲率(m^{-1})	0.010687	0.010687	0.011059	0.011029	0.011057	0.011043
墩高(m)	29	29	29	29	29	29
单墩等效剪力(kN)	5336.4	5336.4	442559.4	409910.8	453332.6	419428.4
作用与下横梁质心力(kN)	10672.8		852470.2		872761	
与前次相差百分比(%)	—		780.873%		2.38%	

通过Pushover分析,当索塔任一塑性铰达到其最大转角 θ_u 时,下横梁处的横向水平位移即容许位移,根据规范安全系数为 $K=2$。根据截面弯矩-曲率曲线知,左塔柱极限容许曲率为 $0.11057/2 = 0.005528$,右塔柱极限容许曲率为 $0.011043/2 = 0.00501$。分析结果表明,当Pushover铰结果的变形到达第37步时,下横梁质心达到了容许位移0.740m。索塔各个截面的横向容许位移和轴力见表8-8。

索塔横向容许位移与轴力　　　　　　　　　　表 8-8

截面	横向容许位移(m)	轴力(kN)	截面	横向容许位移(m)	轴力(kN)
1	0.04169	-174676.6	2	0.73885	-175256.3

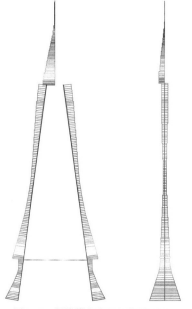

图 8-12 桥塔横向弯矩包络图(左)、纵桥向弯矩包络图(右)

通过索塔横向位移与轴力对索塔下塔柱部分进行双柱设置,其他截面在横梁水平推力以上部分桥塔按照单柱墩设置计算,并进行反应谱分析。

8.3.2 E1 地震作用下地震反应分析

基于建立的所有构件的空间动力计算模型,对桥梁结构在 E1 地震作用下进行反应谱分析,计算结构在顺桥向、横桥向和竖向 E1 地震作用效应下的结构关键截面地震内力。分别给出桥塔纵向、横向和竖向作用下的关键截面内力,以及桥塔横向和纵向弯矩包络图,如图 8-12 所示。

1)顺桥向

桥塔各关键截面轴力、剪力和弯矩见表 8-9。

2)横桥向

桥塔各关键截面轴力、剪力和弯矩见表 8-10。

3)竖向

桥塔各关键截面轴力、剪力和弯矩见表 8-11。

桥塔顺桥向关键截面内力表　　　　　　　　　表 8-9

关键截面	轴向(kN)	剪力-y(kN)	剪力-z(kN)	弯矩-y(kN·m)	弯矩-z(kN·m)
截面1	1030.96	96.76	5810.95	130154.01	188.1
截面2	1030.89	96.28	5792.56	109018.19	228.41
截面3	979.7	69.28	1125.04	42453.93	958.23
截面4	976.46	11.29	947.89	18881.57	994.63
截面5	972.13	62.36	476.17	32818.67	938.45
截面6	1920.36	0.16	1189.44	61407.35	11.3
截面7	1270.17	0.54	1919.57	26223.94	1.73

桥塔横桥向关键截面内力表　　　　　　　　　表 8-10

关键截面	轴向(kN)	剪力-y(kN)	剪力-z(kN)	弯矩-y(kN·m)	弯矩-z(kN·m)
截面1	13057.76	3832.5	14.48	247.25	65048.98
截面2	13057.41	3765.53	11.99	206.71	51289.4
截面3	10494.4	1915.33	9.44	77.22	51425.32
截面4	10442.87	1171.22	6.01	77	21263.09

续上表

关键截面	轴向(kN)	剪力-y(kN)	剪力-z(kN)	弯矩-y(kN·m)	弯矩-z(kN·m)
截面5	10382.84	632.61	4.49	111.91	43893.47
截面6	9.02	2400.24	1.3	13.87	75069.11
截面7	18.54	1912.66	2.11	5.22	28842.55

桥塔竖向关键截面内力表　　表8-11

关键截面	轴向(kN)	剪力-y(kN)	剪力-z(kN)	弯矩-y(kN·m)	弯矩-z(kN·m)
截面1	5638.4	193.44	327.41	11247.86	541.47
截面2	5618.87	184.17	327.27	9970.88	602.54
截面3	5088.82	180.19	108.98	3453.85	2142.94
截面4	4219.23	79.34	55.51	2229.44	1933.71
截面5	3169.79	156.3	38.6	2429.97	1742.85
截面6	4880.68	0.29	116.38	4190.98	10.86
截面7	2450.83	0.45	130.94	2034.17	4.9

8.3.3　E1地震作用下抗震验算

根据《规范》第7.3.1条规定,采用A类抗震设计方法设计的桥梁,E1地震作用下应根据相关规范规定验算桥墩强度。在进行E1地震作用下抗震验算时,本桥的荷载组合主要是恒载与地震作用组合,荷载组合见表8-2。桥墩强度验算如下:

根据《公路钢筋混凝土及预应力混凝土桥涵设计规范》(JTG 3362—2018)第5.3.1条,钢筋混凝土轴心受压构件,当配有箍筋(或螺旋筋或在纵向钢筋上焊有横向钢筋)时,其正截面抗压承载力应符合下列规定:

$$Y_0 N_d \leq 0.9\varphi(f_{cd}A + f'_{sd}A'_s) \tag{8-1}$$

式中:N_d——轴向力设计值;

　　　φ——轴压构件稳定系数;

　　　A——构件毛截面面积,当纵向钢筋配筋率大于3%时,A应改用$A_n = A - A'_s$;

　　　A'_s——全部纵向钢筋的截面面积。

根据《公路钢筋混凝土及预应力混凝土桥涵设计规范》(JTG 3362—2018)第5.1.5条,应按下式确定:

$$\sigma_{si} = \varepsilon_{cu} E_s \left(\frac{\beta h_{0i}}{x} - 1\right) \tag{8-2}$$

式中:x——截面受压区矩形应力图的高度;

　　　h_{0i}——第i层纵向钢筋截面重心至截面受压边缘(偏压构件取受压较大边)的距离;

E_s——普通钢筋的弹性模量;

β——截面受压区矩形应力图高度与实际受压区高度的比值,按 JTG 3362—2018 中表 5.1.4 取用;

ε_{cu}——截面非均匀受压时混凝土的极限压应变,当混凝土强度等级为 C50 及以下时,取 $\varepsilon_{cu} = 0.0033$;当混凝土强度等级为 C80 时,取 $\varepsilon_{cu} = 0.003$;中间强度等级用直线插入求得。

根据《公路钢筋混凝土及预应力混凝土桥涵设计规范》(JTG 3362—2018)第 5.1.3.1 条,构件正截面承载力应按下列基本假定计算:

(1)构件弯曲后,其截面仍保持平面。

(2)截面受拉混凝土的抗拉强度不予考虑。

(3)纵向体内钢筋的应力等于钢筋应变与其弹性模量的乘积,但其值应符合下列要求:

$$-f'_{sd} \leqslant \sigma_{si} \leqslant f_{sd} \tag{8-3}$$

式中:σ_{si}——第 i 层纵向普通钢筋的应力,正值表示拉应力、负值表示压应力;

f_{sd}、f'_{sd}——纵向普通钢筋的抗拉强度设计值和抗压强度设计值。

根据《公路钢筋混凝土及预应力混凝土桥涵设计规范》(JTG 3362—2018)第 5.3.4 条,偏心受压构件的正截面抗压承载力应符合下列规定:

$$\gamma_0 N_d \leqslant f_{cd}bx + f'_{sd}A'_s + (f'_{pd} - \sigma'_{p0})A'_p - \sigma_s A_s - \sigma_p A_p \tag{8-4}$$

$$\gamma_0 N_d e \leqslant f_{cd}bx\left(h_0 - \frac{x}{2}\right) + f'_{sd}A'_s(h_0 - a'_s) + (f'_{pd} - \sigma'_{p0})A'_p(h_0 - a'_p) \tag{8-5}$$

$$e = \eta e_0 + \frac{h}{2} - a \tag{8-6}$$

式中:e——轴向力作用点至截面受拉边或受压较小边纵向钢筋 A_s 和 A_s 合力点的距离;

e_0——轴向力对截面重心轴的偏心距,$e_0 = M_d/N_d$;

M_d——相应于轴向力的弯矩设计值;

h_0——截面受压较大边边缘至受拉边或受压较小边纵向钢筋合力点的距离,$h_0 = h - a$;

η——偏心受压构件轴向力偏心距增大系数;

b——截面宽度;

x——混凝土受压区高度;

A'_s——受压区纵向钢筋面积;

f_{cd}——混凝土轴心抗压强度设计值;

f'_{sd}——纵向钢筋抗压设计值;

N_d——轴心抗压设计值;

γ_0——安全等级系数;

f'_{pd}——纵向预应力钢筋的抗压强度设计值;

A'_p——受压纵向预应力钢筋的面积;

σ'_{p0}——截面受压区纵向预应力钢筋合力点处混凝土法向应力等于零时,预应力钢筋中的应力。

E1 地震作用下验算桥墩强度,选择不同截面控制单元,桥墩强度验算结果见表8-12。

桥墩强度验算表 表8-12

构件验算位置	组合名称	组成	结果	γN_d(kN)	N_n(kN)
截面1构件底部	cLCB3	轴心 F_x-min	OK	231893	1644196
		偏心 F_x-min(M_y)	OK	231893	1006555
	cLCB2	偏心 M_y-max(F_x)	OK	183424	1549373
	cLCB3	偏心 M_y-min(F_x)	OK	231893	1006555
截面1构件顶部	cLCB3	轴心 F_x-min	OK	224543	1644196
		偏心 F_x-min(M_y)	OK	224543	1022398
	cLCB2	偏心 M_y-max(F_x)	OK	176074	1498456
	cLCB3	偏心 M_y-min(F_x)	OK	224543	1022398
截面2构件底部	cLCB3	轴心 F_x-min	OK	224530	771268
		偏心 F_x-min(M_y)	OK	224530	491186
	cLCB2	偏心 M_y-max(F_x)	OK	176088	627248
	cLCB3	偏心 M_y-min(F_x)	OK	224530	491186
截面2构件顶部	cLCB3	轴心 F_x-min	OK	190028	771268
		偏心 F_x-min(M_y)	OK	190028	523379
	cLCB2	偏心 M_y-max(F_x)	OK	150161	566619
	cLCB3	偏心 M_y-min(F_x)	OK	190028	523379
截面3构件底部	cLCB3	轴心 F_x-min	OK	189817	615364
		偏心 F_x-min(M_y)	OK	189817	401379
	cLCB2	偏心 M_y-max(F_x)	OK	150031	436063
	cLCB3	偏心 M_y-min(F_x)	OK	189817	401379
截面3构件顶部	cLCB3	轴心 F_x-min	OK	157634	615364
		偏心 F_x-min(M_y)	OK	157634	443742
	cLCB2	偏心 M_y-max(F_x)	OK	119075	455925
	cLCB3	偏心 M_y-min(F_x)	OK	157634	443742
截面4构件底部	cLCB3	轴心 F_x-min	OK	157569	491399
		偏心 F_x-min(M_y)	OK	157569	332576
	cLCB2	偏心 M_y-max(F_x)	OK	119141	344450
	cLCB3	偏心 M_y-min(F_x)	OK	157569	332576
截面4构件顶部	cLCB3	轴心 F_x-min	OK	136374	491399
		偏心 F_x-min(M_y)	OK	136374	356987

续上表

构件验算位置	组合名称	组成	结果	γN_d(kN)	N_n(kN)
截面4构件顶部	cLCB2	偏心 M_y-max(F_x)	OK	99173	379972
	cLCB3	偏心 M_y-min(F_x)	OK	136374	356987
截面5构件底部	cLCB3	轴心 F_x-min	OK	136302	705678
	cLCB3	偏心 F_x-min(M_y)	OK	136302	513362
	cLCB2	偏心 M_y-max(F_x)	OK	99253	608530
	cLCB3	偏心 M_y-min(F_x)	OK	136302	513362
截面5构件顶部	cLCB3	轴心 F_x-min	OK	127126	705678
	cLCB3	偏心 F_x-min(M_y)	OK	127126	524328
	cLCB2	偏心 M_y-max(F_x)	OK	90512	569305
	cLCB3	偏心 M_y-min(F_x)	OK	127126	524328
截面6构件底部	cLCB3	轴心 F_x-min	OK	218504	1544381
	cLCB3	偏心 F_x-min(M_y)	OK	218504	758281
	cLCB2	偏心 M_y-max(F_x)	OK	200733	1152572
	cLCB3	偏心 M_y-min(F_x)	OK	218504	758281
截面6构件顶部	cLCB3	轴心 F_x-min	OK	134170	1544381
	cLCB3	偏心 F_x-min(M_y)	OK	134170	714987
	cLCB2	偏心 M_y-max(F_x)	OK	123885	955001
	cLCB3	偏心 M_y-min(F_x)	OK	134170	714987
截面7构件底部	cLCB3	轴心 F_x-min	OK	126791	1148241
	cLCB3	偏心 F_x-min(M_y)	OK	126791	1172275
	cLCB2	偏心 M_y-max(F_x)	OK	117370	901815
	cLCB3	偏心 M_y-min(F_x)	OK	126791	1172275
截面7构件顶部	cLCB3	轴心 F_x-min	OK	1440	1148241
	cLCB3	偏心 F_x-min(M_y)	OK	1440	1056930
	cLCB2	偏心 M_y-max(F_x)	OK	968	993102
	cLCB3	偏心 M_y-min(F_x)	OK	1440	1056930

注:γN_d-在最不利荷载组合作用下桥墩所受轴力;N_n-桥墩截面的抗压能力。

8.3.4 E2地震作用下反应分析

基于建立的所有构件的空间动力计算模型,对桥梁结构在E2地震作用下进行反应谱分析,计算结构在顺桥向、横桥向和竖向E2地震作用效应下结构关键截面地震内力。分别给出桥塔纵桥向、横桥向和竖桥向作用下的关键截面内力,以及桥塔纵桥向和横桥向弯矩包络,如图8-13所示。

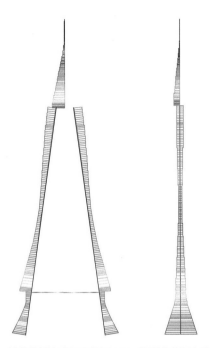

图 8-13 桥塔横桥向弯矩包络图(左)、纵桥向弯矩包络图(右)

1)顺桥向

桥塔各关键截面轴力、剪力和弯矩见表 8-13。

桥塔顺桥向关键截面内力表　　　　　　　　　　表 8-13

关键截面	轴向(kN)	剪力 $-y$(kN)	剪力 $-z$(kN)	弯矩 $-y$(kN·m)	弯矩 $-z$(kN·m)
截面 1	1752.64	164.49	9878.61	221261.8	319.77
截面 2	1752.52	163.67	9847.36	185330.9	388.3
截面 3	1665.5	117.78	1912.58	72171.69	1629
截面 4	1659.98	19.19	1611.42	32098.67	1690.86
截面 5	1652.63	106.01	809.48	55791.73	1595.37
截面 6	3264.61	0.28	2022.04	104392.5	19.21
截面 7	2159.29	0.92	3263.27	44580.7	2.93

2)横桥向

桥塔各关键截面轴力、剪力和弯矩见表 8-14。

桥塔横桥向关键截面内力表　　　　　　　　　　表 8-14

关键截面	轴向(kN)	剪力 $-y$(kN)	剪力 $-z$(kN)	弯矩 $-y$(kN·m)	弯矩 $-z$(kN·m)
截面 1	22198.19	6515.25	24.62	420.33	110583.27
截面 2	22197.59	6401.4	20.39	351.41	87191.98
截面 3	17840.49	3256.06	16.04	131.28	87423.05

续上表

关键截面	轴向(kN)	剪力-y(kN)	剪力-z(kN)	弯矩-y(kN·m)	弯矩-z(kN·m)
截面4	17752.88	1991.07	10.21	130.9	36147.25
截面5	17650.83	1075.43	7.63	190.24	74618.9
截面6	15.34	4080.41	2.21	23.57	127617.49
截面7	31.51	3251.52	3.6	8.87	49032.34

3）竖桥向

桥塔各关键截面轴力、剪力和弯矩见表8-15。

桥塔竖桥向关键截面内力表　　　　　　　　　　表8-15

关键截面	轴向(kN)	剪力-y(kN)	剪力-z(kN)	弯矩-y(kN·m)	弯矩-z(kN·m)
截面1	9585.29	328.84	556.61	19121.36	920.5
截面2	9552.08	313.09	556.36	16950.49	1024.32
截面3	8651	306.33	185.27	5871.55	3643
截面4	7172.69	134.88	94.37	3790.05	3287.31
截面5	5388.64	265.72	65.62	4130.95	2962.85
截面6	8297.15	0.5	197.85	7124.67	18.46
截面7	4166.41	0.76	222.6	3458.09	8.32

8.3.5　抗震验算

1）桥墩强度验算

根据《规范》第7.3.3条，采用A类抗震设计方法设计的桥梁，E2地震作用下应根据现行相关规范规定验算桥墩强度。在进行E2地震作用下抗震验算时，本桥的荷载组合主要是恒载与地震作用组合，算法与本章E1地震作用下桥墩强度验算相同，在此不再赘述。选择不同截面控制单元，其桥墩强度验算结果见表8-16。

桥墩强度验算表　　　　　　　　　　表8-16

构件验算位置	组合名称	组成	结果	γN_d(kN)	N_n(kN)
截面1构件底部	cLCB3	轴心 F_x-min	OK	231892.9	2340153
	cLCB3	偏心 F_x-min(M_y)	OK	231892.9	1432586
	cLCB2	偏心 M_y-max(F_x)	OK	183424.5	2225254
	cLCB3	偏心 M_y-min(F_x)	OK	231892.9	1432586
截面1构件顶部	cLCB3	轴心 F_x-min	OK	224542.9	2340153
	cLCB3	偏心 F_x-min(M_y)	OK	224542.9	1456245
	cLCB2	偏心 M_y-max(F_x)	OK	176074.5	2151892
	cLCB3	偏心 M_y-min(F_x)	OK	224542.9	1456245

续上表

构件验算位置	组合名称	组成	结果	$\gamma N_d(kN)$	$N_n(kN)$
截面2 构件底部	cLCB3	轴心 F_x-min	OK	224529.8	1077525
		偏心 F_x-min(M_y)	OK	224529.8	697624.8
	cLCB2	偏心 M_y-max(F_x)	OK	176087.6	886813.7
	cLCB3	偏心 M_y-min(F_x)	OK	224529.8	697624.8
截面2 构件顶部	cLCB3	轴心 F_x-min	OK	190028	1077525
		偏心 F_x-min(M_y)	OK	190028	744388.2
	cLCB2	偏心 M_y-max(F_x)	OK	150160.5	806465.5
	cLCB3	偏心 M_y-min(F_x)	OK	190028	744388.2
截面3 构件底部	cLCB3	轴心 F_x-min	OK	189816.7	855378.6
		偏心 F_x-min(M_y)	OK	189816.7	569407.9
	cLCB2	偏心 M_y-max(F_x)	OK	150031.5	619231
	cLCB3	偏心 M_y-min(F_x)	OK	189816.7	569407.9
截面3 构件顶部	cLCB3	轴心 F_x-min	OK	157634.4	855378.6
		偏心 F_x-min(M_y)	OK	157634.4	630174.1
	cLCB2	偏心 M_y-max(F_x)	OK	119075.3	647483.1
	cLCB3	偏心 M_y-min(F_x)	OK	157634.4	630174.1
截面4 构件底部	cLCB3	轴心 F_x-min	OK	157569	683683.6
		偏心 F_x-min(M_y)	OK	157569	472665.5
	cLCB2	偏心 M_y-max(F_x)	OK	119140.7	489711.5
	cLCB3	偏心 M_y-min(F_x)	OK	157569	472665.5
截面4 构件顶部	cLCB3	轴心 F_x-min	OK	136374.4	683683.6
		偏心 F_x-min(M_y)	OK	136374.4	507614.6
	cLCB2	偏心 M_y-max(F_x)	OK	99173.5	536640.6
	cLCB3	偏心 M_y-min(F_x)	OK	136374.4	507614.6
截面5 构件底部	cLCB3	轴心 F_x-min	OK	136302.2	988025.5
		偏心 F_x-min(M_y)	OK	136302.2	731766.9
	cLCB2	偏心 M_y-max(F_x)	OK	99252.59	867616.2
	cLCB3	偏心 M_y-min(F_x)	OK	136302.2	731766.9
截面5 构件顶部	cLCB3	轴心 F_x-min	OK	127126	988025.5
		偏心 F_x-min(M_y)	OK	127126	747511.4
	cLCB2	偏心 M_y-max(F_x)	OK	90512.3	808758.2
	cLCB3	偏心 M_y-min(F_x)	OK	127126	747511.4
截面6 构件底部	cLCB3	轴心 F_x-min	OK	218503.7	2168351
		偏心 F_x-min(M_y)	OK	218503.7	1043722
	cLCB2	偏心 M_y-max(F_x)	OK	200732.7	1586437

续上表

构件验算位置	组合名称	组成	结果	γN_d(kN)	N_n(kN)
截面6构件底部	cLCB3	偏心 M_y-min(F_x)	OK	218503.7	1043722
截面6构件顶部	cLCB3	轴心 F_x-min	OK	134169.6	2168351
	cLCB3	偏心 F_x-min(M_y)	OK	134169.6	983504.8
	cLCB2	偏心 M_y-max(F_x)	OK	123884.5	1314493
	cLCB3	偏心 M_y-min(F_x)	OK	134169.6	983504.8
截面7构件底部	cLCB3	轴心 F_x-min	OK	126790.6	1623907
	cLCB3	偏心 F_x-min(M_y)	OK	126790.6	1673505
	cLCB2	偏心 M_y-max(F_x)	OK	117370.3	1286380
	cLCB3	偏心 M_y-min(F_x)	OK	126790.6	1673505
截面7构件顶部	cLCB3	轴心 F_x-min	OK	1440.234	1623907
	cLCB3	偏心 F_x-min(M_y)	OK	1440.234	1509604
	cLCB2	偏心 M_y-max(F_x)	OK	967.7657	1418106
	cLCB3	偏心 M_y-min(F_x)	OK	1440.234	1509604

注：γN_d-在最不利荷载组合作用下桥墩所受轴力；N_n-桥墩截面的承载力。

结论：按照《规范》第5.1.5-1条验算，结构的重要性系数乘以作用效应的组合设计最大值小于构件承载力设计值，满足《规范》要求。

2）支座水平位移验算

E2地震作用下，盆式和球形活动支座水平位移验算按照《规范》第7.5.2条验算：

$$X_B \leqslant X_{max} \tag{8-7}$$

$$X_B = X_D + X_H + 0.5X_T \tag{8-8}$$

式中：X_B——E2地震作用效应、永久作用效应以及均匀温度作用效应组合后的活动支座水平位移；

X_{max}——活动支座容许滑动的水平位移。

支座水平位移验算结果见表8-17。

支座水平位移验算表 表8-17

名称	结果	顺桥向位移(m)	横桥向位移(m)	容许滑动水平位移(m)
边跨过渡墩支座	OK	0.124	0.004	0.2
辅助墩支座	OK	0.014	0.002	0.2
索塔支座	OK	0.079	0.022	0.2
中跨过渡墩支座	OK	0.148	0.002	0.2

结论：按照《规范》第7.5.2条公式$X_B \leqslant X_{max}$验算，支座水平位移设计值小于支座水平位移允许值，满足《规范》要求。

3)桥墩塑性铰抗剪强度验算

E2(弹塑性)地震作用下,桥墩塑性铰斜截面抗剪强度验算按照《规范》第7.3.4条计算。

墩柱塑性铰区域沿桥梁顺桥向和横桥向的斜截面抗剪强度应按本书第4.4.1节的方法计算。

桥塔塑性铰抗剪强度验算结果见表8-18。

桥塔塑性铰抗剪强度验算表　　　　　　　　　　表8-18

验算截面	结果	剪力方向	V_{c0}(kN)	V_n(kN)
截面1	OK	横桥向	168877	212707
截面1	OK	顺桥向	136714	211723
截面2	OK	横桥向	160217	177532
截面2	OK	顺桥向	131171	176686
截面3	OK	横桥向	27615	124781
截面3	OK	顺桥向	27615	124141
截面4	OK	横桥向	17762	50538
截面4	OK	顺桥向	17762	49676
截面5	OK	横桥向	17816	58657
截面5	OK	顺桥向	17816	57476
截面6	OK	横桥向	87223	124861
截面6	OK	顺桥向	87223	449614
截面7	OK	横桥向	42301	127507
截面7	OK	顺桥向	42301	134755

注:V_{c0}-塑性铰区域可承受的最大地震剪力;V_n-塑性铰区域截面的名义抗剪强度。

结论:按照《规范》第7.3.4条公式$V_{c0} \leqslant \varphi(V_c + V_s)$验算,其中,$V_n = \varphi(V_c + V_s)$。在E2地震作用下满足《规范》要求。

4)桥墩墩顶位移验算

规则桥梁在地震作用下,桥墩墩顶位移验算按照《规范》第7.4.3条计算。

在E2地震作用下,规则桥梁可按本书第5.4.3节的方法计算桥墩墩顶位移。

计算结果见表8-19。

桥墩墩顶位移验算表　　　　　　　　　　表8-19

构件	剪力方向	结果	Δ_d(m)	Δ_u(m)
截面1	顺桥向(z)	OK	0.0003	0.0136
截面1	横桥向(y)	OK	0.0002	0.0183

续上表

构件	剪力方向	结果	$\Delta_d(m)$	$\Delta_u(m)$
截面2	顺桥向(z)	OK	0.0142	0.2458
截面2	横桥向(y)	OK	0.006	0.2779
截面3	顺桥向(z)	OK	0.0961	0.6937
截面3	横桥向(y)	OK	0.0432	0.5096
截面4	顺桥向(z)	OK	0.133	0.5691
截面4	横桥向(y)	OK	0.024	0.5167
截面5	顺桥向(z)	OK	0.0444	0.1454
截面5	横桥向(y)	OK	0.0068	0.1844
截面6	顺桥向(z)	OK	0.0856	0.3798
截面6	横桥向(y)	OK	0.0116	0.1368
截面7	顺桥向(z)	OK	0.0953	0.5891
截面7	横桥向(y)	OK	0.0102	0.4311

结论：按照《规范》第7.4.3条公式 $\Delta_d \le \Delta_u$ 验算，在E2地震作用下墩顶的位移均小于桥墩容许位移，满足《规范》要求。

8.4 E1地震作用下多振型反应谱与线性时程分析校核

线性时程分析 MIDAS/Civil 操作流程如下：添加时程函数，地震作用按设计反应谱拟合3条设计加速度时程；添加荷载工况，地震作用选择非线性振型叠加法；添加地面加速度；定义索塔截面普通钢筋；定义动力弹塑性材料特性；纤维截面分割；定义弹塑性铰特性；分配弹塑性铰；运行分析。

根据《规范》第9.3.6条规定，当采用3组设计地震动时程计算时，应取3组计算结果的最大值。通过比较塔顶纵向3条地震波的位移（图8-14）发现，地震波1的位移最大。

根据《规范》第9.3.1条规定，特殊桥梁时程分析结果应与多振型反应谱法相互校核，线性时程分析结果不应小于反应谱法结果的80%。所以，选取E1地震作用下的多振型反应谱和线性时程分析结果进行对比，以保证选取合适的设计地震动时程和阻尼参数。因为地震波1的计算结果最大，所以选择地震波1作为设计地震动时程。线性时程和多振型反应谱法分析结果比较见表8-20和表8-21。

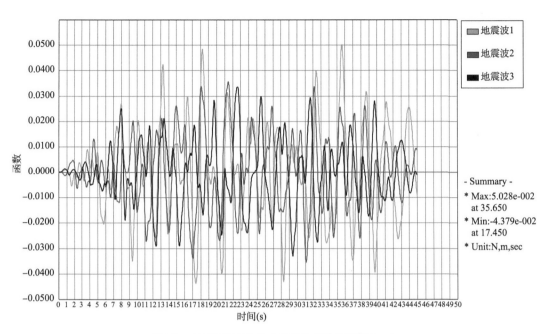

图 8-14　地震波塔顶位移对比图（地震波位移单位：m）

线性时程分析和多振型反应谱结果比较　　　　　　　　表 8-20

单元号	地震波 1 最大值对应轴力（kN）	cLCB2 反应谱轴力（kN）	轴力对比（%）	结果
1	-284641142.4	-273746093.5	104.0	OK
2	-279747759.4	-270739096.4	103.3	OK
3	-281604769.2	-270721345.5	104.0	OK
4	-277456183.8	-268449384.1	103.4	OK
5	-279296538.8	-268430823.3	104.0	OK
6	-273442084.5	-264432795	103.4	OK
7	-275261781.7	-264412706.8	104.1	OK
8	-271138247.9	-262137170.8	103.4	OK
9	-272929795.4	-262116130.9	104.1	OK
10	-268123545.3	-259124446.8	103.5	OK
11	-269892038.7	-259103348.9	104.2	OK
12	-265634734.9	-256647535.5	103.5	OK
13	-267373061.3	-256626935.5	104.2	OK
14	-282708425.6	-274464985.7	103.0	OK
15	-283835338.6	-274452608.2	103.4	OK
16	-278266287	-270035839.5	103.0	OK
17	-279456073.8	-270024401.6	103.5	OK
18	-276495089.5	-268279835.2	103.1	OK
19	-277728533.2	-268267676.7	103.5	OK

续上表

单元号	地震波1最大值对应轴力(kN)	cLCB2反应谱轴力(kN)	轴力对比(%)	结果
20	-273907725.4	-265702527.1	103.1	OK
21	-275171750.2	-265689587.2	103.6	OK
22	-271312857.9	-263122752.2	103.1	OK
23	-272607182.3	-263108778	103.6	OK
24	-268714377.8	-260541149.3	103.1	OK
25	-270034587.5	-260526371.4	103.6	OK
26	-266112341	-257957853.5	103.2	OK
27	-267454223.7	-257942656.2	103.7	OK
28	-263506786.7	-255372981	103.2	OK
29	-264866284.6	-255357733	103.7	OK
30	-260897741.1	-252786639.3	103.2	OK
31	-262270913.6	-252771589	103.8	OK
32	-258285221.5	-250198944.7	103.2	OK
33	-259668215.9	-250184189.2	103.8	OK
34	-255669239.9	-247610031.7	103.3	OK
35	-257058271.5	-247595542.4	103.8	OK
36	-253049805.9	-245020050.1	103.3	OK
37	-254441146.8	-245005723.9	103.9	OK
38	-250426930.9	-242429150.1	103.3	OK
39	-251816905.2	-242414862.3	103.9	OK
40	-248308215.9	-240341608.7	103.3	OK
41	-249693690	-240327259.2	103.9	OK
42	-246192671.8	-238256201.3	103.3	OK
43	-247570567.2	-238241725.6	103.9	OK
44	-244073744.3	-236169748.8	103.3	OK
45	-245440553.2	-236155113.1	103.9	OK
46	-241951465.6	-234082301.2	103.4	OK
47	-243303751.6	-234067505.3	103.9	OK
48	-239825876.2	-231993900.6	103.4	OK
49	-241160287.1	-231978968.9	104.0	OK
50	-237697025.2	-229904586.7	103.4	OK
51	-239010305.8	-229889556.9	104.0	OK
52	-235564969.5	-227814403.6	103.4	OK
53	-236853973.8	-227799315.4	104.0	OK
54	-233429773.7	-225723404	103.4	OK

续上表

单元号	地震波1最大值对应轴力(kN)	cLCB2反应谱轴力(kN)	轴力对比(%)	结果
55	-234691475	-225708290.4	104.0	OK
56	-231291508.7	-223631652.3	103.4	OK
57	-232523009	-223616533.5	104.0	OK
58	-229150251.3	-221539224.5	103.4	OK
59	-230348788.5	-221524106	104.0	OK
60	-226959569	-219400507.7	103.4	OK
61	-228122411.9	-219385381.1	104.0	OK
62	-223414913	-215926742.8	103.5	OK
63	-224528125.8	-215911591.3	104.0	OK
64	-219842522.2	-212446531.3	103.5	OK
65	-220891946.5	-212431315	104.0	OK
66	-385814462.6	-383680723.4	100.6	OK
67	-368697405.4	-366552983.3	100.6	OK
68	-363279376	-361249080.2	100.6	OK
69	-342680358.4	-340728806.3	100.6	OK
70	-324130291	-322152635.7	100.6	OK
71	-304637611.6	-302641214.2	100.7	OK
72	-285261372.5	-283323854.5	100.7	OK
73	-266437130.1	-264653115.8	100.7	OK
74	-247359509	-245789828.4	100.6	OK
75	-228723128.4	-227401834.3	100.6	OK
76	-210410747.7	-209314933.8	100.5	OK
77	-191979791.1	-191056617.3	100.5	OK
78	-173133950.8	-172357065	100.5	OK
79	-153831041	-153196961.8	100.4	OK
80	-134206785.7	-133692589.2	100.4	OK
81	-114260247.5	-113832378.7	100.4	OK
82	-94667045.55	-94317322.58	100.4	OK
83	-74665519.67	-74390100.55	100.4	OK
84	-54095153.19	-53891842.17	100.4	OK
85	-35522520.81	-35386007.46	100.4	OK
86	-16216521.81	-16147910.48	100.4	OK
87	-1367680.59	-1344096.65	101.8	OK
88	-284641142.4	-273746093.5	104.0	OK

线性时程分析和多振型反应谱结果比较　　　　　　　　　表 8-21

单元号	地震波1最小值对应轴力(kN)	cLCB3 反应谱对应轴力(kN)	轴力对比(%)	结果
1	-216224338	-228452302	94.6	OK
2	-214367491	-225433428	95.1	OK
3	-213260281	-225437051	94.6	OK
4	-212098512	-223142645	95.1	OK
5	-210990264	-223146991	94.6	OK
6	-208136428	-219150255	95.0	OK
7	-207034324	-219156223	94.5	OK
8	-205885867	-216863430	94.9	OK
9	-204773116	-216870256	94.4	OK
10	-202936803	-213881107	94.9	OK
11	-201822167	-213888082	94.4	OK
12	-200508926	-211414939	94.8	OK
13	-199376957	-211421288	94.3	OK
14	-228946541	-237867824	96.2	OK
15	-228427877	-237882398	96.0	OK
16	-224610771	-233477849	96.2	OK
17	-224074998	-233491484	96.0	OK
18	-222959796	-231771290	96.2	OK
19	-222404243	-231785644	96.0	OK
20	-220442680	-229215692	96.2	OK
21	-219870534	-229230829	95.9	OK
22	-217956350	-226677273	96.2	OK
23	-217362868	-226693444	95.9	OK
24	-215475505	-224140683	96.1	OK
25	-214858506	-224157657	95.9	OK
26	-213000059	-221605785	96.1	OK
27	-212357462	-221623179	95.8	OK
28	-210529937	-219072464	96.1	OK
29	-209859741	-219089909	95.8	OK
30	-208065071	-216540612	96.1	OK
31	-207365343	-216557859	95.8	OK
32	-205605400	-214010113	96.1	OK
33	-204874265	-214027066	95.7	OK

续上表

单元号	地震波1最小值对应轴力(kN)	cLCB3反应谱对应轴力(kN)	轴力对比(%)	结果
34	-203150862	-211480833	96.1	OK
35	-202386496	-211497519	95.7	OK
36	-200701395	-208952621	96.1	OK
37	-199902021	-208969144	95.7	OK
38	-198256933	-206425328	96.0	OK
39	-197420822	-206441812	95.6	OK
40	-196306709	-204396691	96.0	OK
41	-195435939	-204413237	95.6	OK
42	-194349642	-202365920	96.0	OK
43	-193446336	-202382593	95.6	OK
44	-192397367	-200336195	96.0	OK
45	-191459928	-200353027	95.6	OK
46	-190449802	-198307464	96.0	OK
47	-189476680	-198324457	95.5	OK
48	-188506859	-196279687	96.0	OK
49	-187496553	-196296815	95.5	OK
50	-186568439	-194252823	96.0	OK
51	-185519500	-194270049	95.5	OK
52	-184634436	-192226828	96.1	OK
53	-183545471	-192244113	95.5	OK
54	-182704736	-190201650	96.1	OK
55	-181574409	-190218960	95.5	OK
56	-180779218	-188177223	96.1	OK
57	-179606253	-188194539	95.4	OK
58	-178857751	-186153473	96.1	OK
59	-177640935	-186170788	95.4	OK
60	-176851220	-184085111	96.1	OK
61	-175634182	-184102435	95.4	OK
62	-173466059	-180704162	96.0	OK
63	-172336658	-180721510	95.4	OK
64	-170032667	-177336792	95.9	OK
65	-169076941	-177354205	95.3	OK
66	-369541014	-371996643	99.3	OK

续上表

单元号	地震波1最小值对应轴力(kN)	cLCB3反应谱对应轴力(kN)	轴力对比(%)	结果
67	-352700304	-355127813	99.3	OK
68	-347782230	-350214051	99.3	OK
69	-327904178	-330343737	99.3	OK
70	-309965207	-312438953	99.2	OK
71	-291024496	-293546579	99.1	OK
72	-272290262	-274842653	99.1	OK
73	-254277991	-256814898	99.0	OK
74	-236147863	-238598289	99.0	OK
75	-218515383	-220808734	99.0	OK
76	-201227525	-203296596	99.0	OK
77	-183823980	-185613401	99.0	OK
78	-166013318	-167506273	99.1	OK
79	-147708521	-148926915	99.2	OK
80	-129040201	-129996838	99.3	OK
81	-109975682	-110691635	99.4	OK
82	-91209232	-91702825.7	99.5	OK
83	-71961757	-72263281.1	99.6	OK
84	-52067449	-52211202.3	99.7	OK
85	-34072775	-34116866.9	99.9	OK
86	-15362320	-15408095.4	99.7	OK
87	-1043932.6	-1063903.35	98.1	OK
88	-216224338	-228452302	94.6	OK

通过比较可知,线性时程分析结果都大于反应谱法结果的80%,符合《规范》要求,并且两者最大相差5%左右,所以选取的设计地震动时程和阻尼参数合适。

8.5 E2 地震作用下非线性时程分析

非线性时程分析 MIDAS/Civil 操作流程如下:

(1)添加时程函数,包括恒载作用和地震作用,地震作用按设计反应谱拟合3条设计加速度时程。

(2)添加荷载工况,恒载选择非线性静力法,地震作用选择非线性直接积分法,阻尼计算选择瑞利阻尼(即质量和刚度因子,振型选择2个方向振型参与质量高的频率)。

(3)施加时变静力荷载和地面加速度。

(4)定义索塔截面普通钢筋。

(5)定义动力弹塑性材料特性,纤维截面分割。

(6)定义弹塑性铰特性。

(7)分配弹塑性铰。

(8)运行分析。

根据《规范》第9.3.1条规定,特殊桥梁的地震反应分析应采用时程分析法。根据《规范》第9.3.6条规定,当采用3组设计地震动时程计算时,应取3组计算结果的最大值。本节时程分析选择E2地震作用下的地震波进行分析。通过比较塔顶3条地震波的纵向位移(图8-15),发现地震波3的位移最大,所以选择地震波3作为设计地震动时程。

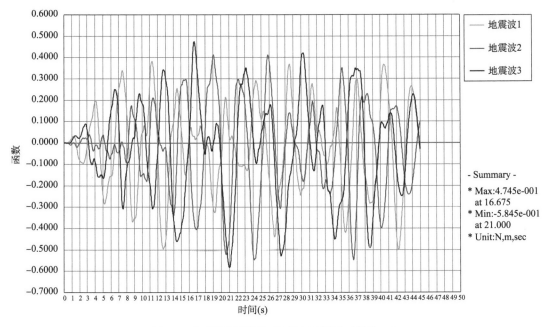

图8-15 地震波塔顶位移对比图(地震波位移单位:m)

根据《规范》第9.1.2条,进行特殊桥梁地震反应分析时,应考虑地面运动的空间变化特征。根据《规范》第5.1.4条规定,当桥梁一联总长超过600m时,宜采用多点非一致激励考虑地震动的空间变化。本悬索桥桥跨一联最大318m,未超过600m且纵桥向方向只有桥塔处设有纵向限位装置,所以无须采用多点非一致激励。

查看非线性时程分析结果如下:

(1)选择比较关心的横梁处位移和塔底曲率时程曲线,下塔柱柱顶横桥向位移与塔底竖向曲率如图8-16、图8-17所示。

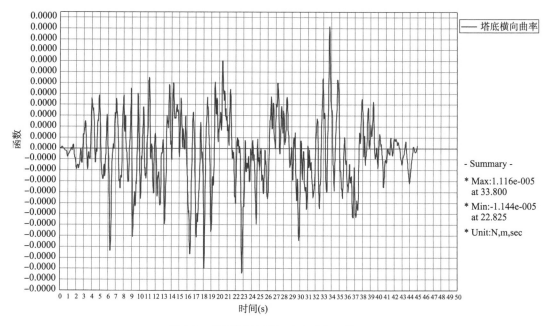

图 8-16　柱顶横桥向位移(地震波位移单位:m)

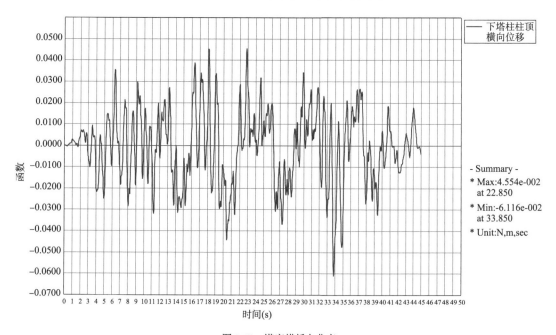

图 8-17　塔底横桥向曲率

结果表明,塔顶横桥向位移最大值为 0.06116m,小于双柱墩允许位移 0.740m。塔底竖向曲率最大值为 1.116×10^{-5},小于双柱墩容许曲率 0.005528。所以,索塔的塔顶位移和塔底曲率满足要求。

(2)查看各个纤维截面分析结果,纤维截面有弹性、开裂、钢筋屈服、破碎共 4 种状态,纤维截面分析结果如图 8-18 所示。

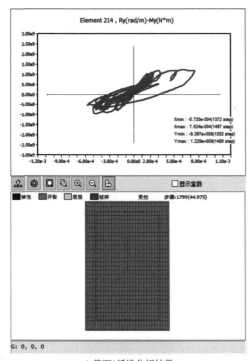

a) 截面1纤维分析结果

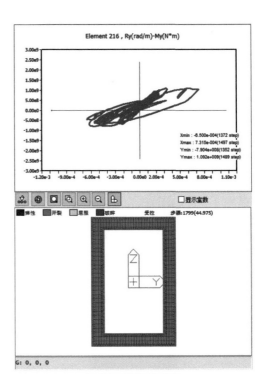

b) 截面2纤维分析结果

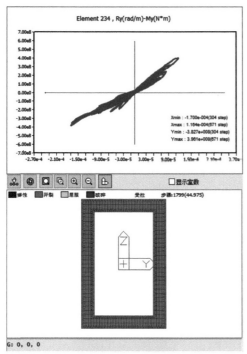

c) 截面3纤维分析结果

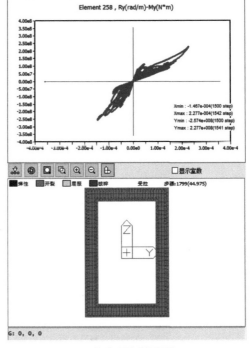

d) 截面4纤维分析结果

图 8-18

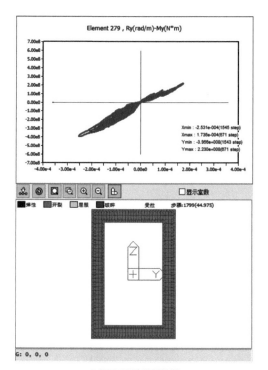

e) 截面5纤维分析结果

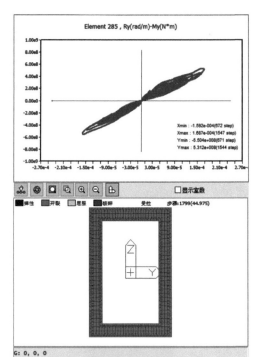

f) 截面6纤维分析结果

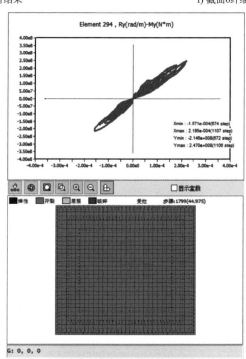

g) 截面7纤维分析结果

图 8-18　截面纤维分析结果图

对 7 个截面纤维分析结果进行总结,结果见表 8-22。

纤维截面分析结果　　　　　　　　　　　　表 8-22

截面	单元	结果	截面	单元	结果
1	214	全截面开裂	5	278	全截面开裂
2	216	全截面开裂	6	285	全截面开裂
3	234	全截面开裂	7	294	全截面开裂
4	258	全截面开裂			

结果表明,索塔各个截面处于开裂状态,钢筋没有出现屈服。根据《规范》第 9.4 节性能要求与抗震验算,在 E2 地震作用下悬索桥索塔等重要受力构件可发生局部轻微损伤,震后不需修复或经简单修复可继续使用。结果表明,纤维截面只处于开裂状态,《规范》允许发生轻微损伤,所以满足《规范》要求。

(3)查看索塔控制截面内力,控制截面内力见表 8-23。

索塔控制截面内力　　　　　　　　　　　　表 8-23

断面位置	截面	轴向(kN)	剪力-y(kN)	剪力-z(kN)	弯矩-y(kN·m)	弯矩-z(kN·m)
塔底	1	-147781	-39884	44281	1054997	-436278
下塔柱中部	2	-109276	-39243	46268	907870	-323256
横梁处	3	-66054	-13780	-11444	-331390	-354495
中塔柱中部	4	-62747	-7021	8068	-268315	144509
中塔柱顶部	5	-64273	3069	4449	-392569	334235
上塔柱底部	6	-51369	11898	9912	-533034	268898
塔顶	7	-28584	-7370	15399	215137	91930

第 9 章 / Chapter Nine

特殊桥梁——悬索桥抗震设计验算

根据《规范》第9.1.1条规定,悬索桥属于特殊桥梁。所以悬索桥的抗震设计应该参照《规范》第9章进行。本章将以某悬索桥为例,进行地震反应分析与验算,以期认识该类桥梁在地震作用下的破坏特点,并为该类桥梁的抗震设计提供参考。

9.1 工程概况与地震动输入

9.1.1 工程概况

厦门地区某大跨径悬索桥,桥跨布置为230m+648m+230m,桥梁总体布置图如图9-1所示。桥宽36.60m,主梁为连续钢箱加劲梁,索塔为门式框架结构,立面图和侧面图如图9-2所示。

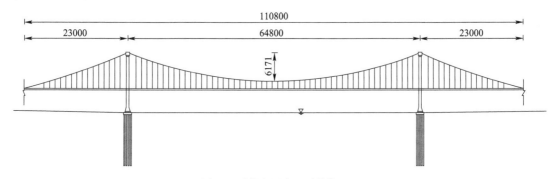

图9-1 总体布置图(尺寸单位:cm)

加劲梁共有2对竖向支座,设于东、西锚定横梁上;2对横向抗风支座,分别设于东、西索塔横梁上。

索塔塔身总高128.025m,桥面以上索塔高70.863m。索塔塔身由塔柱、上横梁装饰罩、主索鞍鞍罩、上横梁、下横梁等组成。索塔箱型截面配筋如图9-3所示。索塔、塔座分别采用C50、C30混凝土。二期恒载换算为线质量为48kN/m。根据《公路钢筋混凝土及预应力混凝土桥涵设计规范》(JTG D62—2004),可以得到所用的钢筋和混凝土材料特性,见表9-1。

9.1.2 地震动输入

1)地震动输入

根据《规范》第3.1.1条,该桥是单跨跨径超过150m的特大桥,按公路桥梁抗震设防分类为A类。根据《规范》第3.1.2条,A类桥梁应采用两水准抗震设防,进行E1和E2地震作用下的抗震分析和抗震验算,并满足桥梁抗震体系以及相关构造和抗震措施的要求。

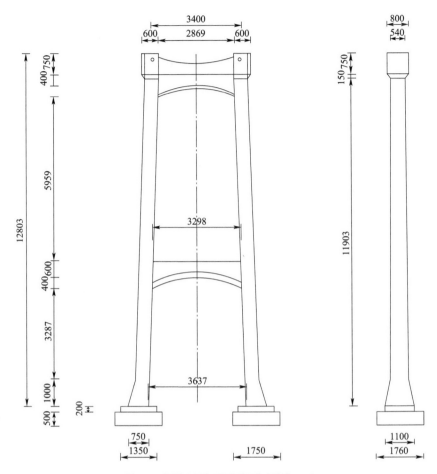

图 9-2 索塔立面与侧面图(尺寸单位:cm)

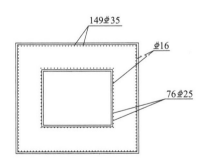

图 9-3 索塔配筋(尺寸单位:mm)

混凝土和钢筋材料特性表 表 9-1

材料	强度标准值(MPa)	强度设计值(MPa)	强度模量(MPa)
C30 混凝土	20.1	13.8	3.00×10^4
C50 混凝土	32.4	22.4	3.45×10^4
HRB440	400	330	2.00×10^5

根据《中国地震动参数区划图》(GB 18306—2015),该地区的抗震设防烈度为Ⅶ度,设计基本加速度峰值为 0.15g,地震分区为第一区,该场地类别为Ⅱ类场地,根据《规范》第 5.1.2 条规定,A 类桥梁应同时考虑水平向和竖向地震作用,水平设计加速度反应谱特征周期为 0.35s,竖向设计加速度反应谱特征周期为 0.25s。根据《规范》第 5.2.2 条规定,A 类桥梁 E1 和 E2 的水平向地震峰值加速度 A 应考虑抗震重要性系数 C_i:E1 地震作用为 1.00,E2 地震作用为 1.70。根据《规范》第 5.2.2 条规定,A 类桥梁地震峰值加速度 A 应考虑场地系数 C_s:水平向地震作用为 1.00,竖向地震作用为 0.60。

根据《公路桥梁抗震设计规范》(JTG/T 2231-01—2020)第 5.2.1 条规定,设计加速度反应谱 $S(T)$ 按 1.2.2 节中的式(1-1)计算确定。

设计加速度反应谱最大值 S_{max} 由本书第 3.4.1 节中的式(3-82)计算确定。

E1 地震作用和 E2 地震作用下的水平加速度反应谱如图 9-4 所示。

E1 地震作用和 E2 地震作用下的竖向加速度反应谱如图 9-5 所示。

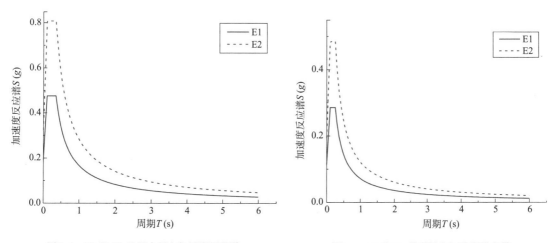

图 9-4　E1 和 E2 地震水平向加速度反应谱　　图 9-5　E1 和 E2 地震竖向加速度反应谱

根据《规范》第 9.3.6 条规定,进行 E1、E2 地震时程分析时,地震动时程采用设计反应谱为目标拟合设计加速度时程,拟合得到的 E1、E2 水平和竖向各 3 条时程曲线,如图 9-6 所示;根据《规范》第 9.3.6 条规定,采用 3 条地震加速度时程进行地震反应计算,最终的时程分析结果取各组计算结果最大值。由 E1、E2 水平和竖向各 3 条时程曲线得到的反应谱与设计反应谱的对比如图 9-7 所示,由图可知,加速度时程与设计加速度反应谱相匹配。

2)地震波的确定与调整

地震动的确定应以地震动记录的峰值、频谱特性、持续时间与《规范》规定相接近作为选波的控制条件。因此,时程分析中输入地震波的原则是输入地震动的反应谱须拟合设计反应谱。MIDAS/Civil 关于时程分析法输入地震记录的选取通常有两种做法:一种是选用实录地震波进行适当调整;而另一种是采用人工地震波。

(1)实录地震波调整。

MIDAS/Civil 中通过实录地震波生成时程荷载函数需要用到地震波数据生成器。地震波数据生成器可以根据历史上的地震波加速度记录数据或自定义的地震波加速度数据生成时程荷载函数,可以将地震波加速度数据转换为地震反应谱,可以根据十余种规范生成设计反应谱曲线。

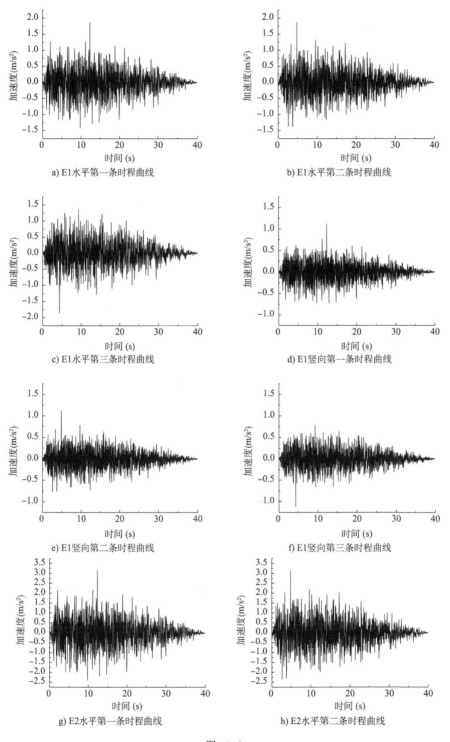

图 9-6

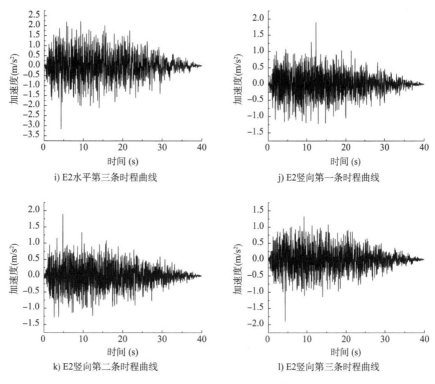

i) E2水平第三条时程曲线
j) E2竖向第一条时程曲线
k) E2竖向第二条时程曲线
l) E2竖向第三条时程曲线

图9-6 E1、E2地震加速度时程

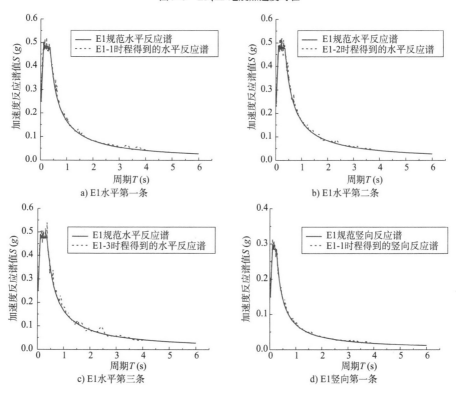

a) E1水平第一条
b) E1水平第二条
c) E1水平第三条
d) E1竖向第一条

图 9-7

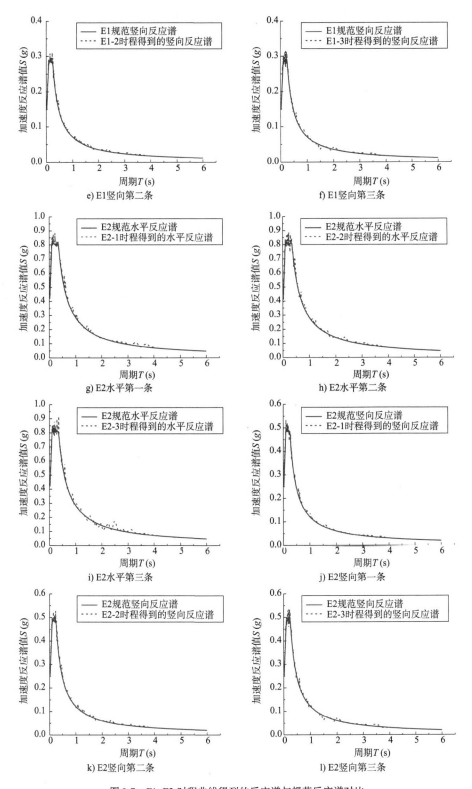

图 9-7 E1、E2 时程曲线得到的反应谱与规范反应谱对比

根据地震波历史记录生成时程荷载函数步骤如下:MIDAS/Civil 中通过执行命令工具→数据生成器→地震波数据生成器→Generate→Earthquake Record。通过 File→Save 命令可以将生成的地震波存成扩展名为"sgs"的时程荷载函数文件。

本小节以 E2 地震作用下的地震波为例,说明实录地震波的调整过程。调整步骤为:幅值调整;计算 EPA、EPV,据此计算特征周期;T_1、T_g 双指标控制;持时调整;与设计反应谱计算结果比较。

选用《规范》下的设计反应谱,参数设置为:桥梁类型为 A 类,分区特征周期为 0.35s,场地类型为Ⅱ类场地,抗震防烈度为Ⅶ度,设计基本加速度峰值为 $0.15g$,E2 地震作用,阻尼比为 0.02,勾选高速公路和一级公路上的大桥和特大桥。由此计算出设计加速度反应谱的重要性系数 C_i 为 1.70,场地系数 C_s 为 1.00,阻尼调整系数 C_d 为 1.27,水平向基本地震动峰值加速度 A 为 $0.15g$。

(2)幅值调整。

E2 地震时程分析所用地震加速度时程曲线的最大值:$PGA = C_i C_s C_d A = 1.70 \times 1.00 \times 1.27 \times 0.15 \times 9.8 = 3.174(m/s^2)$。

选择地震数据生成器中自带的实录地震波:1971,San Fernando Pocoima Dam,196 Deg。参数为:Peak = $1.0748g$,Duration = 41.70sec。实录地震波加速度图如图 9-8 所示。

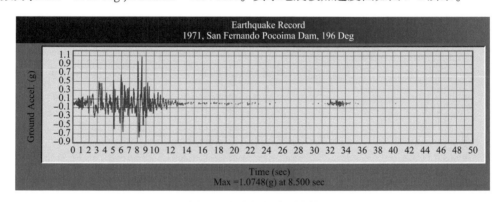

图 9-8　实录地震波加速度图

加速度峰值 PGA 调整系数取 $\dfrac{PGA}{a_{max}} = \dfrac{3.174}{1.0748 \times g} = 0.3013$。

(3)确定实录波的特征周期 T_g。

①求 EPA。

根据 1978 年的美国 ATC-30 规范,将阻尼比为 2% 的拟加速度反应谱取周期为 0.1~0.5s 之间的平均值定义为有效峰值加速度 EPA。

在 MIDAS/Civil 中执行命令工具→地震波数据生成器→Generate→Earthquake Response Spectra。参数设置为:振幅比例为 0.3013,时间比例为 1,阻尼比输入 0.02,勾选 X 坐标对数化在 0.1~0.5s 之间。输出拟加速度反应谱如图 9-9 所示。

将生成数据导入 Excel 计算,取平均值得 EPA = $7.81 m/s^2$。

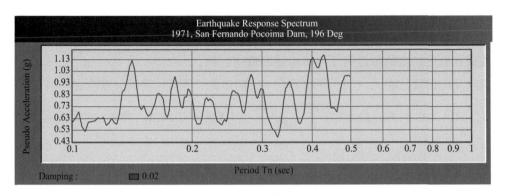

图 9-9 拟加速度反应谱图

②求 EPV。

根据 1978 年的美国 ATC-30 规范,将阻尼比为 2% 的拟速度反应谱取周期为 0.5~2s 之间的平均值定义为有效峰值速度 EPA。

在 MIDAS/Civil 中执行命令工具→地震波数据生成器→Generate→Earthquake Response Spectra。参数设置为:振幅比例为 0.3013,时间比例为 1,阻尼比输入 0.02,勾选 X 坐标对数化在 0.5~2.0s 之间。输出拟速度反应谱如图 9-10 所示。

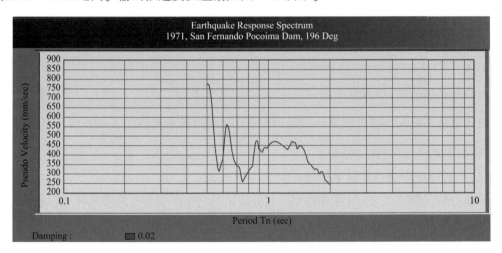

图 9-10 拟速度反应谱图

将生成数据导入 Excel 计算,取平均值得 EPV = 0.3971m/s。

③实录地震波的特征周期 T_g。

$$T_g = 2\pi \frac{EPV}{EPA} = 2\pi \times \frac{0.3971}{7.81} = 0.319(s)$$

设计反应谱特征周期 $T_g = 0.35s$。

当地震波的特征周期 T_g 与桥梁所在场地的特征周期相差不大时(即相差 20% 以内),则该地震波宜用在本桥梁所在的场地。由于 $\frac{0.35 - 0.319}{0.35} \times 100\% = 8.86\%$,所以该地震波选择正确。

(4)双指标控制。

①对地震记录加速度反应谱值在$[0.1,T_g]$平台段的均值进行控制,要求所选地震记录加速度谱在该段的均值与设计反应谱相差不超过20%。

设计反应谱特征在$[0.1,T_g]$平台段的S_{max}的值为0.8083,实录地震波在$[0.1,T_g]$平台段的S_{max}的值为0.6997。由于$\frac{0.8083-0.6997}{0.8083}\times100\%=13.43\%$,两者相差没有超过20%,故满足要求。

②对结构基本周期T_1附近$[T_1-\Delta T_1,T_1+\Delta T_1]$段加速度反应谱均值进行控制,要求与设计反应谱相差不超过20%。

设计反应谱特征在T_1附近$[T_1-\Delta T_1,T_1+\Delta T_1]$段的$S_{max}$的均值为0.6725,实录地震波$T_1$附近$[T_1-\Delta T_1,T_1+\Delta T_1]$段的$S_{max}$的均值为0.5285。由于$\frac{0.6725-0.5611}{0.6725}\times100\%=16.56\%$,两者相差没有超过20%,故满足要求。

(5)持续时间(T_d)调整。

持续时间不是指地震波数据中总的时间长度。T_d的定义可分为两大类:一类是以地震动幅值的绝对值来定义的绝对持续时间,即指地震地面加速度值大于某值的时间总和,即绝对值的时间总和,k常取为0.05,即加速度绝对值大于$0.05\text{m/s}^2=0.5\text{Gal}$数据的持续时间;另一类为以相对值定义的相对持续时间,即最先与最后一个之间的时段长度,k一般取0.3~0.5。

根据实录地震波,加速度绝对值大于0.05m/s^2的持续时间为3.44s,根据要求,不论实际的强震记录还是人工模拟波形,一般持续时间取结构基本周期的5~10倍。由于$\frac{3.44}{0.35}=9.83$,故满足要求,时间比例设为1。

(6)与设计反应谱计算结果比较。

根据《规范》第9.3.1条,特殊桥梁时程分析结果应与多振型反应谱法相互校核,线性时程分析结果不应小于反应谱法结果的80%。该过程在后面的章节中会详细论述,本处不进行赘述。

3)人工模拟地震波

根据《规范》第5.4.2条,未做地震安全性评价的桥梁工程场地,可根据设定地震的震级、距离,选用适当的衰减关系推算,也可根据设计加速度反应谱按本书第1.1.2节式(1-3)估算$S_a(\omega)$。

对于给定的功率谱密度函数$S_a(\omega)$,生成以$S_a(\omega)$为功率谱密度函数、均值为零的高斯平稳过程$a(t)$:

$$a(t)=\sum_{k=1}^{N}C_k\cos(\omega_k t+\varphi_k) \quad (9\text{-}1)$$

$$C_k=\sqrt{4S_a(\omega_k)\cdot\Delta\omega} \quad (9\text{-}2)$$

$$\Delta\omega = \frac{\omega_u - \omega_1}{N} \quad (9\text{-}3)$$

$$\omega_k = \omega_1 + \left(k - \frac{1}{2}\right)\Delta\omega \quad (9\text{-}4)$$

式中:φ_k——$(0,2\pi)$ 内均匀分布的随机相角;

ω_u、ω_1——正 ω 域内的上下限值;

N——反应谱或功率谱分割点数;

ω_k——离散频率,$k = 1,2,3,\cdots N$;

C_k——离散频率 ω_k 对应的震动初始傅里叶幅频值。

为了反映地面运动的非平稳性,采用包络函数 $f(t)$ 乘以平稳过程 $a(t)$,见本书第 3.5.2 节。

人工模拟地震波生成步骤如下:在 MIDAS/Civil 中执行命令工具→数据生成器→人工地震波→添加人工地震→输入设计谱,该设计谱与反应谱函数中的设计反应谱输入一致则填写包络函数和一般选项参数。上一小节中的加速度时程曲线就是通过人工模拟地震波生成的。如图 9-11 所示,该图是通过人工地震波生成的。

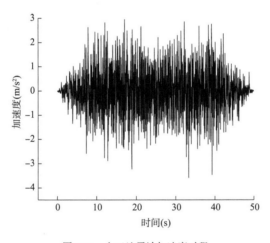

图 9-11 人工地震波加速度时程

9.2 计算模型与动力特性

根据《规范》第 9.1.1 条,悬索桥属于特殊桥梁,所以根据《规范》第 9.3.3 条建立空间动力计算模型进行抗震分析。

9.2.1 计算模型

首先按《规范》第 9.3 节的要求建立计算模型,如图 9-12 所示。模型中主梁、支座连接条件、索塔、主缆和吊杆等模拟如下。

图 9-12　空间有限元计算模型

1)索塔、主梁、主缆和吊杆模拟

索塔和主梁采用空间单元梁单元模拟。索塔混凝土强度等级 C50,弹性模量为 3.45×10^4 MPa,主梁钢材为 16Mn,弹性模量为 2.1×10^5 MPa。主缆和吊杆采用只受拉单元模拟。主缆和吊杆钢材为 Wire1670,弹性模量为 2.05×10^5 MPa。索塔、主梁、主缆和吊杆的毛截面特性见表 9-2。

索塔、主梁、主缆和吊杆的毛截面特性表　　　　表 9-2

截面类型	面积(m²)	抗扭惯性矩(m⁴)	绕 y 轴抗弯惯性矩(m⁴)	绕 z 轴抗弯惯性矩(m⁴)
索塔截面 1	36.00	177.78	167.00	124.00
索塔截面 2	26.97	143.64	119.56	93.73
索塔截面 3	33.00	114.00	116.00	91.92
索塔截面 4	20.40	90.87	74.08	58.54
索塔截面 5	23.80	72.41	64.54	55.57
主梁截面 1	1.27	4.82×10^{-5}	2.09	135.00
主梁截面 2	1.51	6.82×10^{-5}	2.61	150.00
主缆	0.16	4.10×10^{-3}	2.05×10^{-3}	2.05×10^{-3}
吊杆截面 1	4.25×10^{-3}	2.87×10^{-6}	1.43×10^{-6}	1.43×10^{-6}
吊杆截面 2	1.13×10^{-2}	2.04×10^{-5}	1.02×10^{-5}	1.02×10^{-5}

注:y 轴、z 轴对于主梁和主缆截面分别代表竖轴、横轴,对于索塔和吊杆截面分别代表顺桥向轴和横桥向轴。

2)支座连接条件模拟

在建立线性计算模型时,支座连接条件见表 9-3。

支座连接条件表　　　　　　　　　　　　表 9-3

支座连接位置	Δ_x	Δ_y	Δ_z	θ_x	θ_y	θ_z
索塔—大地	1	1	1	1	1	1
主缆—大地	1	1	1	1	1	1
主梁端部—大地	0	1	1	1	0	0

注：1. x,y,z 分别表示顺桥向、横桥向和竖向；
　　2. 0 表示自由，1 表示固结。

主梁设有 2 对横向抗风支座，分别设于东、西索塔横梁上。MIDAS/Civil 程序中阻尼器、隔震器是用边界非线性连接单元模拟的。在定义一般连接特性时，边界非线性动力分析应该选用内力型。内力型包括黏弹性消能器、间隙、钩、滞后系统、铅芯橡胶支座隔震装置以及摩擦摆隔震装置 6 种类型。抗风支座的一般连接特性值的特性值类型选用间隙。间隙由 6 个弹簧构成，在单元坐标系的 6 个自由度上，当 N_1 和 N_2 两个节点间缩小的相对位移的绝对值超过了间隙单元内部的初始间隙时，该方向的刚度就将开始发生作用。抗风支座非线性特性值初始间隙设为 0m，弹性刚度设为 1217000kN/m。

9.2.2　动力特性

基于所有构件均采用毛截面特性建立的空间动力模型，应用 MIDAS/Civil 有限元程序进行动力特性分析，得到所有构件采用毛截面桥梁结构振动周期与振型特征见表 9-4。

结构自振周期与振型特征　　　　　　　　　　　　表 9-4

振型阶数	周期(s)	振型特征	振型阶数	周期(s)	振型特征
1	8.520471	主梁竖向振动	4	4.784284	索塔顺桥向振动
2	6.331576	主梁竖向振动	5	4.781610	索塔顺桥向振动
3	6.055715	主梁竖向振动	6	4.397373	主梁横向振动

MIDAS/Civil 操作流程如下：将自重转换为质量；将二期恒载转换为质量；定义动力特性分析的特征值，采用多重 Ritz 向量法，添加初始荷载工况地面加速度 X、Y、Z，初始向量数量要保证各个方向振型参与质量大于 90%。

典型振型如图 9-13～图 9-15 所示。

图 9-13　结构第 1 阶振型图

图 9-14　结构第 4 阶振型图

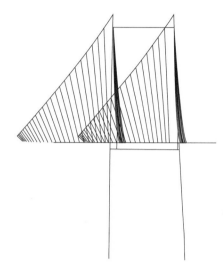

图 9-15 结构第 6 阶振型图

9.3 反应谱分析与抗震验算

根据《规范》第 9.3.1 条,特殊桥梁的地震反应分析可采用多振型反应谱法。根据《规范》第 9.3.5 条进行多振型反应谱法分析时,应根据结构特点,考虑足够的振型,振型组合应采用 CQC 法。根据《规范》第 9.4 节性能要求与抗震验算,在 E1 地震作用下,结构基本不发生损伤,保持在弹性范围内;在 E2 地震作用下悬索桥索塔等重要受力构件可发生局部轻微损伤,震后不需修复或经简单修复可继续使用。所以,计算结果应符合上述要求,否则重新进行结构设计。

Civil Designer 中不能对变截面结构验算,所以对变截面进行先处理,选取一定长度的变截面单元作为等截面进行计算。反应谱分析 MIDAS/Civil 操作流程如下:添加反应谱函数,取设计反应谱;添加反应谱荷载工况,模态组合控制的振型组合类型选择 CQC;定义索塔截面普通钢筋;定义弹塑性材料本构,钢材选用双折线模型,混凝土选用 Mander 模型,约束混凝土要定义混凝土极限压应变 ε_{cu};定义弯矩-曲率曲线;运行分析。

约束混凝土定义混凝土极限压应变 ε_{cu},是为了定义极限破坏状态,根据《规范》第 7.4.8 条计算混凝土极限压应变 ε_{cu}。

各个截面 Mander 模型中的混凝土极限压应变 ε_{cu} 计算结果见表 9-5。

混凝土极限压应变 ε_{cu} 表 9-5

截面	1	2	3	4	5
混凝土极限压应变 ε_{cu}	0.020005	0.026076	0.01855	0.030676	0.02283

9.3.1 Pushover 分析

根据《规范》第7.4.3条,索塔横桥向计算模型为由塔柱和横梁组成的平面框架。所以索塔横桥向为框架结构,类似于双柱墩,应该按照《规范》第7.4.6条进行横桥向容许位移的计算。在 MIDAS/Civil 中,应该通过 Pushover 分析实现该过程。

Pushover 分析 MIDAS/Civil 操作流程如下:定义 Pushover 整体控制参数,定义 Pushover 荷载工况,定义 Pushover 铰特性,分配铰特性,运行分析。

首先通过迭代,修改模型中的迭代水平力,《规范》规定直到相邻两次计算各墩柱剪力之和相差在10%以内,则迭代满足要求。水平力迭代结果见表9-6。

水平力迭代计算结果 表9-6

指标	第一次计算		第二次计算	
	左塔柱	右塔柱	左塔柱	右塔柱
初始轴力(kN)	−129670.77	−129670.71	−158619.03	−100722.45
等效弯矩(kN·m)	543306.97	543297.17	611499.53	470034.52
墩高(m)	52.00	52.00	52.00	52.00
单墩等效剪力(kN)	25075.71	25075.25	28223.06	21693.90
作用于下横梁质心(kN)	50150.96		49916.96	
与前次相差百分比	—		−0.467%	

通过 Pushover 分析,当索塔任一塑性铰达到其最大转角 θ_u 时,下横梁处的横向水平位移即容许位移,根据《规范》安全系数为 $K=2$。根据截面弯矩-曲率曲线知,左塔柱极限容许曲率为 $0.018964649/2 = 0.009482$,右塔柱极限容许曲率为 $0.017854473/2 = 0.008927$。分析结果表明,当 Pushover 铰结果的变形到达第18步时,下横梁质心达到了容许位移2.25m。索塔各个截面的横向容许位移和轴力见表9-7。

索塔横向容许位移与轴力 表9-7

截面	横向容许位移(m)	轴力(kN)	截面	横向容许位移(m)	轴力(kN)
1	0.210482	131446.37	4	2.11263	84342.57
2	1.94216	110239.06	5	2.09497	81543.47
3	2.22443	111697.88			

通过索塔横向位移与轴力对索塔进行双柱设置,进行反应谱分析。

9.3.2 E1 地震作用

采用 MIDAS/Civil Designer 对桥梁进行设计,并以《规范》为标准进行验算。计算模型如图9-16所示。

E1 地震作用验算桥墩强度,选择不同截面控制单元,桥墩强度验算表见表9-8。

图 9-16　计算模型

桥墩强度验算表　　　　　　　　　　　　　　　　表 9-8

验算位置	组合名称	组成	结果	γN_d(kN)	N_n(kN)
截面 1 构件底部	cLCB3	轴心 F_x-min	OK	184860.19	779726.46
		偏心 F_x-min(M_y)	OK	184860.19	544046.40
	cLCB2	偏心 M_y-max(F_x)	OK	150566.27	540113.22
		偏心 M_y-min(F_x)	OK	184860.19	544046.40
	cLCB3	轴心 F_x-min	OK	183060.19	779726.46
		偏心 F_x-min(M_y)	OK	183060.19	561257.66
	cLCB2	偏心 M_y-max(F_x)	OK	148766.27	549654.59
	cLCB3	偏心 M_y-min(F_x)	OK	183060.19	561257.66
截面 2 构件底部	cLCB3	轴心 F_x-min	OK	175836.51	596167.68
		偏心 F_x-min(M_y)	OK	175836.51	471902.88
	cLCB2	偏心 M_y-max(F_x)	OK	141606.03	447489.54
	cLCB3	偏心 M_y-min(F_x)	OK	175836.51	471902.88
		轴心 F_x-min	OK	173834.00	596167.68
		偏心 F_x-min(M_y)	OK	173834.00	490587.49
	cLCB2	偏心 M_y-max(F_x)	OK	139603.52	463009.38
	cLCB3	偏心 M_y-min(F_x)	OK	173834.00	490587.49
截面 3 构件底部	cLCB3	轴心 F_x-min	OK	154920.59	712800.06
		偏心 F_x-min(M_y)	OK	154920.59	701705.73
	cLCB2	偏心 M_y-max(F_x)	OK	120751.90	578278.53
	cLCB3	偏心 M_y-min(F_x)	OK	154920.59	701705.73
截面 4 构件底部	cLCB3	轴心 F_x-min	OK	118443.32	454578.08
		偏心 F_x-min(M_y)	OK	118443.32	311465.98
	cLCB2	偏心 M_y-max(F_x)	OK	105286.86	373390.02
	cLCB3	偏心 M_y-min(F_x)	OK	118443.32	311465.98
截面 5 构件底部	cLCB3	轴心 F_x-min	OK	92014.22	522153.47
		偏心 F_x-min(M_y)	OK	92014.22	338919.36
	cLCB2	偏心 M_y-max(F_x)	OK	79278.23	359699.74
	cLCB3	偏心 M_y-min(F_x)	OK	92014.22	338919.36

注：γN_d-在最不利荷载作用下桥墩截面所受轴力，N_n-桥墩截面承载能力。

结论:按照《规范》第5.1.2-1条公式验算,结构的重要性系数×作用效应的组合设计最大值≤构件承载力设计值,满足《规范》要求。桥墩强度验算结论表见表9-9。

桥墩强度验算结论表 表9-9

构件名称	是否通过	构件名称	是否通过
右墩1(桥墩)	OK	左墩1(桥墩)	OK
右墩2(桥墩)	OK	左墩2(桥墩)	OK
右墩3(桥墩)	OK	左墩3(桥墩)	OK
右墩4(桥墩)	OK	左墩4(桥墩)	OK
右墩5(桥墩)	OK	左墩5(桥墩)	OK

9.3.3 E2地震作用(弹性)

E2地震作用(弹性)验算桥墩屈服判断,选择不同截面控制单元,桥墩屈服判断表见表9-10。

桥墩屈服判断表 表9-10

验算位置	组合名称	验算方向	结果	安全系数	$M(kN \cdot m)$	$M_s(kN \cdot m)$
0.000[486]截面1	cLCB2	顺桥向(M_y)	OK	1.578	361624.1	570637.9
		横桥向(M_z)	OK	5.2961	121795.9	645045
0.200[486]截面1	cLCB2	顺桥向(M_y)	OK	1.6576	341688.2	566390.6
		横桥向(M_z)	OK	5.5177	116903.7	645045
0.000[491]截面2	cLCB2	顺桥向(M_y)	OK	1.9722	258630.5	510073.5
		横桥向(M_z)	OK	5.3536	99338.23	531817.8
0.096[491]截面2	cLCB2	顺桥向(M_y)	OK	2.2278	226994.9	505697.7
		横桥向(M_z)	OK	5.6732	93742.85	531817.8
0.000[502]截面3	cLCB2	顺桥向(M_y)	OK	3.2259	135770.9	437986.1
		横桥向(M_z)	OK	7.7485	64460.26	499473.5
0.000[512]截面4	cLCB2	顺桥向(M_y)	OK	3.089	120146.9	371136
		横桥向(M_z)	OK	7.0837	54345.21	384966
0.000[530]截面5	cLCB2	顺桥向(M_y)	OK	2.0165	148395.6	299243.3
		横桥向(M_z)	OK	34.9295	9646.26	336939.2

结论:按照《规范》第6.7.1条公式$M_y \leq M_{szc}$验算,在E2地震作用下计算弯矩M均小于屈服弯矩M_s,满足《规范》要求。桥墩屈服判断结论表见表9-11。

桥墩屈服判断结论表　　　　　　　　　　　表9-11

构件名称	是否通过	构件名称	是否通过
右墩1(桥墩)	OK	左墩1(桥墩)	OK
右墩2(桥墩)	OK	左墩2(桥墩)	OK
右墩3(桥墩)	OK	左墩3(桥墩)	OK
右墩4(桥墩)	OK	左墩4(桥墩)	OK
右墩5(桥墩)	OK	左墩5(桥墩)	OK

9.3.4 E2地震作用(弹塑性)

1)桥墩强度验算

E2地震作用(弹塑性)验算桥墩强度,选择不同截面控制单元,桥墩强度验算表见表9-12。

桥墩强度验算表　　　　　　　　　　　表9-12

验算位置	组合名称	组成	结果	γN_d(kN)	N_n(kN)
截面1构件底部	cLCB3	轴心 F_x-min	OK	196863.07	1115173.89
		偏心 F_x-min(M_y)	OK	196863.07	586888.90
	cLCB2	偏心 M_y-max(F_x)	OK	138563.39	432895.84
		偏心 M_y-min(F_x)	OK	196863.07	586888.90
	cLCB3	轴心 F_x-min	OK	195063.07	1115173.89
		偏心 F_x-min(M_y)	OK	195063.07	620491.71
	cLCB2	偏心 M_y-max(F_x)	OK	136763.39	465806.27
	cLCB3	偏心 M_y-min(F_x)	OK	195063.07	620491.71
截面2构件底部	cLCB3	轴心 F_x-min	OK	187817.18	850023.94
		偏心 F_x-min(M_y)	OK	187817.18	570291.01
	cLCB2	偏心 M_y-max(F_x)	OK	129625.37	454477.98
		偏心 M_y-min(F_x)	OK	187817.18	570291.01
	cLCB3	轴心 F_x-min	OK	185814.67	850023.94
		偏心 F_x-min(M_y)	OK	185814.67	610218.62
	cLCB2	偏心 M_y-max(F_x)	OK	127622.86	496269.31
	cLCB3	偏心 M_y-min(F_x)	OK	185814.67	610218.62
截面3构件底部	cLCB3	轴心 F_x-min	OK	166879.63	1019880.06
		偏心 F_x-min(M_y)	OK	166879.63	935533.25
	cLCB2	偏心 M_y-max(F_x)	OK	108792.86	687934.85
	cLCB3	偏心 M_y-min(F_x)	OK	166879.63	935533.25
截面4构件底部	cLCB3	轴心 F_x-min	OK	123048.08	646715.52
		偏心 F_x-min(M_y)	OK	123048.08	357735.97
	cLCB2	偏心 M_y-max(F_x)	OK	100682.10	409164.13

续上表

验算位置	组合名称	组成	结果	γN_d(kN)	N_n(kN)
截面4构件底部	cLCB3	偏心 M_y-min(F_x)	OK	123048.08	357735.97
截面5构件底部	cLCB3	轴心 F_x-min	OK	96471.82	745335.87
	cLCB3	偏心 F_x-min(M_y)	OK	96471.82	343748.77
	cLCB2	偏心 M_y-max(F_x)	OK	74820.64	297916.13
	cLCB3	偏心 M_y-min(F_x)	OK	96471.82	343748.77

注：γN_d-在最不利荷载作用下桥墩截面所受轴力，N_n-桥墩截面承载能力。

结论：按照《规范》第5.1.2-1条公式验算，结构的重要性系数×作用效应的组合设计最大值≤构件承载力设计值，满足《规范》要求。桥墩强度验算结论表见表9-13。

桥墩强度验算结论表　　　　　　　　　　　　　　　　　　表9-13

构件名称	是否通过	构件名称	是否通过
右墩1(桥墩)	OK	左墩1(桥墩)	OK
右墩2(桥墩)	OK	左墩2(桥墩)	OK
右墩3(桥墩)	OK	左墩3(桥墩)	OK
右墩4(桥墩)	OK	左墩4(桥墩)	OK
右墩5(桥墩)	OK	左墩5(桥墩)	OK

2）桥墩墩顶位移验算

桥梁在地震作用下，桥墩墩顶位移验算按照《规范》第7.4.3条计算。

在E2(弹塑性)地震作用下，规则桥梁可按5.4.3节中的式(5-14)验算桥墩墩顶的位移。

E2地震作用(弹塑性)验算桥墩墩顶位移，桥墩墩顶位移验算表见表9-14。

桥墩墩顶位移验算表　　　　　　　　　　　　　　　　　　表9-14

构件	剪力方向	结果	安全系数	Δ_d(m)	Δ_u(m)
右墩1(桥墩)	顺桥向(z)	OK	17.658	5.304	93.665
	横桥向(y)	OK	55.591	3.786	210.482
右墩2(桥墩)	顺桥向(z)	OK	9.753	73.535	717.193
	横桥向(y)	OK	53.207	36.502	1942.160
右墩3(桥墩)	顺桥向(z)	OK	5.300	83.229	441.108
	横桥向(y)	OK	91.613	24.281	2224.430
右墩4(桥墩)	顺桥向(z)	OK	4.688	292.811	1372.754
	横桥向(y)	OK	30.009	70.400	2112.630
右墩5(桥墩)	顺桥向(z)	OK	1.293	38.365	49.618
	横桥向(y)	OK	557.368	3.759	2094.970
左墩1(桥墩)	顺桥向(z)	OK	17.658	5.304	93.665

续上表

构件	剪力方向	结果	安全系数	Δ_d(m)	Δ_u(m)
左墩1(桥墩)	横桥向(y)	OK	55.591	3.786	210.482
左墩2(桥墩)	顺桥向(z)	OK	9.753	73.535	717.194
	横桥向(y)	OK	53.207	36.502	1942.160
左墩3(桥墩)	顺桥向(z)	OK	5.300	83.228	441.108
	横桥向(y)	OK	91.613	24.281	2224.430
左墩4(桥墩)	顺桥向(z)	OK	4.688	292.796	1372.757
	横桥向(y)	OK	30.009	70.400	2112.630
左墩5(桥墩)	顺桥向(z)	OK	1.293	38.364	49.618
	横桥向(y)	OK	557.365	3.759	2094.970

结论:按照《规范》第7.4.3条公式$\Delta_d \leqslant \Delta_u$验算,在E2地震作用下墩顶的位移均小于桥墩容许位移,满足《规范》要求。桥墩墩顶位移验算结论表见表9-15。

桥墩墩顶位移验算结论表　　　　　　　　　　　　　　表9-15

构件名称	是否通过	构件名称	是否通过
右墩1(桥墩)	OK	左墩1(桥墩)	OK
右墩2(桥墩)	OK	左墩2(桥墩)	OK
右墩3(桥墩)	OK	左墩3(桥墩)	OK
右墩4(桥墩)	OK	左墩4(桥墩)	OK
右墩5(桥墩)	OK	左墩5(桥墩)	OK

3)桥墩塑性铰抗剪强度验算

桥梁在地震作用下,桥墩塑性铰抗剪强度验算按照《规范》第7.3.4条计算。桥墩塑性铰抗剪强度见表9-16。

墩柱塑性铰区域沿桥梁顺桥向和横桥向的斜截面抗剪强度应按4.4.1节的方法计算。

桥墩塑性铰抗剪强度　　　　　　　　　　　　　　表9-16

验算截面	剪力方向	V_{c0}(kN)	V_n(kN)	结果
截面1	横桥向	154666.34	202659.80	OK
	顺桥向	86848.65	190410.45	OK
截面2	横桥向	41225.00	139537.67	OK
	顺桥向	23421.84	144207.78	OK
截面3	横桥向	57640.04	171920.67	OK
	顺桥向	29076.44	171775.13	OK
截面4	横桥向	17976.92	103371.82	OK
	顺桥向	9085.41	107504.09	OK

续上表

验算截面	剪力方向	V_{c0}(kN)	V_n(kN)	结果
截面5	横桥向	137772.71	139828.17	OK
	顺桥向	69595.98	124009.06	OK

注:V_{c0}-塑性铰区域可承受的最大地震剪力;V_n-塑性铰区域截面的名义抗剪强度。

结论:按照《规范》第7.3.4条公式$V_{c0} \leq \Phi(V_c + V_s)$验算,其中$V_{c0}$为剪力设计值;$V_c$为塑性铰区混凝土的抗剪贡献;$V_s$为横向钢筋的抗剪能力贡献。在E2地震作用下满足《规范》要求。

9.4 多振型反应谱与线性时程分析校核

线性时程分析 MIDAS/Civil 操作流程如下:添加时程函数,地震作用按设计反应谱拟合3条设计加速度时程;添加荷载工况,地震作用选择非线性振型叠加法;添加地面加速度;定义索塔截面普通钢筋;定义动力弹塑性材料特性;纤维截面分割;定义弹塑性铰特性;分配弹塑性铰;运行分析。

根据《规范》第9.3.6条,时程分析最终结果,当采用3组设计地震动时程计算时,应取3组计算结果的最大值。通过比较塔顶顺桥向3条地震波的位移(图9-17),发现地震波2的位移最大。

根据《规范》第9.3.1条规定,特殊桥梁时程分析结果应与多振型反应谱法相互校核,线性时程分析结果不应小于反应谱法结果的80%。所以选取E1地震作用下的多振型反应谱和线性时程分析结果进行对比,以保证选取合适的设计地震动时程和阻尼参数。因为地震波2的计算结果最大,所以选择地震波2作为设计地震动时程。线性时程和多振型反应谱法分析结果比较见表9-17、表9-18。

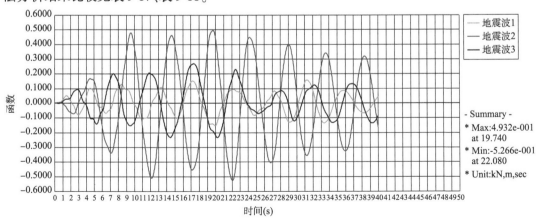

图9-17 3条地震波塔顶位移对比图(单位:m)

线性时程分析和多振型反应谱结果比较　　　　　　　　　　表 9-17

右索塔单元	地震波 2 最大值对应轴力(kN)	cLCB2 反应谱轴力(kN)	轴力对比(%)	结果
486	-138907	-134933	102.94	OK
487	-137093	-133166	102.95	OK
488	-135254	-131334	102.98	OK
489	-133464	-129567	103.01	OK
490	-131655	-127737	103.07	OK
491	-129890	-125968	103.11	OK
492	-127913	-123950	103.20	OK
493	-125936	-121951	103.27	OK
494	-123936	-119912	103.36	OK
495	-121938	-117894	103.43	OK
496	-119942	-115895	103.49	OK
497	-117923	-113858	103.57	OK
498	-115910	-111841	103.64	OK
499	-113906	-109843	103.70	OK
500	-111882	-107798	103.79	OK
501	-110555	-106481	103.83	OK
502	-109209	-105119	103.89	OK
503	-107986	-103888	103.95	OK
504	-106031	-101930	104.02	OK
505	-104398	-100286	104.10	OK
506	-102752	-98617.7	104.19	OK
507	-101133	-96997.5	104.26	OK
508	-100280	-99506.5	100.78	OK
509	-96006.7	-95105.9	100.95	OK
510	-94375.8	-93467.2	100.97	OK
511	-91991.7	-91073.1	101.01	OK
512	-90378	-89459.1	101.03	OK
513	-89151.6	-88225.5	101.05	OK
514	-87638.2	-86708.2	101.07	OK
515	-86136.9	-85204.9	101.09	OK
516	-84612.7	-83674.7	101.12	OK
517	-83101.1	-82158.4	101.15	OK
518	-81601.8	-80655.1	101.17	OK
519	-80081.8	-79126.3	101.21	OK
520	-78574.6	-77610.4	101.24	OK
521	-77079.2	-76106.2	101.28	OK
522	-75565.6	-74578.7	101.32	OK

续上表

右索塔单元	地震波2最大值对应轴力(kN)	cLCB2 反应谱轴力(kN)	轴力对比(%)	结果
523	-74072.8	-73073.4	101.37	OK
524	-72563.2	-71546.7	101.42	OK
525	-71063.8	-70030.3	101.48	OK
526	-69572.8	-68522.4	101.53	OK
527	-68067.6	-66997	101.60	OK
528	-66570.1	-65479.9	101.67	OK
529	-65067.1	-63964.7	101.72	OK
530	-64570.4	-63456.4	101.76	OK
531	-63497.5	-62368.9	101.81	OK
532	-62326.4	-61180.1	101.87	OK

注:cLCB2工况,结构所受荷载作用大小=1.0×自重作用+1.0×二期恒载作用+1.0×顺桥向地震作用+1.0×横桥向地震作用+1.0×竖向地震作用。

线性时程分析和多振型反应谱结果比较　　　　表9-18

右索塔单元	地震波2最小值对应轴力(kN)	cLCB3 反应谱轴力(kN)	轴力对比(%)	结果
486	-166474	-168157	99.00	OK
487	-164577	-166339	98.94	OK
488	-162764	-164556	98.91	OK
489	-160935	-162737	98.89	OK
490	-159134	-160954	98.87	OK
491	-157317	-159134	98.86	OK
492	-155320	-157141	98.84	OK
493	-153338	-155102	98.86	OK
494	-151360	-153089	98.87	OK
495	-149348	-151062	98.87	OK
496	-147303	-149020	98.85	OK
497	-145265	-147006	98.82	OK
498	-143207	-144978	98.78	OK
499	-141135	-142935	98.74	OK
500	-139104	-140928	98.71	OK
501	-137718	-139554	98.68	OK
502	-136368	-138215	98.66	OK
503	-135114	-136972	98.64	OK
504	-133107	-134972	98.62	OK
505	-131446	-133316	98.60	OK
506	-129805	-131681	98.58	OK
507	-128129	-130004	98.56	OK
508	-112616	-112965	99.69	OK

续上表

右索塔单元	地震波2最小值对应轴力(kN)	cLCB3反应谱轴力(kN)	轴力对比(%)	结果
509	-108184	-108630	99.59	OK
510	-106502	-106967	99.56	OK
511	-104085	-104571	99.53	OK
512	-102390	-102891	99.51	OK
513	-101150	-101667	99.49	OK
514	-99589.7	-100125	99.47	OK
515	-98018.4	-98570.5	99.44	OK
516	-96466.2	-97038.4	99.41	OK
517	-94903.5	-95494.7	99.38	OK
518	-93330.6	-93939.5	99.35	OK
519	-91777.8	-92407	99.32	OK
520	-90215.2	-90863	99.29	OK
521	-88643.3	-89307.8	99.26	OK
522	-87091.5	-87775	99.22	OK
523	-85521.3	-86220.3	99.19	OK
524	-83969.9	-84687.4	99.15	OK
525	-82409.8	-83143.7	99.12	OK
526	-80842	-81590.6	99.08	OK
527	-79290.6	-80057.3	99.04	OK
528	-77731.1	-78514.5	99.00	OK
529	-76174.6	-76967.7	98.97	OK
530	-75654.3	-76457.7	98.95	OK
531	-74527.5	-75343	98.92	OK
532	-73323.4	-74155	98.88	OK

注:cLCB3工况,结构所受荷载作用大小 = 1.0 × 自重作用 + 1.0 × 二期恒载作用 - 1.0 × 顺桥向地震作用 - 1.0 × 横桥向地震作用 - 1.0 × 竖向地震作用。

通过比较,线性时程分析结果都大于反应谱法结果的80%,符合《规范》要求,并且两者相差不超过5%,所以选取的设计地震动时程和阻尼参数合适。

9.5 时程分析

9.5.1 时程分析理论

非线性时程分析是将构件的非线性恢复力特性,通过滞回曲线,分析结构随时间响应的动力分析方法。构件的单向内力的荷载和变形的关系叫作骨架曲线,基于骨架曲线并考虑往复荷载作用下的卸载和加载时的荷载-位移关系称为滞回模型。时程分析是纯粹的动力分析方法,不同于反应谱分析,可以考虑各时间点结构对地震的响应情况。对于桥梁结构,地震时程分析采用动力弹塑性分析方法。

时程分析(动力弹塑性分析)需要解决3个重要问题:

(1)动力荷载的确定:地震波的选取。

地震波的选取在上面章节的地震波的确定与调整中已详细论述,在本小节中不再赘述。

(2)结构弹塑性的考虑方式:塑性铰(纤维模型,骨架模型)。

本书结构弹塑性模拟选用纤维模型。定义纤维模型的目的是考虑材料的弹塑性特性。选用纤维模型的原因是:单轴铰模型不考虑各内力之间的相互影响,一般用于希望快速获得大致结果的简化计算中;多轴铰模型可考虑轴力和弯矩以及两个弯矩间的相互影响,但是同样具有不能反映复杂受力影响的缺陷;纤维模型不仅可以准确模拟受弯构件的力学特性,而且可以考虑截面内纤维的局部损伤状态,另外纤维模型同样可以考虑轴力和弯矩、两个弯矩之间的相互影响,但是因为不能反映剪切破坏,所以一般用于剪切变形不大的线单元。

纤维模型的基本假定为:满足平截面假定,即变形过程中截面保持平面状态并与构件纵轴垂直,所以不能考虑钢筋与混凝土之间的黏结滑移;单元各位置截面形心的连线为直线。

(3)边界非线性的引入:减隔震支座、滑动支座。

减隔震支座有铅芯隔震橡胶支座、高阻尼隔震橡胶支座和摩擦摆隔震支座。边界非线性的模拟在上面章节的计算模型中已详细论述,在此小节中就不再赘述。

9.5.2 E2地震作用

非线性时程分析MIDAS/Civil操作流程如下:添加时程函数,包括恒载作用和地震作用,地震作用按设计反应谱拟合3条设计加速度时程;添加荷载工况,恒载选择非线性静力法,地震作用选择非线性直接积分法,阻尼计算选择瑞利阻尼(即质量和刚度因子,振型选择2个方向振型参与质量最高的频率);施加时变静力荷载和地面加速度;定义索塔截面普通钢筋;定义动力弹塑性材料特性;纤维截面分割;定义弹塑性铰特性;分配弹塑性铰;运行分析。

根据《规范》第9.3.1条,特殊桥梁的地震反应分析应采用时程分析法。根据《规范》第9.3.6条规定,时程分析最终结果,当采用3组设计地震动时程计算时,应取3组计算结果的最大值。本节时程分析选择E2地震作用下的地震波进行分析。通过比较塔顶顺桥向3条地震波的位移(图9-18),发现地震波2的位移最大,所以选择地震波2作为设计地震动时程。

根据《规范》第9.1.2条,进行特殊桥梁地震反应分析时,应考虑地面运动的空间变化特征。根据《规范》第5.1.4条,当桥梁一联总长超过600m时,宜采用多点非一致激励考虑地震动的空间变化。本悬索桥桥跨布置为230m+648m+230m,超过600m,所以应采用多点非一致激励。在MIDAS/Civil中,应该通过大质量法实现该过程。

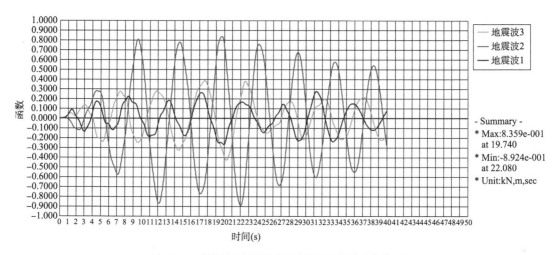

图 9-18 3 条地震波塔顶位移对比图(地震波位移单位:m)

多点激励的非线性时程分析 MIDAS/Civil 操作流程如下:定义并分配非弹性铰;输入地基约束处的大质量块,将结构总质量乘以倍数 1×10^6 得大质量块的质量;修改边界条件,当施加某方向地震波时释放该方向约束;初始内力状态定义,定义时变静力荷载;定义时程荷载函数,将无量纲加速度时程函数转换为力的时程函数;施加顺桥向节点动力荷载,两个索塔的时程荷载函数相同,仅地震波到达时间不同,设置第一个索塔地震波到达时间为 0s,第二个索塔地震波到达时间为 1s。

因为悬索桥中跨大于 600m,所以顺桥向采用多点非一致激励。因为地震波 2 位移结果最大,所以选择地震波 2 作为分析所用的地震波。查看多点激励非线性时程分析结果如下:

(1)选择塔顶位移时程曲线,因为地震波是顺桥向的,所以顺桥向的位移是 3 个方向最大的。塔顶顺桥向位移如图 9-19 所示。

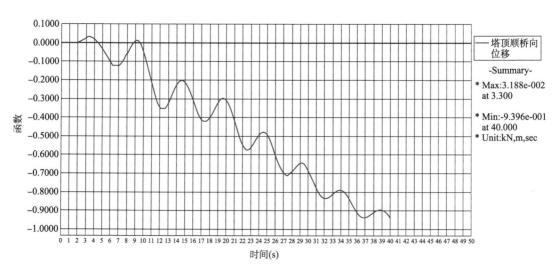

图 9-19 塔顶顺桥向位移(单位:m)

结果表明,塔顶顺桥向位移最大值为 0.9396m,索塔的塔顶位移满足要求。

(2)查看各个纤维截面分析结果,纤维截面有弹性、开裂、钢筋屈服、破碎共 4 种状态,纤维截面分析结果如图 9-20 所示。

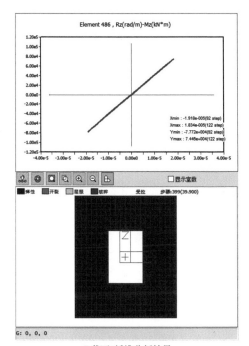

a) 截面1纤维分析结果

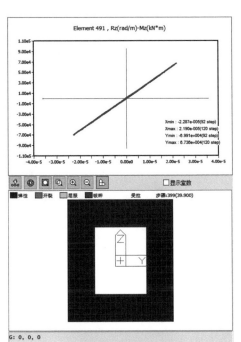

b) 截面2纤维分析结果

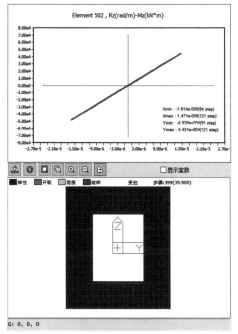

c) 截面3纤维分析结果

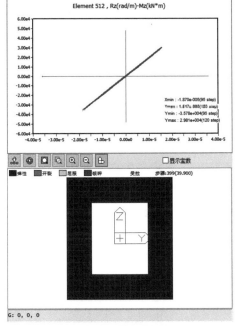

d) 截面4纤维分析结果

图 9-20

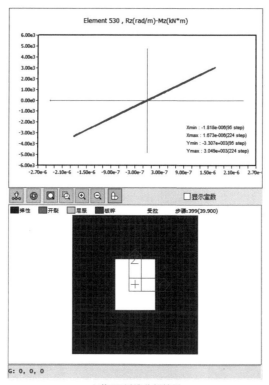

e) 截面5纤维分析结果

图9-20 纤维截面分析结果

对5个截面纤维分析结果进行总结,见表9-19。

纤维截面分析结果 表9-19

截面	单元	结果	截面	单元	结果
1	486	全截面弹性	4	512	全截面弹性
2	491	全截面弹性	5	530	全截面弹性
3	502	全截面弹性			

结果表明,索塔各个截面处于弹性状态,钢筋没有出现屈服。根据《规范》第9.4节性能要求与抗震验算,在E2地震作用下悬索桥索塔等重要受力构件可发生局部轻微损伤,震后不需修复或经简单修复可继续使用。结果表明纤维截面处于弹性状态,满足《规范》要求。

(3)查看索塔控制截面内力和关键节点位移,控制截面内力最大值见表9-20,索塔关键节点位移最大值见表9-21。

索塔控制截面内力最大值 表9-20

断面位置	塔底	下横梁下侧	下横梁上侧	塔顶
单元	486	507	508	532
轴向(kN)	-167756	-129789	-122725	-83742.6

续上表

断面位置	塔底	下横梁下侧	下横梁上侧	塔顶
剪力-y(kN)	923.58	-733.26	-648.8	-290.54
剪力-z(kN)	-2215.19	-234.62	28381.08	-66.24
力矩(kN·m)	1143.05	861.66	422.83	320.62
弯矩-y(kN·m)	-21270.8	37635.95	22307.84	-12921.7
弯矩-z(kN·m)	-77723.7	-42694.4	-41517.5	-1569.51

索塔关键节点位移最大值(m) 表9-21

断面位置	节点	顺桥向	横桥向	竖向
塔顶	529	-0.939555	0.000963	-0.017744
下横梁	504	-0.949105	-0.002081	-0.008314

结果表明,在E2顺桥向多点激励地震作用下,控制截面内力和关键节点位移均满足要求。

参 考 文 献

[1] 葛俊颖.桥梁工程软件 MIDAS/Civil 使用指南[M].北京:人民交通出版社,2013.

[2] 钟宏林.土木工程软件应用系列:MIDAS/Civil 桥梁工程实例精解[M].大连:大连理工大学出版社,2014.

[3] 邱顺冬.桥梁工程软件 MIDAS/Civil 应用工程实例[M].北京:人民交通出版社股份有限公司,2019.

[4] 李顺龙,李忠龙,郭亚朋.桥梁结构抗震课程思政教学改革探究[J].中国多媒体与网络教学学报(上旬刊),2022(3):65-68.

[5] 唐光武,郑万山,刘海明.JTG/T 2231-01—2020《公路桥梁抗震设计规范》修订简介[J].公路交通技术,2021,37(06):103-107.

[6] 中华人民共和国交通运输部.交通运输部关于《公路桥梁抗震设计规范》(JTG/T 2231-01—2020)的解读[J].城市道桥与防洪,2020(10):222-223.

[7] 李忠龙,李顺龙.牛津哈尔滨工业大学与康涅狄格大学交通工程师培养体系研究[J].教育现代化,2020,86:17-20,28.

[8] 李宏男,成虎,王东升.桥梁结构地震易损性研究进展述评[J].工程力学,2018,35(09):1-16.

[9] 吴刚,王克海,宋帅,等.不同约束体系曲线梁桥震害调查及损伤模式分析[J].振动与冲击,2020,39(12):113-120,141.

[10] 陈彦江,张德义,李晰,等.空间变化地震作用下钢管混凝土拱桥的抗震分析[J].工程力学,2013,30(12):99-106.

[11] 王东升.公路桥梁抗震与减震控制关键技术及应用[D].天津:河北工业大学,2021.

[12] DAI P,XU P,LU J F,et al. Research on the characteristic of seismic damage and seismic design of reinforced concrete simply-supported girder bridge[J]. IOP Conference Series:Materials Science and Engineering,2019,592:1-5.

[13] FAN,B B,ZHAO C H,ZHANG L,et al. Analysis of earthquake damages and seismic reinforcement of bridges[J]. Applied Mechanics and Materials,2014,580-583:1771-1775.

[14] 李晓莉,邹雨鹤,王东升.强震下拱式体系桥梁震害特征及抗震研究[J].世界地震工程,2018,34(02):33-43.

[15] 唐堂,钱永久.既有大跨度混凝土拱桥震害机理分析[J].地震工程学报,2016,38(05):701-706.

[16] 徐略勤,傅沛瑶,李建中,等.板式橡胶支座梁桥的典型横向震害及其影响因素分析[J].振动与冲击,2020,39(02):209-217.

[17] LI X,ZHONG J,JIANG L,et al. Analysis of the seismic vulnerability of simply-supported girder bridge under two level seismic hazard[J]. 2018 3rd International Conference on Smart City and Systems Engineering (ICSCSE),2018,41.

[18] 姚德隆. 基于 MIDAS/Civil 的公路桥梁抗震安全性分析[D]. 衡阳:南华大学,2019.

[19] CHEN Y,WANG Q L. State-of-the-art and development of seismic analysis for complex bridges[J]. IOP Conference Series:Earth and Environmental Science,2021,719:32-80.

[20] 宁京. 多跨连续体系桥梁抗震分析及震动控制方法研究[D]. 西安:长安大学,2014.

[21] 葛圣林. 不同高墩结构形式连续梁桥的抗震性能研究[D]. 南昌:华东交通大学,2020.

[22] 孙赛赛. 钢管混凝土异型拱桥地震反应分析[D]. 长春:吉林大学,2020.

[23] FAROOQ H. A comparative study of RC bridge for evaluation of seismic performance and retrofit technology[J]. Innovative Infrastructure Solutions,2021,6(1):44.

[24] WANG D L. Comparative study on the analysis methods for the seismic resistance of bridge structure[J]. MATEC Web of Conferences,2019,267:04-14.

[25] 张西丁. 基于修正反应谱法的简支桥梁减隔震性能研究[J]. 工程与建设,2021,35(03):547-552.

[26] 王济源,李雪婷. 桥梁震害及抗震设计方案[J]. 工程建设与设计,2020(03):123-125.

[27] 雷楠. 桥梁抗震设计方法分析[J]. 绿色环保建材,2019(06):118-120.

[28] LAN L. Selection of spectrum-compatible accelerograms for seismic analysis of bridges[J]. Structure and Infrastructure Engineering,2018,14(5):532-537.

[29] 李保木. 大跨度桥梁抗震与抗风分析的随机振动时域显式方法研究[D]. 广州:华南理工大学,2019.

[30] GAO Y L,LIN L. Effects of modelling parameters on the seismic analysis of bridges[J]. International Journal of Computational Methods and Experimental Measurements,2017(3):119-130.

[31] 宜继赛. 典型抗震设计规范中强震动记录的选取方法及应用[D]. 哈尔滨:中国地震局工程力学研究所,2018.

[32] DEMIN W,FUKANG H. Investigation for plastic damage constitutive models of the concrete material[J]. Procedia Engineering,2017(11):71-78.

[33] 刘诚诚. 简析混凝土本构关系[J]. 价值工程,2019,38(27):197-198.

[34] 张战廷. 钢筋、混凝土本构关系及数值模拟[C]//《工业建筑》2015年增刊Ⅰ.[出版者不详],2015:493-496.

[35] 李新星,周泉,李水生. 钢筋与 UHPC 黏结滑移性能及本构关系研究[C]//. 中国土木工程学会 2021 年学术年会论文集,2021:197.

[36] WEI Z L,LV M T,SHEN M H,et al. Rapid seismic evaluation of continuous girder bridges with localized plastic hinges[J]. Sensors,2022,22(16):6311.

[37] 孔令俊,陈彦北. 塑性铰对桥梁抗震性能的影响研究[J]. 科技与创新,2022(05):4-6.

[38] 赵戈,邹衡,安峰,等.运营桥梁防撞护栏承载能力验算评估存在的问题及新的计算方法初探[J].公路交通技术,2021,37(04):76-82.

[39] 杨栋.在役桥梁结构安全风险评估及变形预测研究[D].武汉:武汉理工大学,2018.

[40] 韩雨.基于MIDAS/Civil的桥梁抗震安全性能验算[J].科学技术创新,2022(24):89-92.

[41] 马政辉.不同桥塔方案铁路悬索桥静力及抗震性能研究[D].成都:西南交通大学,2021.

[42] 张国强,惠小磊,谢丹.基于MIDAS/Civil的预应力混凝土桥梁结构承载力验算分析[J].科学技术创新,2022(13):161-164.

[43] 栾旭光.基于MIDAS桥梁墩柱抗震验算分析[J].城市道桥与防洪,2020(06):76-78.

[44] 陈良田.MIDAS桥梁计算中桩基模拟方法的探讨[J].山东工业技术,2015(07):107.

[45] 周丹.基于方案(初步)设计阶段的规则桥梁简化抗震设计方法[J].中国建设信息化,2019(10):64-66.

[46] 王磊,陈劲超.常规桥梁抗震设计过程及思路研究[J].工程技术研究,2020,5(01):208-209.

[47] GUIRGUIS J E B,MEHANNY S S F.Evaluating code criteria for regular seismic behavior of continuous concrete box girder bridges with unequal height piers[J].Journal of Bridge Engineering,2013,18(6):486-498.

[48] 张文学,寇文琦,汪振.曲线梁桥地震响应影响因素分析[J].世界桥梁,2016,44(04):64-70.

[49] 陈玉龙.规则梁桥减隔震优化设计方法研究[D].重庆:重庆交通大学,2021.

[50] 江林伟.基于地震风险的近场区域规则梁桥减隔震支座参数优化分析[D].合肥:合肥工业大学,2020.

[51] 王瑞龙,李建中,庄鑫,等.非规则连续梁桥减隔震支座的合理布置[J].世界地震工程,2015,31(01):197-203.

[52] 李利军,陆晓锦,王欣,等.高烈度区非规则连续梁桥减隔震设计[J].公路交通科技(应用技术版),2013,9(10):297-299.

[53] FANG R,ZHANG W,CHEN S,et al.Seismic resistance of locking ball devices and optimal design for irregular continuous bridges with one fixed pier[J].Bulletin of Earthquake Engineering.2020,18:2355-2358.

[54] 吴慎其.近场多维地震动作用下非规则连续梁桥地震易损性研究[D].大连:大连交通大学,2020.

[55] 胡远琳.非规则桥面连续简支梁桥纵向地震响应分析[D].西安:长安大学,2017.

[56] 夏人杰.地震作用下非规则多跨连续梁桥横向碰撞效应研究[D].成都:西南交通大学,2017.

[57] 闫磊.考虑支座摩擦滑移及结构碰撞的非规则桥梁抗震性能研究[D].西安:西安建筑

科技大学,2016.

[58] XIE Q,ZHOU Z,ZHANG L. Influence of the rubber end plate on the hysteretic performance of SC-BRBs and structural seismic design[J]. Engineering Structures,2021,242(7):112475.

[59] 唐忠林,汪永林,沈慧,等.高性能板式减震橡胶支座性能研究[J].公路,2021,66(09):232-237.

[60] 王元伟.强震下板式橡胶支座的滑移损伤及其对桥梁抗震性能的影响分析[D].北京:北京交通大学,2021.

[61] 谭海涛.板式橡胶支座滑动体系桥梁抗震性能研究[D].重庆:重庆交通大学,2021.

[62] 任钢.考虑非线性特性的板式橡胶支座模型在桥梁抗震计算中的应用[J].北方交通,2019(08):29-33.

[63] WU G,WANG K H,ZHANG P P,et al. Effect of mechanical degradation of laminated elastomeric bearings and shear keys upon seismic behaviors of small-to-medium-span highway bridges in transverse direction[J]. Earthquake Engineering and Engineering Vibration,2018,17(1):205-220.

[64] 亢晓亮.铅芯橡胶支座与板式橡胶支座抗震计算对比[J].城市道桥与防洪,2013(07):84-85,92.

[65] 郭超,刘文会,赵启琛,等.铅芯橡胶支座对桥梁横向抗震减碰影响分析[J].四川水泥,2021(06):276-277.

[66] CAO S,OZBULUT O E,WU S W,et al. Multi-level SMA/lead rubber bearing isolation system for seismic protection of bridges[J]. Smart Materials and Structures,2020,29(5):55.

[67] JUNG H K,MIN K K,IN-KIL C. Experimental study on seismic behavior of lead-rubber bearing considering bi-directional horizontal input motions[J]. Engineering Structures,2019,198:109529.

[68] 王坚.铅芯橡胶支座动力学特性及其在钢结构中减震应用研究[D].北京:北京交通大学,2017.

[69] MISHRA P,CHAT G D. Lead rubber bearings as base isolating devices for the construction of earthquake resistant structures-a review[J]. International Journal of Civil Engineering,2017,4(7):18-20.

[70] KAI Z X,LE Q Q,WEN G L. A Method for seismic capacity evaluation of CFST arch bridges[J]. Advanced Materials Research,2011,1289(268-270):377-382.

[71] 申现龙,陈永祁,刘荷,等.Pushover方法在钢管混凝土拱桥抗震分析中应用[J].振动与冲击,2018,37(06):182-187,194.

[72] HAN X,HAN B,XIE H B,et al. Seismic stability analysis of the large-span concrete-filled steel tube arch bridge considering the long-term effects[J]. Engineering Structures,2022:268.

[73] 薛开坤.地震作用下钢管混凝土拱桥的刚度退化研究[D].重庆:重庆交通大学,2020.

[74] YAN X L,LI Q N,GAO C,et al. Research on dynamic performance of concrete-filled steel tubular trussed arch bridge under earthquake[J]. Advanced Materials Research,2011,368-373:1222-1226.

[75] 陈振涛.地震作用下大跨度斜拉桥动力学性能研究[D].大连:大连交通大学,2020.

[76] 汪磊.大跨度斜拉桥减震策略分析[D].重庆:重庆交通大学,2015.

[77] 汪小朋.大跨公铁两用斜拉桥减震装置参数优化研究及抗震性能评估[D].成都:西南交通大学,2017.

[78] 李晓洒,余洋.基于MIDAS的斜拉桥抗震性能分析及抗震措施研究[J].中国高新科技,2022(04):94-98.

[79] ZHANG X J,ZHAO C Y,GUO J. Investigation of seismic performance of super long-span cable-stayed bridges[J]. Earthquakes and Structures,2018,14(6):493.

[80] 敖建辉,赵俊志.基于MIDAS/Civil的双塔斜拉桥地震响应分析[J].中国公路,2018(23):110-111.

[81] 周雨洁,宋旭明,邹卓,等.混合体系多塔矮塔斜拉桥推倒分析的适用性研究[J].地震工程与工程振动,2022,42(02):181-192.

[82] SINA H M,AHMAD S. An energy balance method for seismic analysis of cable-stayed bridges[J]. Proceedings of the Institution of Civil Engineers-Structures and Buildings,2018,172(12):871-881.

[83] 宋力,张敏,秦泗凤,等.大跨度斜拉桥的Pushover分析[J].辽宁工程技术大学学报(自然科学版),2014,33(04):481-484.

[84] 王宝喜.大跨度悬索桥地震动峰值加速度取值分析[J].低碳世界,2022,12(04):142-144.

[85] 陈淇馨.大跨悬索桥局部计算与抗震分析[D].北京:清华大学,2021.

[86] 秦韬睿.5000米级马鞍面混合空间缆索悬索桥力学特性[D].南京:东南大学,2021.

[87] 洪浩.大跨度悬索桥抗震分析中几个问题的讨论[D].成都:西南交通大学,2013.

[88] 纪全有.大跨径悬索桥地震易损性及抗震可恢复性分析[D].西安:长安大学,2019.

[89] 朱豪军.塔梁分离式悬索桥抗震性能研究[D].哈尔滨:哈尔滨工业大学,2017.